海派虹韵

踏　访　四　川　北　路　底

主　编　苏秉公
副主编　张林凤

文匯出版社

多元文脉　丰郁文华

（代序）

苏秉公

俞泾浦横穿四川北路（早期为北四川路），这一河段便有“横浜”之称，于是清朝光绪年间建了横浜桥。横浜桥一带后来有了不少集聚人气的场所和特有的商业业态，成为沪北人所皆知的地标性地理区块。四川北路沿线以此区分为南北两个区域。南部地区是上海最早城市化的区域之一，商业和娱乐业造就了其百多年的繁华。北部地区则以居住和文化教育为特色，行走在这一带总能感受到浓浓的文化气息。本书集中表现的就是横浜桥以北的四川北路北段区域（这里称其为“四川北路底”）的历史人文故事。其范围为东宝兴路以北；大连西路以南；欧阳路、四平路以西；东江湾路、宝山路以东的地区（如下页图）。

这是上海城市发展过程中比较特殊的一个区域。犹如有人喜欢时尚繁华的淮海中路，有人欣赏高雅静谧的思南路一样，许多上海人钟情于四川北路底的宁静、儒雅和她的文化魅力。这里与众不同的历史文化脉络是造就其文化特色的历史渊源。

多元文脉·汇聚文气的四川北路底
画书
大连西路
虹口体育场
鲁迅公园
日本海军陆战队司令部
复兴中学
中国左联诞生地
北川公寓
名人寻踪
多伦路
永安里
鸿德堂
地铁3号线 原淞沪铁路
越界筑路
1903年起
横浜桥
东宝兴路
甜爱路
文华别墅
大陆新邨
山阴路
兴业坊
欧阳路
东照里
中共党校 中共江苏省委旧址
恒丰里
三中心小学
四
川
北
路
郭沫若
瞿秋白
溧阳路
新沪中学旧址
长春公寓
四院
日侨居留民团
上海—长崎

一、关于越界筑路

四川北路底地区当年属于公共租界北区越界筑路的部分。所谓“越界筑路”是上海公共租界以方便交通、有利租界管理为由,在界外修筑道路，并且逐步夺得沿路区域一定行政管辖权的行为，越界筑路地区是依附于租界的“准租界”。1903年,公共租界当局越过既定边界（今武进路），将北四川路延伸至今鲁迅公园附近，继而修筑了现今的山阴路、多伦路、黄渡路、江湾路、溧阳路等道路，形成北四川路底越界筑路区域。这里与租界相连，交通便利，公共设施和市政管理比较新颖，地价相对较低。因此，一些银行、大百货公司等均在此为职工建造成片住宅；一些工商资本家、买办、英美商人等也在此购地建造公寓、洋房；学校、医院、公园、商店等公共设施也应运而生；许多英美人士、工商业者、买办、中高级职员和知识分子聚居于此。至今造就这里特有历史文化品味的建筑，大多建于那个时期。

二、日本人的影响

1923年,日本邮船公司开设了长崎至上海的航线，日本与上海的距离显得更近了，居住在上海的日本侨民逐年增多，最高峰时达十万之众。日本人在上海主要集聚在现虹口区四川北路地区，按照职业和经济状况又分别形成四川北路南、北两个不同风貌的区片。早期来沪的日侨多居住在租界内的吴淞路、南浔路、闵行路、昆山路一带，他们开设了各式商店，售卖日本商品，以东洋风俗构成一个日本味极浓的日本人社区，被称为“日本人商店街”。在这里生活的日本侨民以商人和一般民众居多，故称为“土著派”。随着日本人开设公司的增多，在北四川路横浜桥以北越界筑路区域，以千爱里为中心，日本人大量购置土地建造公司住宅，在沪日资公司80%的职员居住在这里，还在这一带兴建了学校、医院，开设了日本商店，形成“新日本人街”。在当年日本人的观光地图上，四川北路底地区被标为“日本人住宅地带”。那里居住的日侨居民大多为日侨社会中的中等阶层，称为“会社派”。其间，一些正直的日本人喜爱上海，与中国人结下了友情。

由于中国国内战乱的影响，公共租界当局以维护租界安全为由，划分了不同的防区。四川北路底越界筑路地区被强行划入日本防区。日军趁机不断扩充自己的实力，建成海军陆战队司令部、日军医院、日本神社、军官宿舍及慰安所等设施。特别是两次淞沪抗战期间，大批中国人被驱逐，英美人士被监禁。大量日本军队集中于此，还建立了配合日军行动的日侨居留民团。这里成为日军的重要据点。战争带来了灾难，也涌现出许多中国人民抵抗侵略的故事。

三、汇聚文气的历史文化名人

这里是一片以居住为主的区域，知识分子集中，租界与华界区分模糊，是上海历史上思想十分活跃的地方之一，留下了许多历史人物的足迹。中国共产党早期活动的一些重要历史旧址也散落其间，1927年前后的中共上海区委，亦称江浙区委及后来的江苏省委就在山阴路恒丰里内。尽管不同时期有不同的人群移居到这里，但是以知识阶层为主体的四川北路底居民总体格局始终没有大的改变。生活在这里和曾经生活在这里的人，造就了四川北路底特有的人文气质和历史故事，这些正是各类历史文化名人集聚、生根于此的社会土壤。

左联就是四川北路底历史文化名人的一个重要群体。1930年3月2日，由鲁迅、瞿秋白、丁玲、茅盾、郭沫若、夏衍、叶圣陶等发起创立的中国左翼作家联盟，在今四川北路底多伦路中华艺术大学成立。她借鉴了苏联和日本左翼文学发展的做法，在中国共产党领导下，结合中国革命的实际，推动实现文艺大众化的历史任务，为以后的延安红色文艺奠定了基础。除了历史因素之外，中共江苏省委的存在及鲁迅、瞿秋白、茅盾、郭沫若等人居住于四川北路底，都与左联诞生、发展有重要关联。

然而，也是因为知识分子为主的居民构成，在那场史无前例的运动中，四川北路底“走资派”“牛鬼蛇神”频频被“揪出”，许多人家被抄家，山阴路等街道抄家队伍、游街队伍不断出现，满街的大字报、大标语，留下了许多刻骨铭心的故事。

四、多所优质学校造就文教特色

复兴中学是这里一所标志性的学校。她的前身是英国商人汉壁礼于1886年创办的“上海公学”，1915年迁址于此，定名为“汤姆·汉壁礼男童公学”。抗日战争爆发后，校舍一度成为英美侨民集中营。1946年学校重建，命名为“上海市复兴中学”，1954年起学校被定为市属重点中学。为推动教学改革，实现与高等学校的教育衔接，20世纪60年代该校曾划归复旦大学管理，形成教育衔接链，为国家培养了大批人才，成为四川北路底的骄傲。这里家家户户都以有孩子考入复兴为荣，也带动了崇尚创造、重视实践的良好学风。

虹口区曾经是上海的一个文教大区。四川北路底地区的居民历来有尊师重教的传统民风，好几所历史悠久的学校和一批优秀教育家造就了一个别具风格的教育特色地段。除了复兴中学以外，还有新沪中学（民国时期的新京中学）、实验中学（曾是日本人高标准建造的日本人北部学校）、虹口区第三中心小学（前身是上海第一高等女子学校和日侨商业学校）、四川北路第一小学（原为广东人的邮光小学）、江湾路第一小学（今鲁迅中学）等，都是区域内乃至全区家长、学生向往的学校，虹口体育场还为学校和社会各界开展体育活动创造了条件。坐落在区域内的虹口区教育学院更是重要的教学科研和培养师资的场所。许多老居民回忆，四川北路底上学、放学时间，大街小巷及书店里处处是充满青春活力的学子，散发着一种特有的气质，成为一道令人舒心、向上的风景线。这是良好文化教育外溢的一种魅力。

毫无疑问，四川北路底是一个值得我们去深入探究和慢慢欣赏的地方。改革开放以来，这里发生了很大的变化。一批革命纪念旧址得到进一步发掘和保护；建成了具有浓厚文化品味的多伦路文化名人街；虹口体育场、虹口公园功能得到改造和完善；打造了甜爱路“上海最浪漫马路”的文化意境；对山阴路、溧阳路、长春路等道路建筑进行修旧如旧的整治，等等，这些举措进一步集聚了四川北路底的文化气息，展现了深厚的历史文化底蕴，成为上海旅游打卡的好去处。2004年，上海市政府将四川北路底区域的绝大部分确定为“山阴路历史文化风貌区”，其历史文化风貌特色受到了法律的保护。我们编辑出版《海派虹韵——踏访四川北路底》这本书，就是希望更多人更多地了解、挖掘这里的历史故事，让四川北路底成为上海汇集文气、集聚人气的一张新的文化名片！

目　录

第二辑

名家散叶

他们是不同领域的名家，镌刻他们印迹的地方，已成为重要的文化地标。大陆新邨里，鲁迅用如椽之笔，写出似匕首、似投枪的檄文，向腐朽没落的黑暗制度发出战斗的吼声；清源里，中国第一代女油画家关紫兰，超凡脱俗的音容笑貌和意韵超然的油画作品，还留存着缕缕紫兰香味；曾令上海万人空巷的电视连续剧《霍元甲》，“昏睡百年，国人渐已醒……”的歌词仿佛又响起；浙兴菜场里，安根娣摊位前人头攒动，好似正叙说着当年劳模的荣耀。这片区域内，因为有群星璀璨的名家，更显不同凡响。您是否来一番“追星之旅”呢……

鲁迅在四川北路底的故事

李　红

从四川北路拐进山阴路，马路两边的树冠生气勃勃地向上延展，在空中搭出一条葱茏的长廊。马路少了车水马龙，多了份幽静安然。步行约300米，便来到山阴路132弄大陆新邨，一代文学巨匠鲁迅先生在这里度过人生最后的三年半时光。大陆新邨是由大陆银行投资，于1931年至1932年建造的，共6排61幢。据记载，大陆新邨的砖瓦、水泥等建筑材料，都是从欧美进口的，煤气灶、浴缸、冰箱等辅助设备均有。

信步走进大陆新邨第一排倒数第二幢9号的鲁迅故居，耳畔不由回响起先生的声音：“下次来，记住‘茶’的旁边，9号。”遥想1935年10月1日深夜，鲁迅送别“沪漂”文艺青年萧红时，指着隔壁一家茶馆的牌子，又指一指自家的门号，对萧红的叮嘱。今天，大陆新邨9号已然成为上海的一个重要文化地标，吸引着络绎不绝的人们前来瞻仰。这里有鲁迅先生的日常生活，有先生的所思所虑——先生并未离我们远去。

1933年4月11日，鲁迅搬进大陆新邨，这是日本友人内山完造以内山书店职员的名义租下的。鲁迅在给友人的书信中说，之所以选择这里，一是为了安全，二是为了孩子能晒到阳光，利于健康——怜子如何不丈夫！周海婴曾写道：“几十年的时间，像流水一样逝去，但是父亲弯下身，细心地给我敷药的情景，至今犹在眼前。”为人父母的爱心，有穿越时光的力量，缩短了我们与先生的心理距离。

新中国成立后，经过修整的鲁迅故居，为后人再现了鲁迅当年的生活场景。寓所内，一楼两间相通，南间客厅，北间餐厅。客厅中间置一张棕色长方形桌子及五把椅子。东墙挂着鲁迅“一生中最满意的照片”，那是1933年5月，美国记者斯诺为他拍的。二楼南间是卧室兼书房，北间是储藏室。三楼有唯一的小阳台，南间是儿子周海婴的卧室，北间是小客房。

“鲁迅先生家里，从楼上到楼下，没有一个沙发。鲁迅先生工作时坐的椅子是硬的，到楼下陪客人时坐的椅子又是硬的。”萧红在文章中如此描述。的确，鲁迅是个对生活不甚讲究的人，穿着略旧的衣衫，家中陈设也都朴素大方。鲁迅说过，生活太安逸了，工作就会被生活所累。因而，他将自己的大多数时间和精力都用在工作上。自弃医从文后，选择以笔为刀枪进行战斗，便成为了鲁迅坚定的人生取向，渗透在他生命中的日日夜夜。由于大陆新邨是一处“越界筑路”的民居，具有半租界性质，鲁迅便从“租界”两字中各取一半，为自己的书斋取名“且介亭”，并用在了几本杂文集的名字上。

在大陆新邨生活期间，鲁迅一如既往著述撰文，接待友人，经常工作到深夜。如果说休闲，那就是看电影了。许广平在《记鲁迅先生的娱乐》中记载：“如果作为挥霍或浪费的话，鲁迅一生最奢华的生

◎◎鲁迅故居卧室

◎1933年鲁迅全家福

活怕是坐汽车、看电影。”鲁迅对生活极为节俭，对于看电影，却不肯将就。为了安全，也为了照顾许广平的近视，鲁迅经常选择电影院的“花楼”，相当于今天的“贵宾座”，那里视野开阔，票价较贵。1936年10月9日，根据普希金小说《杜勃洛夫斯基》改编的电影《复仇艳遇》，在北四川路虬江路口的上海大戏院首映。当时共产党人姜椿芳在该电影院从事宣传和翻译工作，他特别赠送给鲁迅一张优待券。10日下午，鲁迅与许广平携幼子海婴、侄女玛理一同前往观看。这是鲁迅生前观看的最后一部影片，也是他最喜欢的电影之一。

鲁迅与家人的合影并不多，在上海常去的照相馆是阳春馆，它位于北四川路1879 号，照相馆在二楼，由日本人经营。据鲁迅日记记载，他去这家照相馆照相的次数大约为7次。1933年9月13日，恰逢鲁迅53岁生日。鲁迅和许广平带着四周岁的海婴一同去照相馆拍照。据许广平回忆，当天下起了大暴雨，“几乎连回家也不容易”，这一张合影竟是鲁迅最后一张全家福。

鲁迅对美术有一种天然的偏好，他小时候就曾用纸蒙在小说插画上进行描绘，也爱好收藏绘画图片。鲁迅认为木刻形式生动，宣传面广，能帮助“呐喊”。鲁迅参与编印、选编了木刻画集十余本，其中《梅斐尔德木刻士敏土之图》和

◎◎山阴路大陆新邨9号鲁迅故居

《引玉集》这两本由鲁迅自费编印，《木刻纪程》由他自费出版。

不仅如此，鲁迅还亲自筹办过三次木刻画展览会。1933年10月14日至15日，千爱里40号的空屋上，鲁迅亲力亲为，将自己所收藏的外国作品共40幅拿出来展出。这些木刻作品，都是由鲁迅和许广平亲自装潢，在他的日记里记录，1933年10月11日，“与广平评估装潢木刻”。一个多月后，鲁迅在日本基督教青年会二楼举办了自己的第三次木刻画展览会，中国观者有两百余人。这场展会以苏联版画为主，鲁迅还特意展出了少量的法国版画，以平衡苏联版画的革命色彩，对展会起到一定的保护作用。三次筹办木刻画展的经历，令鲁迅感叹“开一个展览会颇不容易”。

鲁迅曾把自己每天必做的三件事概括为“仰卧——抽烟——写文章”，他把别人喝咖啡的时间都用在写作上。“赶快做”“只要一息尚存，总要做事”“与其不工作而多活几年，倒不如赶快工作少活几年的好，因为结果还是一样，多几年也是白白的”，鲁迅总是这样说。三年多的时间里，鲁迅在大陆新邨9号写下280余篇杂文，编著了《伪自由书》《南腔北调集》《准风月谈》《花边文学》《且介亭杂文》《且介亭杂文二集》《且介亭杂文末编》七本杂文集及历史小说《故事新编》，翻译了《表》《俄罗斯的童话》《死魂灵》等四部外国文学著作，编辑出版了《死魂灵百图》《木刻纪程》《引玉集》《凯绥·珂勒惠支版画选集》《苏联版画集》等中外版画，为瞿秋白编印了遗著《海上述林》上下卷，还编辑了《译文》等刊物。先生的这些工作，为推动中国革命事业的发展、推进中外文化交流及倡导中国现代版画艺术做出了巨大贡献。

这所住宅还是鲁迅重要的会

客之地，三年多的时间里，鲁迅曾在这里接待过许多中外名士与青年作者。当时他与一批共产党人交往甚密，瞿秋白夫妇、冯雪峰等人在受到追捕时，鲁迅还曾将他们安置在三楼客房中以作掩护。其实，鲁迅对当时的现实多是悲观的。但通过与中国共产党人的交往，他看到了未来、看到了希望。当中国工农红军经过二万五千里长征胜利到达陕北时，鲁迅表现出按捺不住的激动，给中共中央发出了一封贺电。在贺电中，他说："在你们身上，寄托着人类的光荣和幸福的未来。"

在鲁迅这一最后的寓所里，最能勾起后人悲戚追思的，乃是二楼卧室梳妆台上的那幅日历及镜台上的闹钟，它定格在1936年10月19日5时25分——那是鲁迅先生永远离去的时刻。

追溯鲁迅先生的足迹，他自早年从老家绍兴出发，一生辗转于不同的城市，南京、东京、北京、厦门、广州、上海等，其中上海这个城市在他生命中有着特殊的意义。他在上海居住了近十年，居住时间仅次于绍兴和北京。鲁迅自己也说，在上海近十年里的成果比之前二十年的成果还要多。

在上海，鲁迅积极参与并领导"左联"的工作；保护了多位共产党人；以文为檄，奋发著作，以期唤醒国人灵魂。正如毛泽东所评价的，鲁迅"垂老不变青年的热情，到死不屈战士的精神，将和他的精湛的著作永留人间"。

在四川北路底，有鲁迅先生工作、生活的过往场景，对于中国文学则是永恒的记忆。

陈毅市长上任后拜访的第一人——沈尹默

朱亚夫

笔者居住在虹口海伦路50多年，曾经写过《家住海伦路》，熟悉海伦路上的人和事。这条路上有两位名人，一位是报业巨擘林放（即著名报人赵超构），另一位便是文坛名流沈尹默。

沈尹默（1883－1971），原名君默，因求与“默”字相合，故“君”字去口，改尹默，字秋明，号君墨，别号鬼谷子，浙江吴兴人。沈尹默年少聪明，读书时就出名了，与兄士远、弟兼士，有“北大三沈”之美誉。自30岁起，他便在北大教书，还兼任教于燕京大学、女师大及医专等校，后又任北平大学校长，桃李满天下。他是著名学者、诗人、书法家、教育家。

1987年，沈尹默夫人褚保权向虹口区有关方面提出，希望通过民办公助的形式，将沈尹默从1946年自重庆回沪后，一直居住的海伦路504号寓所筹办为“沈尹默故居”。经过评估，上海市文物管理委员会和虹口区政府于1988年批复同意，并将故居列为区级文保单位。

沈尹默故居坐落于浙兴里，是坐北朝南的三层楼房，独门独户，清水外墙，黑色的门旁悬挂着沙孟海题写的“沈尹默故居”木雕直匾，门厅上方悬挂赵朴初先生书写的横额“沈尹默先生故居”。二楼有漂亮的拱形阳台。整个故居占地面积96平方米，建筑面积200平方米。

我曾经几次拜访沈尹默故居，由沈尹默故居纪念馆馆长褚家矶接待。她是沈尹默夫人褚保权的侄女，1949年参加革命，后长期从事教育工作，1985年离休后，协助姑妈打理故居，今年已快90岁了。她对沈尹默故居的情况一清二楚。

故居一楼原是沈家的会客室与餐厅，现辟为陈列室，两间展厅呈横“8”字形。厅内安放着一尊玻璃钢的沈尹默半身塑像，通体洁白，上有李力群“一代风骚”行书题词。展厅分为三个部分，分别为“新文化运动先驱”“一代清才书法家”“老树逢春也著花”。展柜中有沈尹默与李大钊、陈独秀、鲁迅、于右任、郭沫若等名流交往的照片，以及沈尹默长年临摹的名碑书帖，各地出版的沈尹默墨迹、手稿和论著，还有沈尹默生前使用过的文房四宝、图章等珍贵实物。

褚家矶老师指着展柜中的两张委任状告诉我：毛泽东主席于1950年12月26日签署的任命沈尹默为上海市人民政府委员的委任状、周恩来总理签发的任命沈尹默为中央文史馆副馆长的委任状原件。上海解放时，时任上海市市长的陈毅，进城后第一个拜访的就是沈尹默先生。为何陈毅市长上任后第一个拜访的人是沈尹默先生？参观了故居，我明白了,沈先生早年留学日本，1912年回国

后任北京大学教授，“五四”时期参加新文化运动，曾任《新青年》编委，后任河北省教育厅厅长、北平大学校长等。新中国成立后，他历任中央文史馆副馆长、全国政协委员、上海市文联副主席、上海中国书法篆刻研究会主任等，是一代宗师、著名学者。可见沈尹默在我党领导人心目中的地位之高。

谈起沈尹默先生，人们都推崇他的书法，有“当代王羲之”之称。其实他的书法成就,功在陈独秀的点拨。沈尹默年少时，习字承庭训，临摹《泉铭》《耕田馆帖》等，小有所成，却误入甜俗习气。一天陈独秀看其书法后，一针见血地说：“字其俗入骨。”沈尹默幡然醒悟，说“受了陈独秀当头一棒的刺激吧,从此我就发愤钻研书法了”，他决心重新学起，潜心“入碑”，取法汉魏六朝隶楷，书风为之大变，最后终成大家。近几年听得一个故事：今天在收藏界被炒得沸沸扬扬的沈尹默手书“苦雨

◎◎沈尹默故居

斋”横幅，原是现代作家周作人的书斋名。据周作人1961年12月28日致信友人鲍耀明：“翻检故纸，于其中得沈尹默君写的‘苦雨斋’匾额，原有两枚，其一已裱装从前挂在屋内，经乱已经散失，此一幅未曾裱好，现今斋已不存（已改造。现由小儿居住），无所用之，拟以奉赠，当另封寄上。”鲍耀明受赠后，将这幅“‘未曾裱好’的‘苦雨斋’匾额”，悬于他在加拿大多伦多居室的墙壁上。2011年在北京匡时国际拍卖有限公司拍卖时，以18万多元成交，2014年春它又出现在拍卖公司的拍卖目录上，最后97万元成交，引起书法界一片关注。

故居二楼，西侧为卧室，东为书房，三楼仍为储藏室。二、三楼不对外开放。那天，褚老师为我开了小灶，引我上了二楼。走进沈先生的书房“秋明室”，但见窗明几净，书香浓郁。我注意到房中的窗户比通常的要大，原来先生晚年目力不济，便请来工匠，放大窗门。正面墙上，挂着沈先生和他夫人褚保权的合影，两旁悬着“艰险自得力，金石不随波”的对联，乃是沈先生的为人写照。靠墙几只书柜中整齐地陈列着许多中外书籍。房中还挂着沈先生的几幅书法精品，气氛庄重，格调清雅。褚老师告诉我，大家都熟知胡适是白话诗的推动者，其实沈先生也是“五四”后出色的白话诗人，沈先生以“秋明”命之书房，源于他的喜秋之情。在他的白话诗中有首诗《秋》，最后几句为“白蓼花，红蓼花，经了许多雨，许多风，红的仍旧红，白的仍旧白，不曾吹折他的枝，洗褪他的颜色。秋，这样光明鲜艳的秋！”用充满诗意的文句，对秋天歌颂备至。以后，他集多年诗作，取名《秋明集》《秋明室杂诗》等出版。

是啊，沈尹默故居不大，但它的内涵却是深沉博大的……

一支钢笔 半卷《浮士德》

王坚忍

1927年深秋11月，窦乐安路（今多伦路201弄89号），一条小巷曲里拐弯，藏着一座坐东朝西的二层小楼，是那种落地长窗加红漆木板的格局，环境寂静。就在这座小楼的二楼，一个面目清癯，戴眼镜的短发中年男子，正在一张书桌上挥笔疾书。屋子里静极了，只听到唰唰唰的钢笔在纸上的行走声，一行行清秀遒劲的蓝黑色的诗句，跳跃在淡黄色的稿纸上。

这个中年人，就是诗集《女神》的作者郭沫若。

对于郭沫若这个多伦路旧居的认定，还费了一番周折。20世纪90年代中期，时任虹口左联纪念馆副馆长的张小红，她请来郭沫若与日籍夫人安娜所生的儿子郭博，以帮助她寻找这座旧居。郭博热情地陪她一同去多伦路，一间一间房子地辨认。70多岁的郭博，还能保持童年的记忆，当走到201弄89号门口处，郭博停

下来，指着这栋房子说：“就是这座。”

此刻，郭沫若抬起头，望了望窗外，“真静啊！”他轻轻说了一声。因为参加南昌起义被国民党政府通缉，从烽火连天的战场撤出后，在一位农会主席的帮助下，他先去了香港，然后转道至上海，隐身于窦乐安路。

对于这段历史，在郭沫若传记与年谱中是一致的。但张小红《郭沫若在虹口》一文却提出了不同的说法，据郭博亲口对张小红说，南昌起义失败后，父亲被敌人打散到山里转不出去，此时遇到一位认识他的流氓，万幸的是此人竟是一个文学爱好者，崇拜郭沫若，非常仗义地一路上跋山涉水，护送郭沫若到上海。郭沫若风尘仆仆赶到虹口公共租界，到北四川路内山书店找到书店老板内山完造。经内山完造介绍，租住了窦乐安路的房子，左邻右舍均为日本人，便于隐蔽。郭沫若在此过起了半潜居的生活。接着，又将夫人安娜和孩子们接来同住。此时，他掸去身上的硝烟味和灰尘，怀着走上另一个战场的心情，在夫人安娜的鼓励下，他从箱子里翻出安娜为他保存的《浮士德》第一部（即上半卷）译稿（10年前曾花了他整整一个暑期），开始整理、润色、补译。“我翻译它，也就好像我自己在做文章”，

"有笔的时候提笔，有枪的时候提枪——这是最有趣的生活"。他开始进入一个悄无声息的战场，一支钢笔就是他手中的武器。

翻译歌德这部积60年生活经验写成的皇皇大著，郭沫若是有准备的。年轻时，他翻译过歌德的小说《少年维特之烦恼》，译作出版后，其翻译的题诗传诵一时："青年男子谁个不善钟情？妙龄女人谁个不善怀春？这是我们人性中的至洁至纯……"这次是中国名诗人翻译德国大诗人的诗作，他以诗人敏锐的艺术感觉，把自己10年间经历的风雨沧桑融合进去，尽展胸中丘壑、笔底波澜，译作洋洋洒洒，文采飞扬，音乐节奏好，句子韵味足，极富表现力。

◎◎郭沫若翻译的《浮士德》

一转眼，窗外寒意袭人，西风凛冽。写完《浮士德》第一部补译的最后一个字，郭沫若放下钢笔，对着稿纸轻声朗诵道："永恒之女性，领导我们走。"然后，合拢稿子，长长地舒了一口气。

据龚济民、方仁念《郭沫若传》云，1928年2月1日，《浮士德》第一部正式由创造社出版部出版，成仿吾登门祝贺，大家都很高兴。安娜买了寿司请大家吃，以示祝贺，孩子们皆大欢喜。郭沫若还特地挑选了一本《浮士德》第一部，用钢笔在扉页上题词赠予安娜："此书费了十年的光阴才译成了，这是我们十年来生活的纪念。"

1928年2月，为躲避国民党当局的追捕，又在日本友人内山完造的帮助下，他离开虹口寓所，再一次坐船去东瀛。《浮士德》第一部译本出版后，颇受欢迎，1929年重版。

抗战胜利后，1946年5月，郭沫若又来到上海虹口，住在溧阳路1269号，一座坐北朝南的两层楼花园洋房，完成了《浮士德》第二部（下半卷）的翻译。至此，全译本告竣。郭沫若在译后记中感慨地写道："我们的五四运动很有点像歌德时代的狂飙突起运动，同时由封建社会蜕化到现代的一个划时代的历史时间。因为有这样的相同，所以和青年歌德的心弦起了共鸣。"

1983年，北京《读书》月刊，有一篇署名张宽的文章，对郭沫若及其后的董问樵、钱春绮的三个《浮士德》译本进行了比较后说："三个完整的译本，译文各具丰采，争奇斗艳，拿来推敲把玩，得其精妙，实在是一大享受。"

郭沫若在多伦路的旧居，现为普通民居。

（参考资料：龚济民、方仁念《郭沫若传》、张小红《郭沫若在虹口》）

小贴士　郭沫若旧居位于多伦路文化街，与201弄2号上海左联纪念馆为同一条弄堂。这是一条曲里拐弯、小巷深深的弄堂，郭沫若旧居在89号。游客可以顺带参观左联纪念馆，游览多伦路文化馆。

交通：公交车18路、21路、318路等，四川北路山阴路站下车；地铁8号线，虹口足球场站下车。

内山书店：关于友情的镌刻和纪念

张　渊

3.7公里的四川北路，由南至北，一路绵延，兴冲冲地来到民办复兴初级中学边上，当头接受了两位“老友”的拱手相迎：左首一位，是甜爱路；右首一位，是山阴路。这两条路都不长，也就区区几百米，但都鼎鼎有名：甜爱路，已被几代上海人望文生义，升华定性为沪上爱情圣地，地位几乎犹如杭州之断桥；山阴路，民族魂鲁迅的最后归宿地，瞿秋白、郭沫若等文化名人曾一度居留，人文意义稠厚。像是为了回报两位友人的盛情迎迓，四川北路行进在这里的时候，本来基本上呈直线走向的它，柳腰款摆，向西踅拐，婀娜出了一个美丽的弧度。就在这三条路汇合的地方，形成了一个小小的“三角洲”。“洲”上，两栋极具历史感的建筑傲然伫立——前身为“麦瑟尼克”学校，始建于1886年的复兴中学和稍后的内山书店，就隔着条窄窄的甜爱路，对视了百年之久。双楼并峙的哥俩，以这么一种特殊的“树碑”形式，纪念着曾经发生在这里的一段跨国友谊，一场文化交流。

鲁迅将最后的归宿地选择在了山阴路。而在生命倒计时的三年里，他认识了一个日本人，倾盖如故，两人的情谊因书，因文化，也因着理想和情操，迅速发酵，成为莫逆。学子后人，也因着先生的才情文笔，知道了内山完造这个名字和他的生平与高义。这个从生意买卖起家的日本人，将生命中最精华的青年、中年时段，安置在了

中国，安置在了上海，安置在了一个举世公认的“民族魂”“中国脊梁”的身边。他通过长住中国，完全融入到了中国人的日常中，终于深切地懂得了中国和中国人，积三十年的思索和积累，从亲密邻居般的视角，写出了《隔壁的中国人》一书。“隔壁”，以这样一个“俗辞”来描绘在海对岸绵衍了数千年的另一个民族，真是亲切，显然比那句文绉绉的成语“一衣带水”要接地气得多。

内山完造借着商人的名义，在日寇荼毒上海沦陷区的时候，多次掩护鲁迅，让他躲过了侵略者一次次的缉捕。其中，北四川路、山阴路口的这家内山书店，这栋小小的三层楼建筑，也曾是他提供给鲁迅的避难处之一，功不可没。也许吧，内山完造，在日本国籍的外衣下，以及在这家商业性质的书店外壳下，掩护的不只是一位理着八字胡、身高一米六的中国浙江绍兴男人，也不只是一位能以笔为匕首来反击所有黑暗势力的文人，他掩护住的，可能更是“隔壁邻居”中华民族在萎顿时的蛰伏意志和不挠精神吧？

一家书店，竟成为一位伟大写作者的庇护所，这在文化意义、精神层面上本就有值得咀嚼的东西了，让人不由得会玩味这两者间的内在联系、基因脉络，而更耐人寻味的地方远不

◎◎鲁迅和内山完造

止于此。内山书店还不是中华人士、本国人开的，当年的它属于纯“外资”性质，这个“外”还不是与当时的中国无甚瓜葛纠结的外国，而是与之冤孽纠结的敌国日本。作为一个侵略国的国民，在被侵略的国土上开出了书店，可这书店不仅不做本国助纣为虐的帮凶，没有沦为兜售“大和精神”“武士道精神”的炮手，没有沦为弱肉强食之丛林法则的鼓吹者，反而升华为受辱国一位反抗斗士的诺亚方舟。“方舟”很小，风雨飘摇，但越是处在风口浪尖，越是自身难保，就越显得它的可贵和勇敢。从这点来说，内山书店的主人内山完造，已不能用简单的“正义”“勇敢”等日常用语来形容了，几乎达到了“奇”的程度。如果勉强用一个我们国人口耳相传了数千年的词来描述，那就是“侠”。这个本来只停留在中国民间传奇话本中，处于真和伪、人和神之间的缥缈形象，如今却活生生地在一位外籍书店老板的身上立了起来，化为了可感的真实。是的，这位貌不惊人的内山完造，堪称“奇侠”，尽管他不会舞枪弄棒，只懂点经营之道；尽管他文笔还行，写出了著述文章，可毕竟及不上他倾力相助的异国文豪。但是，他的义举，他的度量，他的识见，实在当得起中国人心目中的“侠”。

老虹口人都知道，坐落于四川北路的内山书店原址，数十年前就不再延续买卖书籍的功能了。也许是出于对这栋珍贵楼房保护的目的吧，它在早些年被改成了工商银行营业部。但为了绵延这家特殊书店的文脉，抑或可以说是“精神”吧，有关部门在银行的左手边，另起炉灶，新开了一家新华书店，供后人们前来买书，前来怀念。如今的工商银行外墙上，赫然嵌挂着一块纪念牌，上面镌刻着鲁迅和内山两人的合影。纪念牌的底色是白的，鲁迅和内山的头像则是黑色的，挨得很近，近到了不止是“隔壁”，近到了心灵的融洽默契。这种默契，隔着铜牌，隔着年代，我们作为路过的后人，也依旧能感受得到。就是在挚友去世后，抗战结束回到了祖国，内山还是念念不忘大洋彼岸，长眠在上海虹口的异国知交，仍念叨惦记着这位灵魂伴侣。

随着年龄渐长，更随着从书本里、纷纭人世中读到越来越多的知识学问，我对鲁迅其人，以及当时他所处的年代越来越理解，越来越懂了他在峥嵘时代所写文字中蕴含的深意。当然，也更感佩跨洋过海的内山先生，在风雨如磐中力挺“隔壁”民族一个伟大灵魂的高贵和勇气。

人生得一知己，足矣！矗立在北四川路上的这栋三层楼洋房，所阐述和象征的友情，已超越了鲁迅和内山两人间的私交，还一度升华到了中日文化间桥梁与纽带的程度。1926年初，日本作家谷崎润一郎来到上海，郭沫若、田汉、欧阳予倩等中国著名文化人随之来到内山书店，与谷崎座谈相叙。主人内山热忱款待，从主观和客观上都为两国的当代文化精英架起了沟通交流的平台。在数次搭救挚友鲁迅的同时，这个“另类”日本文人兼商人，还冒大不韪，不顾自我安危，屡屡犯险施救。20世纪二三十年代，虹口四川北路一带是上海文化界人士居住最集中的地方。内山完造利用日本人的身份为中国进步力量做了诸多贡献：郭沫若、陶行知遭通缉，他帮助避居；周建人、许广平、夏丏尊等被捕，他全力营救。后来，方志敏在狱中写给党中央的报告、北平东北大学地下党等转给鲁迅的信等，也都经内山书店转交。

可见，内山先生、内山书店，与中国间建立起的深厚情谊，除了鲁迅，还有更多的中国文人，甚而延及到了20世纪三四十年代的中国文化。就在这家小小的书肆里，购买者与经营者的界限被跨越，民族与民族的间距被跨越，国与国之间的仇怨和壁仞也已被超越。

矗立在中国上海，虹口四川北路2050号的三层老洋房，和它门前镌刻的这块纪念牌，在百代之后，还将一如既往地述说着一段有关崇高、有关友情的传奇。

拉摩斯公寓

——鲁迅与瞿秋白往事

李 红

20世纪20至40年代，虹口四川北路的多伦路、山阴路地区，是租界的“越界筑路”地段。这里名义上是公共租界，实质上归日本人统治，即使是国民党警察也不能在此巡逻。这一地区的特殊地理格局，成为左翼文人的活动天地。

在鲁迅的朋友圈中，有一位特殊友人——瞿秋白。鲁迅是著名作家，瞿秋白是共产党领袖，他们交往的时间并不长，从1932年5月第一次见面，到1935年6月瞿秋白牺牲，相互往来只有短短的三年。这三年里，瞿秋白曾经三次去鲁迅家里避难。他们合作编书，甚至瞿秋白撰写的12篇杂文都借用鲁迅的笔名来发表。人生得一知己足矣，岂以时间论长短！历史记载的细节，让后人得以循着他们的足迹，重温四川北路底两人心灵唱和的吉光片羽。

1930年5月至1933年3月，鲁迅先生寓居在北四川路底的拉摩斯公寓（今四川北路2079-2099号北川公寓）A三楼一处居所。这个公寓是英国人建造，钢筋水泥四层建筑。公寓前梧桐阴翳，公寓后面是多伦路，马路对面转角是内山书店。虽然紧邻日军统治据点，不是很安全，但鲁迅一家在这里安静地生活与工作。

1932年夏，经冯雪峰引荐，鲁迅在寓所第一次见到了瞿秋白。他们一见如故，倾心而谈，话缘投机，至晚始别。其实，早在见面之前，两人都熟读过对方的文章，内心彼此欣赏。1931年9月，鲁迅将日文版《毁灭》转译成中文，并特意让冯雪峰转交给瞿秋白，让瞿对照俄文本校读。瞿秋白校读后，给鲁迅去了一封长信，以“敬爱的同志”相称，他还在信中表述了相见恨晚的感情：“我们是这样亲密的人，没有见面的时候就这样亲密的人。这种感觉，使我对于你说话的时候，像和对自己说话一样，和自

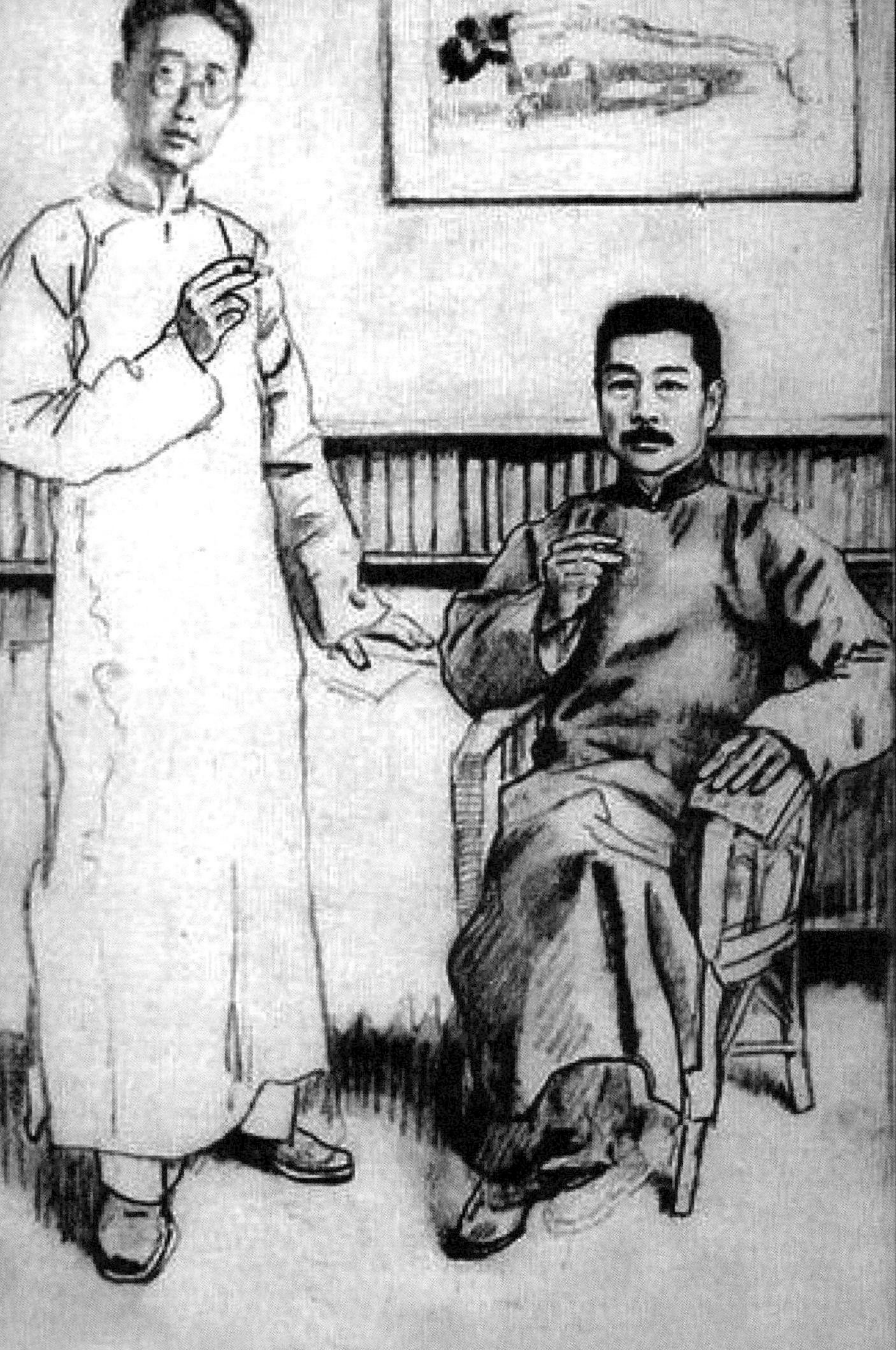

己商量一样。”鲁迅给瞿秋白回信，开头也以“敬爱的同志”相称。两人书信唱和，都殷切盼望着能早日会面。

这是一段极其珍贵的忘年交。这以后，鲁迅在日记和函件中，常提到瞿秋白的笔名，如“何凝”“维宁”“维它”“文尹”等，瞿秋白则亲切地称呼鲁迅为“大先生”。

鲁迅住在拉摩斯公寓期间，就两次接待了来此避难的瞿秋白夫妇。

1932年11月，瞿秋白所在的紫霞路党中央秘密机关暴露，必须立即转移，深夜无处可去，夫妇俩第一个便想到了鲁迅先生——那时，瞿、鲁相识仅仅几个月！恰巧鲁迅去北平看望生病的母亲，许广平赶紧将主卧让出来，热情地“收容”了瞿秋白夫妇。鲁迅的处境很艰难，1932年一·二八淞沪战争时，日军的一颗炸弹就落在他的窗前。但他置个人安危于不顾，第一回就妥当地将瞿秋白夫妇隐蔽了一个多月。其间，瞿秋白还特意托人买了一盒玩具赠给鲁迅的孩子周海婴，而鲁迅也在日记中郑重记下此事：“下午维宁及其夫人赠海婴积铁成象玩具一盒。”

12月23日深夜，陈云受中央派遣前来鲁迅家，负责转移瞿秋白夫妇。陈云后来在回忆文章中写道，鲁迅将瞿秋白夫妇送至门口，就向秋白同志说：“今晚上你平安地到达那里以后，明天叫人告诉我一声，免得我担心。”秋白同志答应了。当他们下了一半楼梯的时候，陈云回头望望，鲁迅和女主人还在门口目送，看鲁迅那庄严而带着忧愁的脸上，表现出非常担心瞿秋白安全的神色。

此后，1933年2月，瞿秋白夫妇再次来到拉摩斯公寓鲁迅家避难。这次适逢英国大文豪萧伯纳来到上海发表演讲。鲁迅和瞿秋白都想把这些文章辑录成册，以纪念中国文坛上的这件大事。他们很快投入工作，先由许广平到报摊上将相关的文章全部搜罗来，然后和杨之华共同剪贴，再由鲁迅和瞿秋白编辑，鲁迅作序，瞿秋白写卷首语，由野草书屋出版，书名为《萧伯纳在上海》。鲁迅将所得稿费全部资助给瞿秋白。在瞿秋白最困难的时候，鲁迅冒险给予他真诚、无私的帮助。

也许总是相聚在突然之间，这也让他们对来之不易的友谊倍加珍惜。1933年3月，鲁迅帮忙为瞿秋白租下了北四川路东照里一个日本人住房里的“亭子间”，这是一个相对安全的住所。3月6日，鲁迅到瞿秋白新居祝贺，并送去了一盆花，以作乔迁之贺，并将清人何瓦琴的联句“人生得一知己足矣，斯世当以同怀视之”书写成条幅相赠。这时，鲁迅已经将瞿秋白视为肝胆相照、同心同德的知己。瞿秋白搬入新居，也郑重地将条幅挂在自己卧室的墙壁上。一个月后，鲁迅的家也从北四川路上的拉摩斯公寓迁居到大陆新邨9号。从大陆新邨走到东照里，约两百米，两家的往来更为密切。

在上海养病期间，瞿秋白和夫人杨之华全凭党中央每月发给的十六七元钱来维持生活。瞿秋白是国民党通缉的共产党要犯，不能在社会上公开谋得职业，在当时的上海，这份微薄的经济收入，仅等同于一般工人的最低工资。鲁迅有意帮助瞿秋白，让他翻译俄国文学作品，以稿酬贴补生活。瞿秋白的名字是不能公开见诸书报刊的，他只得借助鲁迅的笔名发表杂文。鲁迅亦直面淋漓的现实，1933年三四月间，将瞿秋白的杂文以自己的笔名“何家干”发表出来。于是，出现了《鲁迅全集》《瞿秋白文集》中，有12篇杂文的内容相同的现象。

一个黑暗的时代，一段传奇的佳话。

瞿秋白在与鲁迅“合作”杂文的同时，潜心研读鲁迅的文章，精心编了一部十四五万言的《鲁迅杂感选集》，全书共收录了鲁迅从1918年至1932年的杂文75篇；又花了四天时间，写成一万七千言的长序，这就是署名“何凝”的名篇《〈鲁迅杂感选集〉序言 》。瞿秋白第一次论述鲁迅“使用的武器便是杂文”，鲁迅杂文以“燃烧着的猛烈的火焰在扫射着猥劣的黑暗世界”。虽然出版杂文选集会降低鲁迅杂文单行本的销量，但鲁迅丝毫不以为意，反而很重视这本杂文选集，亲自设计版式，安排插图和校对文字。刚刚收到良友图书公司版税240元，鲁迅就将《选集》编辑费200元付给瞿秋白，以帮助他们夫妇渡过生活的难关。瞿秋白比鲁迅小18岁，但是共同的精神气质和价值取向让他们引为知己。

1934年新年伊始，瞿秋白奉命赴江西瑞金。临行前，他向鲁迅辞行，这是他们最后一次见面。这天晚上，他们彻夜长谈，鲁迅还将自己的床铺让给瞿秋白，自己则在地板上临时搭个睡铺。鲁迅“觉得这样才能使自己稍尽无限友情于万一”。一直到第二天晚上，瞿秋白才回家。1935年6月18日，瞿秋白在福建龙岩长汀县中山公园里英勇就义，时年仅36岁。

得知瞿秋白牺牲的消息，鲁迅悲痛异常。此时的鲁迅已是体弱多病，但他强支病体，仅用了几个月的时间，就搜集了亡友60多万字的译文，并嘱托内山书店将书稿寄到日本，印成两册《海上述林》。鲁迅认为这是对瞿秋白最好的纪念，他说：“倘其生存，见之当亦高兴，而今竟已归土，哀哉。”《海上述林》出版时，署名“诸夏怀霜社”，这其中极有深意。“诸夏”即中国，“霜”为秋白的原名，诸夏怀霜寓意为“中国人民永远怀念瞿秋白”。《海上述林》上卷出版后，未等到下卷出版，鲁迅就带着无尽的遗憾离开了人世。

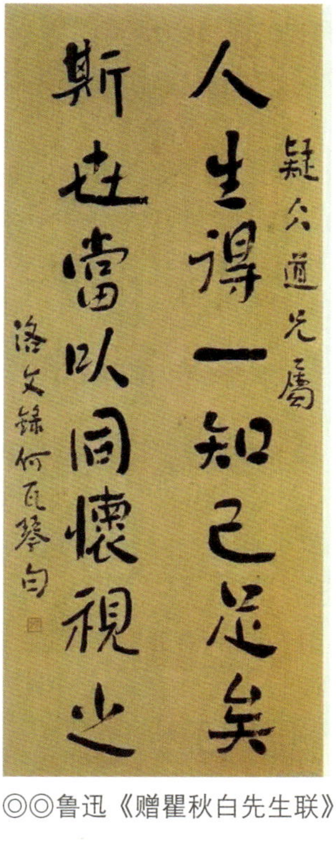

◎◎鲁迅《赠瞿秋白先生联》

瞿秋白在鲁迅的拉摩斯公寓避难，以鲁迅的笔名发表杂文，在当时的险恶环境下，这是极其机密的。直至新中国成立以后，许广平、杨之华等人的回忆，才逐渐披露这段往事。

现在的四川北路底一带，文化气息浓郁。后人漫步其中，追忆那些尘封的往事，对鲁迅、瞿秋白似伯牙、子期般的知己情深，备感追思与温暖。

关紫兰：从民国走来的女油画家

张林凤

故事回放：2007年1月的一天，南京路上的王开照相馆因自来水管冻裂，漫出的水湿及地下室一只尘封了半个多世纪的纸箱。纸箱里装的，是20世纪二三十年代陈列于该照相馆橱窗内的精致老照片，由此发现了被人们误认作阮玲玉，实为关紫兰的老照片。

关紫兰是中国的第一代女油画家。据关紫兰的女儿梁雅雯介绍，关紫兰喜欢拍照，80%的照片是在王开照相馆拍摄，且都由首席摄影师姚国荣拍摄的。她小时候经常跟随母亲到姚伯伯家看望他。由此，关紫兰这盏“远处的明灯”，在不经意间，又被人们发现其神奇辉煌的艺术光彩。

关紫兰从20世纪40年代起到80年代中期，居住在溧阳路1333弄1号。她的后半生是在这幢小洋楼里度过的，也是在这幢小洋楼里，我专程采访了关紫兰的女儿梁雅雯和外孙叶奇。

环视底楼客厅，墙上关紫兰的油画、桌上的几本画册、橱中的书籍和摆件，无不令人觉得画家正在向你走来。2010年6月30日，关紫兰去世的第25个纪

◎◎从上至下：《良友》画册将弹曼陀铃的关紫兰作为封面人物；《秋水伊人》1930年；《少女像》1929年，作为代表作由中国美术馆收藏

念日，梁雅雯母子遵从关紫兰生前心愿，将其上海“中华艺术大学”的毕业证书、部分绘画作品及相关资料50余件捐赠给上海历史博物馆。毕业证书上有陈望道校长的签名，是目前发现的唯一存世的珍品。这批文物，展示了关紫兰的艺术人生，也是研究现代中国油画的珍贵史料。

关紫兰的父亲关康爱是当时上海的富商，经营布匹印染，在图案设计上很有造诣。从小耳濡目染的关紫兰对于绘画有着极大的兴趣和悟性，考取了上海神州女校图画专修科，于1927年转入中华艺术大学。同年6月，在中华艺术大学举办的美术展览会上，关紫兰的作品《悠闲》脱颖而出。在中华艺术大学求学时，关紫兰深受“左联”先进文艺思想的熏陶，对她以后的人生道路起到了引领作用。大学毕业后，在中国现代油画家陈抱一先生介绍下，关紫兰两度赴日本继续深造，深受日本油画界器重。其间，在神户市举办的个人画展上，观展者如潮，每天不得不延迟闭馆时间，日本很多家庭都以墙上挂有一幅关紫兰的作品为荣。1930年，年仅27岁的关紫兰所画的油画作品《水仙花》被印制成明信片在全日本发行，关紫兰成了风靡日本的美丽女画家。

◎◎关紫兰油画作品从上至下：《人民公园》1958年；《西湖》1929年；《西湖风景》《南湖红船》1965年

畢業證書
學生關紫蘭現年二十二歲
廣東省南海縣人在本校
大學部繪畫科西畫系
脩業期滿考查成績及格
准予畢業此證
中華藝術大學主席陳望道
中華民國十六年六月十日

◎◎由陈望道校长签名的关紫兰的中华艺术大学毕业证书

关紫兰学成回国，国内刊物争相报道刊载她的作品，《良友》画册更是对她情有独钟，不仅将她作为封面人物，而且在1930年8月、10月两期刊物上对她重点介绍，称赞她为油画家中的佼佼者。同年夏天，关紫兰在上海举办个人作品展览，令人耳目一新，参观者络绎不绝，文艺界许多名流观展，宋子文先生出席开幕式并给予赞誉。

梁雅雯说，作为都市新女性的母亲是前卫新潮的，她会弹琴、骑马、游泳、开车，到高档美发厅打理发型，订制西洋式服装，喷洒法国香水。但是，在上海被日军侵占的苦难岁月里，母亲表现出中国艺术家特有的坚强与爱国情怀。日本人多次要她出来做事，都被她拒绝了。她出现在公众场合时，总是穿着中式服装。她说：“越是在这个时候，我越要表现出一个中国女人的端庄与优雅，我不怕，因为我是中国人。”

新中国成立后，关紫兰选择留在上海。祖国日新月异的变化，极大地感染和激励了她。她尽情地创作了一批画面清朗昂扬、用笔流畅大气，具有写实主义风格的作品。晚年的关紫兰，于淡泊宁静中处处透着美的意境。那个特殊的岁月，尽管只能穿色调灰黑的中式服装，但每件衣服都是熨烫过才穿上的，她到长春路拐角上的斯维美理发店做头发，简洁中自有高雅别致的气质；她散步到南京路上的德大西餐馆品尝西餐；到铜仁路上的上海咖啡馆喝上一杯咖啡，优雅悠哉地生活着。

1985年6月30日，因心脏病突发，关紫兰在溧阳路的寓所去世。

1998年10月，关紫兰创作于1929的油画《少女》，被中华人民共和国文化部选中，参加在美国纽约古根海姆美术馆举办的“中华五千年文化展览”，这也是中国早期女油画家入选的唯一作品。人们赞叹：兰质蕙心的女画家，将灵性才艺化为不朽的杰作，似深谷幽兰，将清逸芬芳长留于天地间。

◎◎民国女油画家关紫兰

◎◎关紫兰女儿梁雅雯在溧阳路家中

邵逸夫：一个世纪的传奇故事

张林凤

2014年1月7日，107岁的邵逸夫在为世人留下“永远的影视传奇、永远的公益慈善传奇、永远的爱国爱港传奇”精彩篇章后驾鹤西去。从邵氏兄弟的天一影片公司到雄踞香港的影视帝国，近一个世纪的绵长光影，承载着邵逸夫永恒的迷人光芒。

邵氏兄弟是在上海虹口创业“天一”影片公司的。如今的天一影片公司遗迹何处？我故地踏寻，从海伦西路拐进东横浜路，但见弄内一边是东横浜路的双号，一边为秦关路的后门，路牌标到东横浜路115号就打住了，连接的是多伦路步行街，想必天一影片公司的旧址随时代变迁，已完全融入于这片浓郁的文化氛围中；而天一公司从东横浜路383号迁址后的东熙华德路陈家花园已无从寻觅，有资料说，天一公司是迁址华德路（今长阳路）68号的，但记者实地踏访发现，长阳路62号为摩西会堂，与此毗邻的建筑是幢三层楼洋房式建筑，却为长阳路70号了，猜想此地

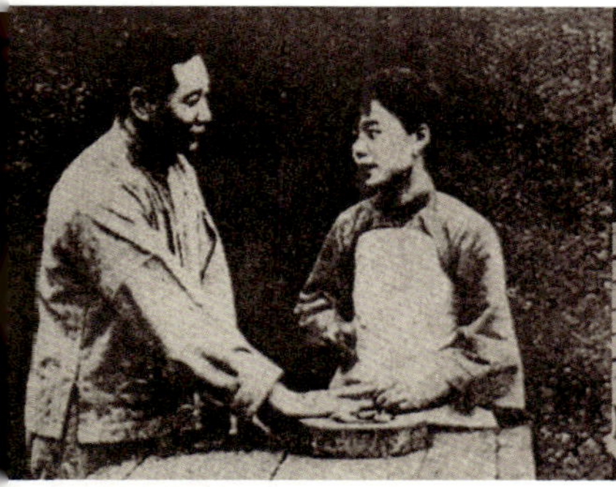
◎◎电影《立地成佛》剧照

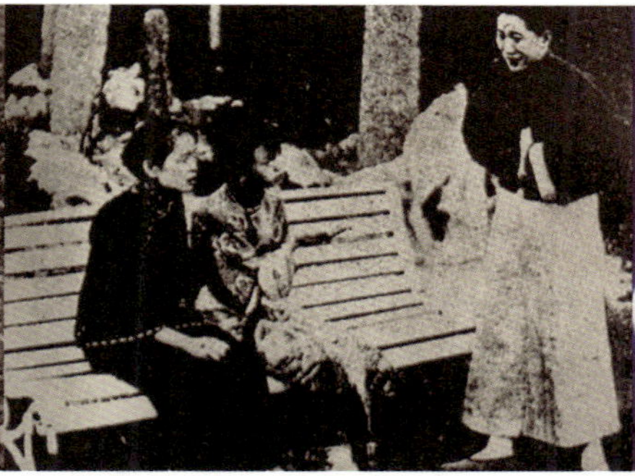
◎◎电影《侠女李飞飞》剧照

◎◎电视剧《射雕英雄传》剧照

会是当年的陈家花园吗？这里地处北外滩，如今已是道路宽敞交通发达，高档住宅区和商务楼宇林立。岁月回不来，记忆抹不去，虽然当年的天一影片公司已湮没在九十年的苍茫岁月中，但邵氏兄弟在中国电影发展史上的杰出贡献是会永远被人们铭记的。

邵逸夫早年就读于家乡宁波庄市叶氏中兴学校，后赴上海，进入美国人开办的上海青年会英文中学，由此练就一口流畅的英语，为其日后事业融合中西方文化观念奠定了基础。

早年的邵氏兄弟投身娱乐圈，购买了一部电影摄影机，出品第一部故事片《立地成佛》，获得极大成功。据《上海地方志》记载：旗开得胜的邵氏兄弟于1925年6月，在虹口东横浜路383号成立“天一影业公司”，开始拍摄电影。中学刚毕业的邵逸夫也入职公司，由于他勤奋好学肯钻研，很快从摄影、编剧，到导演、电影制片等各个环节，都了如指掌。

1926年，邵逸夫应三哥邵仁枚之邀，南下新加坡协助开拓南洋电影市场。他们深入到华侨众多的乡村、园林和矿场放映电影。那时的放映设备还很落后，要用手工一格格地摇片子，一场电影放下来，累得腰酸手痛。历经磨难、备尝艰辛成就了事业，兄弟俩还开设游艺场和电影院。

1931年，邵逸夫满怀创新电影的憧憬，前往美国购买有声电影器材。未料途中轮船触礁沉没，落水的邵逸夫手疾眼快地抓到一小块木舢板，在茫茫大海上漂泊一夜后终于获救生还，并从美国好莱坞买回所需的“讲话机器”。也是在这一年，上海天一影片公司摄制完成中国首部本土制作的片上发声片《歌唱春色》。

1932年，天一影业公司迁往香港发展，并建立“天一港厂”。邵逸夫自任制片和导演，拍出了中国第一部有声电影《白金龙》，轰动一时，从此将中国观众带入“有声时代”。这个时期的天一影业公司在上海、邵氏兄弟在东南亚各地已拥有139家电影院和九个游乐场，建立了完整的电影发行网络，共同打造邵氏家族的电影王国。但个人、家族事业是与国家休戚相关的。日本侵略者将战火烧到中国及邻国，邵氏影院全部化为灰烬，邵逸夫也被日军以“拍摄反日电影”的罪名关入地牢，彻底毁掉了邵氏兄弟苦心经营了20多年的庞大产业。

抗战胜利后，邵氏兄弟迎来电影事业的新时代。邵逸夫决定重整雄风，创立一个全新的事业。他选中了香港，从这里拍摄的影片源源不断地流向邵氏电影发行网，每年高达40多部影片，成为世界最大的中文影城，先后拍摄了一千多部电影，被外国传媒誉为“东方好莱坞”。

邵逸夫并非香港最有钱的人，但却是香港富豪中屈指可数的大慈善

◎◎位于虹口华德路上的天一影片公司大门

◎◎上海外国语大学虹口校区逸夫会堂外景

家，他在香港的影响力源自他的影视王国，而他在内地的口碑则主要是因为他的慈善捐赠。从1985年起，邵逸夫开始将关注的目光投向中国内地，平均每年向内地捐赠一亿多港元，用于支持各项社会公益事业。“我就读的初中是这位先生捐建的，90年代学习的电脑，也是这位先生给买的。我不懂先生的那些产业，我只知道先生对我们实实在在地有过恩惠。我长大了，将继续沿着先生的脚步，将先生的爱心继续传递下去。”这段话，是看到邵逸夫辞世的新闻后，一位网友在帖子上表露的心声。各地网友“晒”出以“逸夫”命名的教学楼、图书馆、科技馆及其他文化艺术、医疗设施不胜枚举，在地图上标注，密密麻麻的近3万座，几乎遍布神州大地。

据统计，20多年间，邵逸夫捐助社会公益、慈善事务超过100多亿港元，兴建了6000多个教育和医疗项目，全中国多家高等院校都有以邵逸夫名字命名的“逸夫楼”，堪称中外古今捐资助学第一人。他对于慈善事业的付出和努力成就了一代人的美好记忆。2008年，邵逸夫获中华人民共和国民政部授予“中华慈善奖终身荣誉奖”。

西泠印社创始人丁辅之虹口寻踪

丁辅之自用印

张林凤

◎◎丁辅之

说起西泠印社，人们耳熟能详，可对于创始人之一的丁辅之（1879年8月—1949年7月）晚年居住生活在虹口的一段经历，可能就鲜为人知了。我曾有机会采访丁辅之的孙子丁利年。

话题就从丁家居住在虹口的岁月开始。1946年，丁家从江苏路中一村5号搬迁到四川北路虬江路271号的祥丰里。上楼到住家要从273弄过街楼后门露天的石楼梯上去。据说，此处三层楼的房屋原是白俄人所建，日军侵华时被占用作为跳舞厅。屋内是柚木地板、落地钢窗，三层楼顶上还有个大晒台。由于房屋需要改造装修，丁家

暂居四川北路邢家桥南路永丰坊过渡半年，于1947年春正式入住新居。幼年的丁利年常依偎在祖父的怀中，听祖父讲述丁氏家族源远流长的故事。

书香门第的丁氏家族，曾拥有四座藏书楼，每座藏书八千余卷，故称“八千卷楼”。光绪皇帝赠匾“嘉惠士林”，并赏与丁氏先人四品顶戴的殊荣。丁氏家族抢救“文澜阁”《四库全书》，收集编辑《杭郡印辑》，热衷社会公益，诸如铺路、架桥、赈灾等活动。在这样的环境里成长的丁辅之，不但刻苦学习，对古文诗词、金石书画、收藏鉴赏无不精通，而且具备深厚的爱国情怀和创新精神。他游历祖国名山大川后写就的《观水游山集》，独树一帜地以甲骨文书写，开创了甲骨文书法先河，为后人留下了珍贵罕见的甲骨文范本。

丁家首屈一指的乡绅大族和声望，使之在杭州有广泛的人脉和号召力。丁辅之身边集聚了一批志同道合的青年，常感慨金石印刻后继乏人，立志传承弘扬中华国粹，由此有了西泠印社的诞生。丁利年介绍，最初的社址用地是由你家出一块地、他家出一块地组成的，因都是乡邻，所以地块也毗邻。当时吴隐没地，特地买了一块地投入。建造社馆须有官府准许的批文，王禔的篆刻很有名气，当地官府的印章是由其刻制的，所以由王禔与官府打交道。建造社馆的具体事务则由叶铭负责，日常活动经费由众人出资。印社自成立以来，名家荟

◎◎丁辅之国画作品

◎◎丁辅之篆刻

◎◎仿丁辅之篆刻

萃，人才辈出，艺术成就蜚声海内外，而百年西泠悠久历史中，丁辅之在治印、集印、印谱、印社、印教等五项上功不可没。

2001年6月，西泠印社作为近现代重要史迹及代表性建筑，被国务院批准列入第五批全国重点文物保护单位名单。2006年5月，西泠印社的金石篆刻艺术经国务院批准，被列入第一批国家级非物质文化遗产名录。

除上述外，丁辅之对于中国近现代印刷史也有非凡的贡献。他与其弟丁善之，经过五年研制，于1916年发明了方形仿宋聚珍铅字及长体夹注字模，获得“中华民国政府内务部第六三五号批文及执照”，成为中国第一个获国家认可的，有自己版权的字体发明者和使用者。这项发明，在中国书法与工业印刷之间架设了一条通道，中国书籍的制造开始摆脱对纯手工的依赖，成为一种全民普及性质的文化熏陶。工业文明的成果在中国转化为一种标准化享受，便利而且便宜，“仿宋体”铅字印刷风行至今仍在广泛使用。

1921年，时任中华书局总经理的陆费逵见其字体精雅，印行之书可与明清翻宋仿宋版经典媲美，且工效提高、成本下降，决定排印聚珍仿宋版《四部备要》。这套丛书收书336种，依经、史、子、集四部分类，是一部学习和研究古代文献的常备书籍，由丁辅之出任监造。这项浩大工程历经十数年才得以完成，其中丁辅之付出了极大的心血，在中华文化长河中留下了不可磨灭的一笔。

丁利年的外公是西泠印社创始人之一的吴隐，吴隐病重之际将独生女吴华英托付给丁辅之，丁辅之将其许配给四子丁璟。自幼在书林画海氛围里浸润下的丁利年，对祖父的故事记忆犹新。祖父手把手地教他临帖习书，祖父的一些海派书画大家来家里相聚饮酒品茶，谈笑风生。丁利年回忆，那时祖父常带他去汉口路宣和印社，访问方介堪三兄弟，商谈方介堪所辑印谱《明

◎◎丁辅之孙子丁利年

◎◎仿丁辅之国画

清名人刻印汇存》之事，到七浦路吉祥寺走访石瓢和尚谈诗论画，南京西路青海路口的大观园更是常去的地方。在那里，祖父与黄宾虹、江寒汀、唐醉石、唐云、沈尹默、黄福庵等人吟诗作画、切磋技法，故这些名人雅士的书画作品常用“大观雅集”题字。这些见闻都在小利年的心中烙下深深的印记，立志将祖父倾毕生心血凝结的成就发扬光大。丁利年在《丁辅之集甲骨文观水游山诗》序中，用自名作并头诗：“丁辅之诗书画印，利孙愿穷索苦求。年长日久终有成，集沙成塔重流传。”就是此心愿的写照。

丁利年出生于1937年9月，出生不久，杭州即遭日寇炮击，父母带着襁褓中的他逃难到上海。对日寇暴行义愤填膺的丁辅之，为孙儿取名利年，希望中国的抗日战争取得胜利；并让次子丁玑星夜由沪绕道赶赴杭州，抢救出大部分西泠八家印章，只是藏书楼全部毁于炮火。在那国土沦丧、反动统治当道的年代，物价飞涨，民不聊生，即使丁辅之这样的文化名人，也不能幸免于难，数度以卖画来维持一大家子的生计。

1949年，丁辅之抱病参加西泠印社活动后，便卧床不起。他拉着前来医院探视的王禔叮嘱：“龙华已有解放军的炮声了，创社四人中，吴、叶皆先我而故，印社的重担要由你一人承担了，好在解放已近，可将印社交给共产党。”祖父的临终遗言，也成为丁利年以后研究祖父的不竭动力和源泉。

1994年，四川北路虬江路商业规划调整，丁利年一家搬迁至虹口同心路居住至今。淡泊名利、专心学问的丁利年几十年倾注全部心血和资金，收集整理和研究出版祖父书稿作品，为西泠印社的文化宝库增添了浓墨重彩的一笔。这真是：**方寸之间有天地，艺苑华彩长留存。**

110岁老人罗时敏

家居山阴路青山小筑的罗时敏老太，是著名大画家黄宾虹的大儿媳，品行善良、颇有人缘，而弄堂里邻居提起她时的口头禅是：罗老太太啊，伊脑子“煞煞清”。

罗老太的隔壁邻居叶文德先生，是罗老太看着长大的。因为淘气，罗老太给他封了“皮小囡”的名号。一眨眼，皮小囡成了年过花甲的老人，但老人依旧像待自己的孙辈一样，称他是家里的“开心果”。因为叶先生在老人面前喜欢出自己“洋相”，一副冷面滑稽的样子，常常逗得老太笑口常开。叶先生自嘲说，我和老太搞脑筋搞不过她，我是经常讨伊“骂”的。

前年春节拜年，叶先生初一给老太拜年，老人笑呵呵地对他说，侬给我拜年，我要给侬压岁钱的，侬要不要？叶先生笑脸相迎：当然要啊。老太笑着指同来拜年的叶太太说，侬证明啊，“老虎”（叶先生的小名）讲要的呀。老人从口袋里摸索了好一阵，又问叶先生：“侬要不要？”叶先生给她肯定的回答后，老太说，讲好要，不好不要。说完，老太从口袋里掏出一包餐巾纸递给他，老太的家人笑得前仰后合，叶先生被她弄得一脸尴尬：大年初一，老太就给我玩“冷幽默”，我服帖了！

服帖的事情还多了去。去年老太在家不慎摔了一跤。热心的叶先生自以为很幽默地在微信里发了“老太杠头开花”的信息，闻讯而来的邻居亲友纷纷上门来探望。也许是有人走漏了叶先生的“幽默”，老太指着叶先生说，“老虎”呀，今朝大家来看望我没有空，明朝侬带副麻将来，我和侬对搓，叫侬

◎◎山阴路街景

脑子“煞清”

金洪远

“杠头开花”。众人被老太机智的即席应答逗乐了，笑得喘不过气来，唯独叶先生被噎得怔怔地发呆。按叶先生的口头禅是，我被老太叉叉得是差点“昏”过去。还是一句老话，亲密到什么程度，就随便到什么程度。

也许是遗传因子使然，罗老太的女儿虽然已是90高龄，谈吐甚是条理清晰，丝毫不见印象中九旬老人言谈举止的“常态”，难道真的应了一句老话，有其母必有其女？问及她母亲罗老太的身世，一句话轻轻带过，问及学历，毕业于爱国女中的初中生，言简意赅评价老母好学。难怪当年嫁进黄家门，聪慧的她，深得公公黄宾虹先生的喜欢和赞赏。罗老太年轻时曾在商务印书馆谋职，当时干的是校对：编校《二十四史》。

不过，在女儿黄女士的眼里，脑筋清爽要强的母亲在操劳家务活上也绝对是一把好手。当时她在某区百货公司工作，杂务缠身，常常是早晨出门，很晚回家，家务就是老太一手打理。尤其是父亲晚年，患病卧床，照料父亲的工作基本由母亲承担。有时看到母亲劳累，女儿女婿要“插手”，年过九旬的老母亲总是挥挥手让他们“忙自己的事去”。理由也简单，她要多陪陪相濡以沫70多年的丈夫，因为老伴就喜欢品尝她烧的“饭菜”。后来，老伴被送进了第四人民医院，从居家山阴路到四川北路上的医院说远不远，说近不近，老母亲总是在规定时间准时出现在病榻前，直到老伴在98岁那年安详地去世。

罗老太年过百岁了依然很要强，家务活还自己做，不喜欢别人插手，自己的房间每天打理得清清爽爽，也不是刻意“锻炼”，而是力所能及地在家里“动动”，106岁那年还挥毫写小楷呢。老人除了不喜欢吃肥肉，基本不挑食，而“芝麻核桃和生姜”是一直常备的。

中秋节前，我去探望110岁的罗时敏老太太，老人安详地坐在靠窗的沙发上，稀疏的灰白头发梳得齐齐整整，看得出，老人不仅脑筋清爽，头势也“清爽”。叶先生示意我和老太太拍个“合影”照，我正犹豫间，未料坐在沙发上的老人轻轻地朝里挪动了一下，腾出位置，反应如此之好，令我始料不及。看来，罗老太确实“脑子煞煞清”，这个细节让我感受尤为深刻。起身告辞时，老人在沙发上和我招手作别，还招呼叶先生过来“握手”，场景让人忍俊不禁。“脑子煞煞清”的老太太，不仅会玩幽默，还蛮赶时尚哩。

110岁的罗时敏老太太脑筋“煞煞清”，除了心态平和，热爱劳动，坚持自己的事自己做，与她的亲人细微不至的照料和孝敬老人的浓浓亲情是分不开的。每个节假日，老人的小辈都无一例外来探望老人，给老人送来尊老敬老的和煦家风，因为家庭和睦、小辈孝顺，才有每天愉悦的好心情。

老人110岁，女儿女婿加起来180岁，在上海三口之家中，290岁不是首屈一指，也当属凤毛麟角。喜欢读书看报的老太太还有一个长寿和脑筋“煞煞清”的秘密，就是耄耋之年还喜欢看书读报，报纸是《新民晚报》《文汇报》，经常订阅的杂志是《收获》《上海文学》，这是不是老太太长寿和脑筋“煞煞清”的精神支柱呢？

◎◎母女情

浙兴菜场出了个劳模安根娣

金鸿远

如果就当年虹口的小菜场名头和资历而言，非“三角地小菜场”莫属。在相当长的一段时间里，三角地菜场始终是上海占地面积最大、经营品种最全、服务设施到位的室内菜市场，成为上海著名地名和菜市场的代名词。但就情结而言，位于溧阳路的浙兴菜场，当年在虹口区也是相当有名气的，菜源丰富，摊位众多，许多市民慕名远道赶来买菜。当时我居住在溧阳路853弄的瑞康里，亲友来吃饭，经常被父母拉着去菜场排队买菜。印象最深的是，浙兴菜场还出了一位市劳动模范安根娣。

因为居家离浙兴菜场很近，记得早晨天还蒙蒙亮，行人稀少，但菜场里已是灯明如昼，人声鼎沸；如果逢周日，更加闹猛，因为周日菜场的供应较之平日更加丰富“多彩”。在明晃晃灯光映射下，有一个摊位前挤满了顾客，那个中年女营业员热情地与顾客打着招呼，手脚麻利地为顾客选购各色蔬菜。围拢的人群七嘴八舌，各有诉求，女营业员总笑盈盈地胸有成竹，一一应答，脑筋“煞煞清”，不用猜，

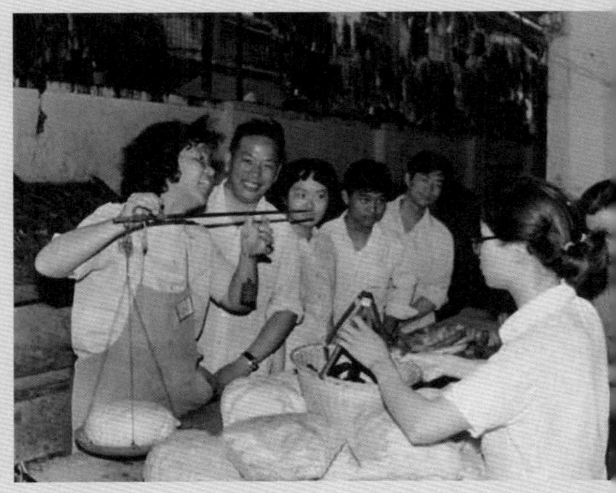

◎◎安根娣在工作中

准是业务高手。老爸告诉我，她就是多次荣获全国商业特级劳动模范、上海市劳动模范等荣誉称号的安根娣。看着她做生意和招呼顾客的亲热劲儿，似乎和亲人一样心贴心。她的摊位前，不仅有附近的居民，还有外区慕名而来的顾客，是真实感受她的热心、耐心、贴心的服务招式，抑或冲着她劳模的金字招牌？有一点可以肯定，她的摊位没有“假冒伪劣”，而是“靠谱”。另外，在我的印象里，每次从金山回市区探亲，时不时在弄堂里看到她推着黄鱼车下里弄为居民服务的身影。安根娣的人缘极好，许多阿姨妈妈看到她来了，不仅自己为她“减负”，还呼朋唤友叫其他居民一起买，像是面对自己家里人一样。当年劳模是“高标准”评选出来的，过得硬，人们买账！

从菜场的知名度和规模来说，浙兴菜场和三角地菜场有一定的差距，但因出了劳模安根娣，加之媒体的宣传，前来参观的人络绎不绝，更使浙兴菜场声名显赫，大有风头盖过“老大”三角地菜场的架势。如果说菜场硬件不可缺，但人们对劳模打心底里的敬仰和崇敬的“软实力”产生的含金量不低！

也是巧，笔者现居住在曲阳。在西南小区的三角地菜场有一家杂货店，是安根娣的女儿开的。日前笔者采访了女店主，了解到安根娣现和儿子居住在一起，八十开外的她精神矍铄，“脑筋煞清”。因采访之前有不少邻居告诉我，当年她女儿的店开张时，听说安根娣也来“帮忙”，店门口人头攒动，生意“好得不得了”，忙得手脚并用也不够。她的女儿回忆说，除了进货“正宗”外，许多消费者是冲着她母亲来的，包括当年她在浙兴菜场的顾客群。看来追星并不是年轻人的专利，安根娣的阿姨妈妈“粉丝”之热情，并不比当下的追星族逊色啊。

施蛰存在虹口的文学创作

王坚忍

◎◎施蛰存（晚年）

1929年的一天，夹着一沓书稿清样的青年施蛰存，风尘仆仆地从松江赶到虹口。戴眼镜、脸容清癯的他，直趋北四川路海宁路口的公益坊水沫书店。挂着烤鸭烤乳猪的广东人店铺，溢出的醇香迎面飘来，青年女子簪在旗袍大襟上的茉莉花清香，和着有轨电车行驶的叮叮当当声……

这个书店，是施蛰存和同学戴望舒、杜衡、刘呐鸥及穆时英等人合开的。20世纪20年代末至30年代中期，北四川路是一条排在大马路（南京东路）、四马路（福州路）后的第三条马路，性质跟福州路庶几近之，为商业、文化、风月三者兼有的马路。北四川路又是一条不中不西，或者说亦中亦西的马路，从四川路桥北堍至老靶子路（今武进路）南段，马路和房屋均属租界；过武进路的北段，马路属租界，路两侧的房屋属华界。

◎◎施蛰存（青年）

1927年，施蛰存从大学出来后，在松江县立中学做国文老师。水沫书店初创时，他在松江与虹口之间来回跑，一边教书，一边编《新文艺》杂志，忙得脚打后脑勺。别看施蛰存年纪不大，肚子里的墨水不少，腹笥丰赡，学贯中西。他在松江教书，极受学生欢迎——当时的国文教员，古文好的，却脑袋冬烘，不知西洋文学为何物；留学归来的青年教员，谙熟西洋文学，对古文却不甚了了。

眼下，他夹着清样进水沫书店，坐下来最后一遍看《鸠摩罗什》，这是他费心写就的一篇短篇小说。小说当年在《新文艺》创刊号刊出后，在文坛掀起波澜。小说中的鸠摩罗什在历史上确有其人，为翻译佛经的高僧，现如今我们看到的《金刚经》《妙法莲华经》等，便出自他的译笔。奇妙的是，施蛰存于传统的故事架构间，采用了弗洛伊德的心理分析方法，凸显出人物心理上灵与肉的冲撞。一个25岁的青年，能如此娴熟驾驭历史题材的故事新编，堪称奇才。

开水沫书店的两年间，亦是施蛰存的创作旺盛期。结婚后，为免去松江与虹口两头跑，他索性携带新娘子，搬进了水沫书店附近东横浜路四川北路口的大兴坊，与同学杜衡夫妇合租的石库门房子。有趣的是，施蛰存他们的书店开在南段租界，是为防止国民党文化特务的捣乱；寓所在北段华界，因为房租相对便宜。看施蛰存年轻时的照片，西装革履白衬衫，风度翩翩，一派斯文——这可能也是他跟鲁迅就"青年必读书"笔战时，鲁迅称他为"洋场恶少"的由来之一；另外一点是他有时陪他同为"新感觉派"小说干将的刘呐鸥、穆时英出入舞厅，但他大都只是在角落待着，看刘、穆两人搂着舞娘起舞蹁跹，自己基本上不参与。穿着洋装的他，骨子里还是一个老派文人，喜欢一杯香茗，在书桌上写稿和编稿。

接着，他又在《新文艺》上刊发短篇小说《将军的头》。写的是唐朝成都猛将花惊定，材料主要来源于杜甫的诗及相关史料。小说以杜甫《戏作花卿歌》中的"成都猛将有花卿，学语小儿知姓名"开场，写花将军的骑兵出征讨伐屡屡侵犯唐朝疆土的吐蕃，在边陲一大唐小镇驻扎时，认识了一位美丽的黑衣裳的汉族少女。作为祖父为吐蕃人、祖母为汉人的花将军，喜欢上了大唐少女。花将军人在战场上，与来犯的吐蕃骑兵交战时神志恍惚，种族与情欲的矛盾，令他五内如焚。激战中花将军与吐蕃将军的头，几乎同时被对方挥刀砍下。小说的结尾凄美而惊悚：花将军提着吐蕃人的头，吐蕃人提着花将军的头，两颗头颅对视，露出了微笑；花将军的头，因为再也得不到少女的爱，流下了眼泪……

小说语言优美，刻画细腻，想象诡谲。1932年出了单行本，成为现代短篇小说的经典作品。

现代文学史将施蛰存与刘呐鸥、穆时英均归于中国的“新感觉派”。确实，他们三人都仿效滥觞于日本的横光利一、川端康成、谷崎润一郎等“新感觉派”的技法。但刘、穆着力于描绘快节奏的都市生活，霓虹闪烁歌、舞升平的夜上海，使作品弥漫着一股奢靡和颓废的气息。施的小说较多为历史题材，致力于挖掘人的内心深处理性和感性的冲突。后来刘和穆在上海孤岛时期沦为文化汉奸，被“军统”当作锄奸对象铲除，但也有人说穆时英为“谍中谍”，是“中统”的人，我倾向于有这种可能性存在。

恰如许敏《上海通史 · 第10卷》所云，施蛰存“他们的创作，给当时的上海文坛带来了一种异彩”，但在20世纪30年代的上海，左翼的“普罗”文学激进的氛围占主流地位时，施蛰存的现代主义的文学成就，或多或少被遮掩了。况且水沫书店出版的书籍一直被视为“赤化”读物，经过两年的兴旺期后，迫于内忧外患的压力，书店于1931年关门。

（参考资料：《上海通史第10卷》、施蛰存短篇小说集《将军的头》）

小贴士 四川北路海宁路口公益坊16号底楼门面房，为施蛰存、刘呐鸥、穆时英等人创办的原水沫书店旧址，3层楼街面房，清水红砖墙，2楼、3楼带阳台。

交通：公交车18路武进路站下车、21路四川北路武进路站下车；地铁10号线四川北路站下车。

霍元甲因何留在上海

王坚忍

一跨进虹口四川北路、东宝兴路口的上海精武体育总会，扑入眼帘的是一尊亮铮铮的霍元甲（1869—1910）半身铜像，面相憨厚朴实，眉宇间透着一股英武之气。

霍元甲的故事很多，一曲“昏睡百年，国人渐已醒”曾红遍大江南北。但霍元甲的史料不多，人们对他的了解大都源于影视剧。这些影视剧精彩纷呈，观众看得欲罢不能，但实际上霍元甲的人生并没有那么绚烂多

◎◎1924年纪念精武女子体育会成立

彩，甚至还有些平淡。人们敬仰他，不仅是因为他武艺精湛，更主要的是因为他的武德和爱国情操，较之在上海滩曾名噪一时、砍砍杀杀的马永贞，不能相提并论。

霍元甲祖籍直隶武术之乡沧州（今河北沧州），生于直隶静海县（今天津郊区）。他出身武术世家，为霍家迷踪拳第七代传人。霍元甲自小身体羸弱，其父不准他习武。他偷着习练迷踪拳，一次偶然被父亲发现，大怒。他对父亲承诺，不轻易与人交手。

据1985年《中华武术》第二期所载《霍元甲正传》云：光绪二十一年（1895年）春节前，霍元甲在山上砍樵，第二天挑了两担重300斤的柴火，颤悠悠地进天津卫换几个钱过年。在西门外碰上几个小泼皮，问他要保护费。他撂下担子，三拳两脚就将他们打得落荒而逃。他又挑上担子，大步流星地进城。不一会儿，落败的泼皮叫来十多个人，一个个长枪短刀真家伙，将他包围起来。霍元甲不慌不忙，抽出扁担，舞得呼呼生风。那帮青皮流氓没有想到，一根竹扁担在霍元甲手中，居然变成了铜棒铁棍，而他们的兵器却如烧火棍。一阵劈劈啪啪声中，他们不是刀枪落地，就是被霍元甲的扁担击中，知道是遇上劲敌了，于是一个个边说“算你狠，你走着瞧”，边滑脚开溜了。看客中有一位脚行老板，看中了霍元甲的武功，当场把他叫到自己店中，聘他为脚夫头目。霍元甲见老板诚心，答应了。

在脚行工作了多年后，霍元甲遇上了他的贵人，同盟会会员农竹（字劲荪，满族人）。农竹原籍安徽怀庆（今淮庆），出身官宦之家，在日本留学时认识了孙中山。奉孙中山之命，回国后他到天津以开怀庆药栈为名，结交反清革命志士。见到霍元甲后，农竹识英雄于挑夫之中，延揽其到药栈，先当帮工，后任掌柜。用当时的话说，一个官宦人家的留学生，一个是民间草莽的武术家，但他们情同手足、感情笃厚。时常在夜间，两人秉烛抵掌而谈，农竹谈满清政府辱国丧权，外国列强瓜分中国之惨烈；又谈他与孙中山的交往，和孙中山提出的“恢复中华，建立民国，平均地权”的同盟会纲领。一个娓娓而谈，一个认真倾听，不觉窗纸泛白，雄鸡报晓。农竹的话犹如东风化雨，资产阶级民主共和理念已在霍元甲的心田生根发芽。在天津，霍元甲还与同好交流武艺，吸收各派精华，功夫日深。

1909年，辛亥革命前夜，农竹把药栈交付霍元甲打理，自己来到上海与同盟会骨干陈其美、同盟会会员陈公哲秘密接头，商议联络帮会武装起义事宜。

机会来了。据《虹口区志》记载：“1909年冬（清宣统元年），西洋力士奥皮音在北四川路亚波罗影戏院（今中行大楼六楼）表演膂力，口出轻蔑中国人之语言，翌日见于报端，沪人哗然。”正在密议的三人看报后，商议由农竹出面邀请霍元甲南下，与奥皮音较量，杀杀其器张气焰，一洗“东亚病夫”之耻辱。

此三人，后来成为精武会的发起人和创始人。

这一年12月，霍元甲南下来沪比武，但奥皮音托词要去外埠，故相约于来年4月在静安寺张园（又名味莼园，无锡人张叔和所建的对外开放的私家花园，占地60亩，史称“近代中国第一公共空间”）比武，一决高低。1910年4月，霍元甲偕其徒刘振声第二次应邀来沪赴约，但奥皮音届时怯战逃遁，颜面尽失。

有一种说法是，当时主持者于失望之余，提议来宾与霍元甲比武，在不伤及身体的前提下，武艺高强的霍元甲战胜两名挑战者。我更倾向于署名“卧读生”的《上海杂志》上的另一种说法，当时赵东海等人提出与霍元甲打擂台，霍元甲不允。赵东海以为霍胆怯，又在书报上讥笑。不得已，数日后，霍与赵等两人交手，胜之。霍元甲叹息说，我到上海，是与蔑称我们“东亚病夫”的洋人一较长短，真的不想与同胞自残。希望此后不要再有这样的事。此言甚合霍元甲的为人和秉性。

张园比武后，霍元甲名扬沪滨，成为无人不晓的民族英雄。霍元甲趁热打铁，在《时报》上以中国大力士的名义连登广告，提出了办武术学堂的意愿。霍元甲遂成精武会的发起人和创始人之一。

当时，推翻满清的星星之火已在全国蔓延，陈其美、农竹等人顺势提出“希望十年内训练出千万名既有强壮体魄，又有军事技能的青年，以适应大规模革命运动和改良军事的需

◎◎上海精武体育总会

要”。简言之，就是为民主革命培养军事人才。这与霍元甲创办武术学堂的想法意愿相投，一拍即合。

1910年6月，中国精武体操会在闸北王家宅成立，农竹出任总教习，多名同盟会会员成为首批学员。霍元甲任主任教员，招徒授艺，70天后，患咯血症而卒，年仅41岁。

“出师未捷身先死，长使英雄泪满襟。”1911年秋，陈其美率领多名精武会员和帮会成员，攻打清军的江南制造局，可惜此中没有了霍元甲的矫健身影。

关于霍元甲的死因，不少书籍上说他死于日本人下毒。霍元甲在任精武体操学校主任教员时，确实与日人交过手并胜出，使日人大恚，衔恨于心，但说日本医生趁给霍治病时下毒，缺少真凭实据。故卧读生《上海杂志》和熊月之主编《上海通史第6卷》，均没有采纳下毒一说。

据《虹口区志》云，随着会员大量增加，狭小的王家宅再也容纳不下。1916年，迁入培开尔路（今惠民路）73号，更名为上海精武体育会。1920年，精武会成立10年，孙中山为精武题词：“尚武精神。”此后，精武会声誉日隆，会员众多。这正是霍元甲生前的夙愿。

1924年，精武会迁入虹口。

前面说过，霍元甲的一生没有多少传奇色彩，但作为精武会的一代宗师，他的武功武德、仁义之心、爱国情结，已然成为一种文化符号，一提起精武会，人们就会想到霍元甲；一提到霍元甲，也会想到精武会。两者早已密不可分。

小贴士 上海精武体育总会，四川北路1702弄30号。2014年被列入国家级非物质遗产。交通：18路、21路、52路、854路、939路、167路、65路、地铁3号线、地铁10号线等。

◎◎青年林文月

一

说起林文月，文学爱好者也许知道，她是台湾大学教授，翻译过日本古典文学名著《源氏物语》《枕草子》等，她是国民党名誉主席连战的表姐。

最初读林文月的散文，是一篇写白令海阿拉斯加的冰山和浮冰的《白夜》，那时我正准备采访一个从白令海冰海捕鱼归来的远洋渔船船长。说实在的，船员出身的我，熟悉中国沿海，但对酷寒的俄罗斯沿海所知甚少。读了林文月《白夜》后，对白令海有些了解——“近处，浮冰漂流，如猛兽、似奇禽，盛夏七月天，眼角因寒风而泪水流出，鼻尖和双耳也是冰凉的；远处，冰山巍巍峨峨，确荦嶙坚”。于是，采访时顺利多了。

林文月上学的两条路径

王坚忍

林文月1933年出生于虹口公共租界，日本侨民聚居的东江湾路。她家当时也住在虹口西江湾路，连战家和其父母一家不远。林文月与连战是表姐弟，她的外祖父就是连战的祖父，为《台湾通史》的作者台湾爱国学者连横先生。

林文月先后就读于上海第一日本国民学校和上海第八日本国民学校，其间1937年因“上海事变”（“八一三”淞沪会战），迁往东京一段时间，后又返回上海，1946年2月赴台湾。她前后12年在虹口居住。

近来读林文月的一本散文集《生活可以如此美好》，有三篇写到在虹口上学。我试着根据这三篇文章提供的线索，对照《上海市虹口区地名志》和虹口地图，来还原她当年上学的两条路径。

第一条路径，从东江湾路到北四川路的第一国民学校，读小学一年级。林说，她家门口横亘着铁路轨道（应该是淞沪铁路），对面是虹口游泳池（在虹口公园西北角的东体育会支路上）。过铁轨后，绕过虹口游泳池和虹口公园，向东拐入北四川路，然后朝南走一段路到学校。

第二条路径，从东江湾路到宝山路的第八国民学校，读小学二年级至五年级。从东江湾路拐入西江湾路，过公园坊再向下走，为六三公园。林说，走到六三公园，就是到学校路程的一半了。

林文月文章中的两条路径，均没有提到过桥，我想这两所学校应该在纵贯虹口中部的俞泾浦东侧吧。

二

走第一条路径，林说，上学路上，在北四川路的方块石板铺的上街沿，不管一个人或者有同伴，她“总是顺着那石板跳行，有时也踢石子跳移”。在北四川路的尽头，有一排二层楼洋房，前段是果菜市场和杂货店等，后排是她喜欢去的地方，有一家文具店和一爿书店。但清晨上学时，书店还没有开门，她只能从玻璃窗望进去。小学一年级功课少，上午11:30就放学了。回家要等父亲回来午餐，不会太早开饭，所以她几乎每天在归途中溜进那爿书店“蹭”书看。爱看有插图的日文书。有时看书入神竟忘了肚子饿。书店的四壁全是书，门口有一收银台，轮流坐着一个日籍中年男子或老妇人，大概是母子。对她这个把书店当图书馆的小“顾客”，母子俩从无厌烦。她临走时，也会礼貌地向他们鞠躬道别。

某天下午，放学途中突降大雨，她从学校跑到书店避雨，全身湿透，被头顶不断旋转的吊扇一吹，打喷嚏了，身上发凉，似乎感冒了，但离家还有一段路，只能继续站着看书。此时，中年店主过来，示意她跟他上后面二楼房间。接着，老妇人上楼，提一壶热水，为她擦身，又拿出一套宽大的衣服让她替换。尔后，他们铺了一个床，叫她躺下。

不知过了多久，她醒来了。老妇人端了一碗热腾腾的面食请她吃下去，中年男子问了她家的住址和电话。老妇人叫她到隔壁房间换回她自己的衣服。原来她已将林文月的湿衣烘干了。中年男子打通电话后，过了一会儿，她母亲雇了一辆黄包车来接她。她母亲用日语向他们母子道谢，双方互相一再鞠躬。

1979年，林文月撰文回忆此事，

◎◎林文月在写作

心中充满温暖。她说她之所以后来一直与书结缘，与此童年经历大有关系。但她已记不起那爿书店的名字，那好心的店主人母子姓什么，也一直不晓得。但就在前几年，她接受上海某报记者采访，说这爿书店叫内山书店，店主人母子当然是内山完造和他的母亲啰。众所周知，内山完造是鲁迅的至交，一个具有博大胸怀，反对中日战争的日本友好人士。他们母子对台湾小朋友的关爱，是发自内心的。

三

走第二条路径，要经过六三公园，据《虹口文化志》云，其位置在西江湾路240号，为日式庭院，今已不复存在。园内有绿茵草地，花木假山，潺潺流水，春天樱花甚灿，还养了一些小动物。如果早上上学时间早些，林文月会和她的同伴一起进园逛一圈。

上学的路上，她还常常看到日本兵野蛮地用刺刀乱翻乱戳卖水果人的摊子，弄得水果满地滚，小贩只得跪地求饶。这样肆无忌惮的恶行，日本女同学竟污蔑说："支那人很坏，我爸爸说，他们时常藏手榴弹在水果堆里。"

一天上学途中，林文月和她的日本男女同学，在六三公园门口看到一个日本兵用穿着大皮鞋的脚，踢打一个怀孕的中国女子，一边踢，一边骂人："马鹿野郎！"意思是笨蛋傻瓜。日本的男童女童都毫无人性地欢呼拍手，她也懵懵懂懂地跟着起哄。

◎◎林文月在演讲

为什么呢？原因是清廷通过辱国丧权的《马关条约》，于1895年把台湾割让给日本的，日本就把它当作殖民地来治理，强迫台湾儿童学日语，实行奴化教育，故林文月对自己的身份也搞不大清楚。

但到抗战末期，第八国民学校驻扎进日军。有一次，在防空壕里，一个日本兵与他们交谈，问起了大家的籍贯，回答的有东京、大阪、熊本等。问到林文月时，她迟疑地说："我是台湾人。"那个日本兵一愣，马上变得异常冷漠，不再理睬她。这次她幼小的心灵明白了，在日本兵的眼里，台湾人也是异类。

她开始明白台湾人在上海的尴尬地位。然而，从小在虹口接受日语教育，却为她日后熟稔地翻译日本文学作品打下了基础。

抗战胜利，日本无条件投降。在虹口的日本人惶惶不可终日，见了中国人低声下气，畏畏缩缩的，全然没有了往日的飞扬跋扈。台湾人陷入两难境地，我们是战败国还是战胜国呢？接着，虹口的台湾人都分发到一面中国国旗。台湾人互相告知，赶紧把"太阳旗"烧了，插上"青天白日满地红"。

但因为林文月父亲在日本公司任职，时不时有人寻上门来，说他们是汉奸。

1946年2月，林文月举家乘船在黄浦江的寒雾中起航回台湾。

林文月曾说过她有三种文笔。她不仅是散文家、翻译家，亦是一位学者。她所著的研究六朝文学和文人的《谢灵运》《山水与古典》，近年三联书店已出版。现在我的书架上就有这两本书。

第二辑

红色印痕

“不忘初心，牢记使命”，解读领会这句话，不妨到此来次“红色之旅”，您尽可以探寻到耳熟能详的中共早期领导者的伟大壮举，一脉相承的革命者前赴后继的不朽足迹。这里，红色外墙的纪念馆内，是中共“四大”在白色恐怖中的再现；那里，红瓦坡顶假三层的英国新古典主义风格的花园洋房里，是革命文学阵营“左联”在集结；不远处，永安里、恒丰里、麦加里，正有革命斗争风起云涌。您会与他们有一番穿越时空的交汇，一部壮丽的中国革命史在您手中打开……

我和“李侠”一家的三代缘

◎◎李白和裘慧英假装夫妇时的照片

吴德胜

2017年11月1日，一部根据经典故事翻拍的电影在全国公映，那就是由郭富城、赵丽颖主演的《密战》。在电影片头的字幕中，有一行特别鸣谢：“吴德胜等人和单位。”2019年6月2日晚，当舞剧《永不消逝的电波》获得中国文化艺术政府“文华”大奖后，上海歌舞团团长陈飞华握着我的手说：“李白烈士故居的鼎力协助，使我们获得许多一手素材和灵感。”从不和电影及舞蹈“搭界”的我，怎么会经常被“感谢”呢？

“李侠”：难忘的影像记忆

20世纪六七十年代，也就是我上小学、初中时期，看一部电影，前一天晚上会兴奋得睡不好觉。虽然那时电影看得不多，但有一部电影使我终身难忘，那就是1958年由八一电影制片厂拍摄，孙道临、袁霞主演的《永不消逝的电波》。

今年5月27日，是上海解放70周年纪念日。《永不消逝的电波》中的主人公“李侠”，就是解放上海中涌现的英烈代表。这个人物并非虚构，他的传奇事迹源于我党隐蔽战线的报务员——李白。

李白，1925年加入中国共产党，1930年参加红军，1934年身为红五军团无线电队政委的李白参加了举世闻名的长征。抗日战争爆发后，根据党组织指示，李白冒着极大危险，克服种种困难，在上海设立了第一个秘密电台。因工作需要，党组织安排女工出身的共产党员裘慧英与李白扮作夫妻为掩护开展工作。后来两人在共同的革命斗争中产生爱情，经党组织批准结为夫妻。

1948年12月30日凌晨，李白在与党中央电台通报过程中，被国民党特务机关侦测出电台位置遭遇逮捕。1949年5月7日，距上海解放仅20天，李白被秘密杀害，年仅39岁。

我至今清晰记得影片结尾，李侠面对敌人的枪口，用电码向党和同志们告别："同志们，永别了，我想念你们！"伴随着电波图像和电报的嘀嗒声，片名"永不消逝的电波"出现在银幕上，成为我最难忘的影像记忆。

真没想到，时空跨越到1983年时，我会走进这个家庭，与"李侠"原型李白的夫人裘慧英，也就是电影中的"兰芬"结成"忘年交"，并与他们一家三代人结下不解之缘。

◎◎李白全家照片

“裘妈妈”：深切的关心鼓励

1983年底，我在虹口区团委担任宣传部长，在一次会议上，提到虹口还有许多革命遗址没有被发掘和利用，如中共“四大”召开地、李白烈士最后居住工作及被捕地等。我激动了。我想，一定要找到这个有意义的遗址并设法恢复。经区文化局和团区委领导的同意和支持，我踏上了寻找李白故居之路。

裘慧英住在四平路上一座老式公房里，看不出她曾是一位我党隐蔽战线的女英雄。得知我来意后，她激动地回忆起往事。我临走前，她还拿出与李白的

◎◎李白烈士故居

合影，在背面写上“赠吴德胜同志”并签名（原照我已捐给“李白烈士故居纪念馆”）。

从1984年5月由团员青年挂上“李白烈士故居”的简易木牌，到1985年5月换成铜牌及浮雕，直到1987年5月虹口区政府正式建立“李白烈士故居纪念馆”对外开放，这些年中，裘慧英始终积极参与其中，并捐出了李白烈士全部遗物。1985年11月13日，“李白烈士故居”被列为市级文物保护单位，不久又被上海市人民政府命名为“上海市爱国主义教育基地”。2017年我被聘为“李白烈士故居纪念馆”名誉馆长（继裘慧英、李恒胜之后的第三任）。

我成了裘慧英家的“常客”，我叫她“裘妈妈”。裘妈妈很关心我的工作情况。有一次，她在电话里听出我对即将变动的工作岗位有不满情绪，便约我去她家里谈谈。她语重心长地回顾说，她和李白当年在秘密工作环境中，说不定第二天就会牺牲，但今天的事一定要干好，要对得起党的信任。她鼓励我：“你年纪轻，岗位变动不是坏事，无论在哪个岗位，都是为党工作，都能干出成绩来的。”我是带着情绪去的，等我出来时，已经“精神抖擞”了。不久，当我把被中共虹口区委授予“优秀共产党员”称号及被区政府记“大功”的消息告诉她时，她比我还高兴：“我早就说过，你会干得出色的。”

“小李”：有趣的兄弟情谊

1992年3月30日，裘妈妈去世了。我在各界人士参加的追思会上发言，并与《新民晚报》记者朱国顺合写了《绚丽的“谢幕”》，发表在头版。

在与裘妈妈的交往中，我与李白、裘慧英的儿子李恒胜也成为好兄弟。

李恒胜出生于1945年，“恒胜”之名，便是父亲取“抗日战争胜利”之意。我亲切地称他“小李”，他当时还不服气地说：“我比你大整整一只‘狗’，你还叫我小李？”我开玩笑地说：“30年前我就叫你‘小李’了，叫惯了改不了。”他也只能“认”了。的确如此，从20世纪80年代初，“裘妈妈”见我进门，总会叫儿子“小李”和儿媳为我倒茶。“小李”话不多，总是笑嘻嘻地向我点头示意、让座。

后来，我撰写《寻找“李白烈士故居”》，又请李恒胜来到黄渡路的“故居”。那天，69岁的“小李”骑着自行车，早早地等在故居接受我的采访。虽然好多年不见，但见面后，两人你一声“小吴”、我一句“小李”，依然亲如兄弟。采访结束后，我又请“小李”一同在陈云同志题写的“李白烈士故居”匾牌前合影。李恒胜是很认真的人，当我写完5000字的初稿让他“看看”后，他接连打了几个电话，让我做些修改。文章在《新民晚报》见报后，我把报纸送给他，他看后连连说：“写得好，改得好，谢谢，谢谢！”

李恒胜有时也会给我打电话，告诉我，他要去北京参加重要领导同志的

◎◎1987年，相关领导为“李白烈士故居”揭牌

接见；他担任了有杨怀远、包起帆等人参加的“百老讲师团”的副团长等。2015年6月8日李恒胜同志逝世的当天晚上，我忍着悲痛写下了《小李，请走好》，发表在《新民晚报》上。

现在，李白烈士的孙子立立又成了我的好朋友了。他接过爷爷奶奶的接力棒，继续战斗在保卫祖国的岗位上。

延续：感人的老戏新拍

两年前，立立告诉我，北京南海影业要翻拍以爷爷李白烈士为原型的电影《密战》，制片人很想了解我与裘慧英“忘年交”的故事。我欣然应命，带上长年积累的回忆文章、照片和新闻报道前去赴约。制片人曹多然每次约我时，都会请他的助理录音和拍照。我不会电脑打字，写李白、裘慧英的材料都是手写的，想不到他看上了“手稿”并让我签了“授权书”，我的几个破字分文不取地给了他，也算为李白、裘慧英，为新电影，做了些微薄的贡献。

2018年，上海歌舞团团长陈飞华及刘书记来到了“李白烈士故居”，听了我和何瑛馆长的介绍后，正在选题徘徊中的该团，当即决定将原创舞剧《永不消逝的电波》作为第16届中国文化艺术政府“文华奖”的参评节目。在创作和编排期间，我和立立经常应约给导演和演员介绍李白和裘慧英的故事，比如在剧中出现的弄堂口佯装扫地实为观察有无盯梢的情景、打毛衣的画面、用火柴盒及蛋糕传递情报的情节等，都是我和立立共同回忆的。

正值新中国成立70周年，中央电视台“中文国际”频道摄制组一行来到上海，将在国庆前夕，向全世界播放大型纪录片《李白烈士》，在十几天采访拍摄中，我和李立立多次一起接受采访。我们也多次讨论怎样把红色经典文化结合江南文化和海派文化融合并传承下去。

中共上海区委书记罗亦农

李　红

◎◎1921年4月3日，上海外国语学社学生罗亦农（中）、柯庆施（右）和周伯棣（左）在上海合影。现为馆藏国家一级文物，收藏于中共一大会址纪念馆

回忆在上海的革命岁月，邓小平曾说遇到的最大的两次危险，其中之一就是1928年4月15日上午，他与当时担任中共中央政治局常委的罗亦农接头，“办完事，我刚从后门出去，前门巡捕就进来，罗亦农被捕”。前后只差了一分钟的时间。

罗亦农的革命成长之路从上海起步。1920年春，经陈独秀介绍，他到商务印书馆当校对。在那里，他阅读了《新青年》《劳动界》等进步刊物，并于1920年8月加入中国社会主义青年团。不久，上海共产主义小组选派青年去苏联学习，他和任弼时、刘少奇、肖劲光等人一同成为第一批赴莫斯科东方劳动者共产主义大学的学生。当时，罗亦农被推选为中共旅莫斯科支部书记，并成为刘少奇的入党介绍人。1925年3月，在莫斯科学习四年的罗亦农按党组织要求回国，

◎◎1923年，任弼时（左一）、罗亦农（左二）同由国内赴苏的刘仁静（左五，出席共产国际四大的代表）、张国焘（左四，到苏联向共产国际汇报二七惨案情况）在东方大学

任中共广东临时委员会成员，后任中共广东区委宣传部长，参与组织和领导省港大罢工。

1925年五卅运动后，由于上海党员人数和党的组织发展迅速，中共中央于1925年8月15日决定将上海地方执行委员会改为上海区执行委员会，领导上海和苏浙两省党的工作。当时，上海区委是非常重要的共产党地方组织，上海区党员人数一度曾占到全国党员的三分之一。为加强上海区委的领导，1925年底，罗亦农被调到上海，担任上海区委书记，后来还兼任上海区执委会军事特别委员会书记和农民运动委员会主任。罗亦农将上海区委机关设在了施高塔路恒丰里（今山阴路69弄69号、70号）。

罗亦农是一位实干家，在实际革命工作中，展现了出色的领导才能。郑超麟回忆："罗亦农聪明、能干，遇事能够抓住要害，大刀阔斧去办，没有书生气。"罗亦农还曾在山阴路的上海区委机关举办了一期党校，培养了一批党内革命人才。

1927年初，山阴路69弄90号成为上海工人第三次武装起义的一个指挥联络点。罗亦农与周恩来、赵世炎、汪寿华等同志一起，为起义做了周密的准备。区委、军委会制订出起义计划，组织并训练了3000人的工人纠察队，作为起义的骨干力量。铁路工人预先举行罢工，切断了敌人对上海军阀部队的援助。

◎◎山阴路69弄的恒丰里，建于1905年。弄内曾经设有中共上海区委、1927年中共江苏省委等秘密机关

第三次工人武装起义之前，罗亦农领导的中共上海区委，通过各种渠道搞到了一批武器急需运往浦东。当时帝国主义的巡捕四处横行霸道，北洋军阀的大刀队在街上肆意杀人，警察昼夜穿街走巷进行检查，要运送武器到浦东真比登天还难。

罗亦农一连几天为此苦苦思索对策。突然，一个念头闪现在他的脑海里：利用出殡的方式，把枪和子弹等放在棺材里，不是运起来方便，又不容易被人发现吗？几经考虑，罗亦农派员前往浦东船厂，部署浦东区委假出殡之名来完成运送武器的任务。当出殡队伍身穿孝服、头戴白麻巾来到虹口公平路码头时，几个身穿黑色制服的警察横枪立在马路当中，拦住了去路。队伍中有人假哭起来，经过巧妙周旋，大家终将军火放在葬礼的棺材里成功运到浦东。

1927年3月21日，中共上海区委发出起义指令。起义总指挥部设在闸北区商务印书馆职工医院里，由周恩来、罗亦农、赵世炎三人负责具体指挥。

通过领导上海工人三次武装起义的实践，罗亦农提出，革命中无产阶级不但要掌握领导权，而且要建立自己的革命队伍。他指出：共产党“完全取得领导的地位”，是“革命成功之保障”。这是关系到共产党存亡的问题，丝毫不能退让。无疑，这是具有前瞻性的意见。一年多后，周恩来同志在中共六大上做军事报告时，高度赞扬了罗亦农同志，说他“是上海暴动的创造者”。

1928年4月15日，罗亦农到英租界戈登路中央机关与山东来的一位同志接洽工作。时任中共中央秘书长的邓小平受罗亦农之约，来这里商量处理事务。事毕，邓小平便离开了。按照地下工作的惯例，两个人应该一先一后离开机关，所以邓小平就先走了一步，幸免于难。因叛徒告密，晚一步离开的罗亦农不幸被英国巡捕逮捕。

4月18日，国民党当局将罗亦农引渡到淞沪警备司令部。他在党中央的地位仅次于周恩来，蒋介石和国民党警备司令钱大钧如获至宝。但罗亦农坚贞不屈，20日，恼怒的蒋介石电令“就地处决”。在就义前，罗亦农曾用暗语给党中央写了一封信，留下《大江遗书》一封，由狱中的同志传出交给了党组织。他还在给妻子李文宜（哲时）的遗书中叮嘱：“学我之所学，以慰我。”

4月21日下午，26岁的罗亦农在上海西郊龙华被杀害，是第一位牺牲的中央政治局常委。22日的《申报》报道说：临刑前的罗亦农“身穿直贡呢马褂，灰色哔叽长袍，衣冠甚为整齐”“态度仍极从容，并书遗嘱一纸”。

革命无情，但革命者是深情的。中共中央在中央机关刊物《布尔什维克》第1卷第20期上发表《悼罗亦农同志》的文章，说，因为他的牺牲，“中国无产阶级失去了一位最热烈的领袖，中国共产党失去了一位最英勇的战士”。

赵世炎

张林凤

第一次知道赵世炎，是中学时期阅读的一本小册子《革命母亲夏娘娘》夏娘娘这位伟大的母亲，有一位是中共早期杰出的革命家、著名工人运动领袖的女婿——赵世炎，在与她的女儿夏之栩婚后仅两年，就牺牲在敌人的屠刀下，万分不忍地与年仅20岁的妻子和嗷嗷待哺的幼儿天人永隔。但那时的我是幼稚懵懂的，除了感动、敬佩和悲愤，说不上对中国革命的艰苦卓绝和伟大意义有基本的认识。

多年后，我在《虹口报》做“虹口文史”编辑，为做一期关于赵世炎在虹口开展斗争的专栏，由此踏访赵世炎曾经在虹口的印迹，对他短暂却意义非凡的一生才有了较多的了解。

赵世炎，1901出生在四川酉阳（今重庆市）。1922年6月，赵世炎与李立三等人在法国筹备建立旅欧中国少年共产党，赵世炎被推选为书记。同年秋，加入法国共产党，成为国际党员。

赵世炎在寓所窦乐安路190号（今多伦路189号）被捕，缘由还得追溯到92年前的1927年7月2日，由于叛徒的出卖，他才遭遇被捕的。让我们随时光机的回放，来看一下当时的场景：窦乐安路190号，赵世炎、夏之栩夫妇及岳母夏娘娘同住的寓所里，窗外，大雨如注；室内，特务们将夏娘娘和夏之栩威逼到二楼的一个房间里，夏之栩怀抱着与赵世炎的第一个孩子，五个月大的婴儿害怕得不停啼哭着，似乎在急迫地告诉爸爸，这里有危情。天色转暗，眼瞅着女婿赵世炎就要回来了，怎么办？敌人正在家里张网以待。夏娘娘镇静地叮嘱女儿，你抱好孩子，我去看看。她走向阳台，打算把那里的一个报

◎◎多伦路189号赵世炎旧居

警信号换成夜用的。特务呵斥：“你要干什么？”夏娘娘若无其事地说：“下这么大的雨，我得把窗帘放下来。”特务制止：“站住，不许乱动。”夏娘娘一低头，正好看见赵世炎走向这个危机四伏的家，急中生智的她，装着失手碰到一个花盆掉下楼去。很可惜，花盆没有掉在马路上，而是摔到了水沟边，由于雨声太大，赵世炎没有听见，他按响了门铃，被蜂拥而上的蹲守特务逮捕。

实际上，赵世炎本不在上海工作，而是到上海向党中央汇报工作的，被时任中共上海区委书记的罗亦农硬要了过来。罗亦农向大家介绍说，赵世炎“能煽动、能工运”。赵世炎时任中共上海区委组织部部长兼上海总工会书记。他化名施英，担任上海工人第三次武装起义的副总指挥，与罗亦农一起，协助周恩来同志，参与领导了上海工人的第三次武装起义，并取得了胜利，占领了上海，成立了上海市民政府。赵世炎写下著名的《上海工人三月暴动纪实》。

1927年4月12日，蒋介石发动反革命政变，革命形势急转直下，整个上海瞬间被笼罩在腥风血雨中。4月13日，陈延年抵达上海，出任中共江苏省委书记，省委机关继续设立在山阴路69弄90号。同年6月26日上午，江苏省委在恒丰里90号召开成立大会，下午陈延年在此被捕，同时被捕的还有省委组织部长和省委秘书长。陈延年被捕后，中央旋即任命赵世炎代理中共江苏省委书记。但仅隔6天，即7月2日，由于叛徒出卖，赵世炎即被反动军警逮捕。

在狱中，敌人对赵世炎施尽各种酷刑，但他坚贞不屈，怒斥蒋介石甘当帝国主义走狗，叛变革命的罪行。他斩钉截铁地告诉敌人：“你们只能抓到我一个施英，要想从我口里得到半点秘密，那是枉费心机。”无计可施的敌人，决定杀害赵世炎。毫无畏惧的赵世炎，仍然利用法庭宣传

1922年6月，赵世炎（前排左二）、周恩来（后排右六）等在巴黎成立旅欧中国少年共产党。图为参加成立大会的成员在巴黎郊外布伦森林合影

共产主义，痛斥蒋介石反动派，并满怀豪情地说：志士不辞牺牲，共产党必将取得最后胜利。

1927年7月19日早晨，赵世炎被国民党淞沪警备司令部秘密杀害在龙华枫林桥。中国共产党的优秀党员赵世炎，为了中华民族的解放事业，壮烈地牺牲了，年仅26岁。赵世炎的老师和战友吴玉章曾赋诗缅怀：

龙华授首见丹心，
浩气长虹烁古今。
千树挑花凝赤血，
工人万代仰施英。

2004年1月13日，虹口区人民政府公布“赵世炎旧居”为虹口区历史遗址纪念地。

初夏的一个下午，我又到多伦路赵世炎旧居瞻仰，外墙上悬挂的金色铭牌上，记录着赵世炎曾经在此居住的年月。这里如今是一家奇石馆，半掩的门，似乎招呼顾客进入观赏店主的藏品。正在进与不进的犹豫间，忽然，有凉风从耳旁掠过，天空瞬间暗了，瓢泼大雨肆虐而下，我赶紧闪入店内避雨，情不自禁地想到，当年，赵世炎在此被捕时，也是夏日大雨如注的时刻。莫非，革命先烈的在天英灵有感知？毛泽东主席那句经典的诗句“忽报人间曾伏虎，泪飞顿作倾盆雨”，对于赵世炎烈士，对于众多的革命先烈，都是穿越时空的情感抒发啊……

麦加里的发令声

苏忠能

虹口区有一个充满红色记忆的地方，这个地方在四平路与溧阳路路口拐弯处，原名麦加里21号。1927年3月，上海第三次工人武装起义总同盟罢工令在此发出，谱写了上海工人武装斗争的壮丽诗篇，由此麦加里这个地名被记入中国革命史册。92年过去了，当我们穿越时空回首往事，麦加里的发令声并未消失，它还在激励着新时代中华儿女奋发进取。

麦加里旧址是狄思威路（今溧阳路）965弄，是新式里弄住宅。1923年由麦加利银行投资建造，共有38幢坐北朝南的西式砖木结构的二层洋房。1925年五卅运动后，上海总工会机关被查封，后曾在此建立秘密机关（麦加里21号），汪寿华等人在这里办公。1927年3月上海工人第三次武装起义时，周恩来就在此地任总指挥。

◎◎溧阳路965弄（麦加里）21号，曾经是上海总工会秘密办事处。1927年3月21日，上海总工会在此发布上海工人第三次武装起义总同盟罢工令

1925年9月25日，中共中央上海区委派遣汪寿华、项英、李立三、林育南等在此领导工人运动。在上海工人第一、二次武装起义失败后，封建军阀李宝章的大刀队任意搜捕残杀工人，上海市陷入一片恐怖之中。上海千百万群众因总同盟罢工而高涨的斗争热情，面临严峻的考验。就在这黑云压城、工人武装起义已面临两次失败的危难之际，周恩来怀着对封建军阀残酷暴行的强烈愤慨，为夺取武装建立人民自己政府的使命，担负起领导上海工人第三次武装起义的重任。为了加强对第三次武装起义的领导，2月23日，中共中央和上海区委联席会议决定组织特别委员会，由陈独秀、罗亦农、赵世炎、汪寿华、尹宽、彭述之、周恩来、萧子璋等8人组成，并在特委下面设军事委员会和宣传委员会，作为起义的最高决策和指挥机关。针对前两次起义失败的教训，周恩来特别重视起义前的准备工作。周恩来在被任命为特别军委书记的第二天，就参加了上海区委各部书记联席会议及召集各区军事专员会议，详细了解了各区工人纠察队的力量配备，研究了敌方军警的据点和力量分布等，制定了应急措施和武装起义路线。

1927年3月21日，上海工人发动第三次武装起义。武装起义由中共中央军委书记兼江浙区军委书记周恩来任总指挥，同中共江浙区委负责人罗亦农、赵世炎一起负责领导工作。为确保武装起义胜利，上海区委组织5000人的纠察队，秘密进行政治、军事训练；派一部分工人打入敌人的“保卫团”，掌握一部分武器，借敌人的训练和装备，扩大工人纠察队的武装和军事素质；又在市民、特别是贫苦市民中进行广泛细致的政治工作，并根据敌人所在地区力量的强弱，划分了七个作战区域，规定了各区工人纠察队的任务，将敌人兵力较强的闸北区作为起义进攻的重点区。起义前十天，铁路工人中断了铁路运输，使北洋军阀在上海的警备司令毕庶澄部3000人和当地警察2000人处于孤立无援的境地。

◎◎上海邮政工人驱车参加战斗

3月21日，中共上海区委于上午9时正式做出发动第三次武装起义的决定。上海市民代表会议常务委员会立即召开紧急会议，决定在中午12时起实施总同盟罢工、罢课、罢市。接着，上海总工会在麦加里21号正式发出总同盟罢工令。中午12时起，在周恩来等领导下，上海80万工人开始罢工，学生开始罢课，商人开始罢市。总罢工实现后便马上转入武装起义。

武装起义以工人纠察队为先锋，按照预定计划攻打各警署和兵营。起义工人攻下市电话局、电报局，占领警察局和兵营。法商电车公司500多人的工人纠察队只有5支手枪和40把斧头，他们攻下南市第二警察署并打开南市衙门，释放了被关押的政治犯。许多政治犯来不及砸断脚镣和手铐，立即带领工人纠察队去武器库取出枪支弹药，得到武器的起义工人，又冲向敌人的堡垒。在战斗中，市民奋勇助战，为起义工人修筑工事；大小饭店的店员赶制食品，供应前线；袖带红十字的男女济难会员奔跑于前线和后方，救护起义的伤员。在工人武装的强大攻势下，敌人挂起白旗缴械投降。

21日晚，各路起义武装先后占领南市、沪东、沪西、浦东、虹口、吴淞六个区，只有闸北仍在激战。22日晚6时，起义工人攻占上海北站，消灭了敌人在闸北的最后据点。这次武装起义有300多位工人牺牲，1000多人负伤。22日，上海市民代表会议召开，宣布上海特别市临时政府成立，推选钮

◎◎上海民众游行庆祝第三次工人武装起义胜利

永建等19人担任临时市政府委员，其中共产党员9人，工人代表1人，国民党左派、右派及资产阶级代表共9人。会议制定了《市政府组织条例（草案）》，规定全市最高权力机关为上海特别市市民代表会议，代表会议产生的政府隶属于国民政府。以淞沪商埠公署原管区域及原有租界为范围，上海特别市暂分为8个区。23日，推选钮永建、白崇禧、杨杏佛、王晓籁、汪寿华5人为市临时政府常委。

上海工人第三次武装起义的胜利，使长期被帝国主义和北洋军阀统治的上海重又回到了人民手中。起义的胜利，打击了帝国主义和军阀的反动统治，显示了中国工人阶级的顽强战斗精神和强大的组织力量。上海工人第三次武装起义震动了全中国和全世界，成为中国工人运动史上光辉的一页。

92年前，麦加里的发令声，召唤起了上海千万市民的爱国激情，凝聚了上海工人阶级强大力量，取得了上海工人第三次武装起义的胜利，震惊中外，载入史册。92年后的今天，上海麦加里旧貌换新颜，这里已建成了金融海伦中心和地铁4号、10号线的海伦站。如今，海伦中心大厦银光闪烁，别具风格的建筑在阳光下熠熠生辉。海伦路地铁站蔚为壮观，成千上万的市民在这里有序换乘。麦加里的发令声将是人们永远的红色记忆。

中共四大纪念馆

李　红

四川北路1468号的绿地公园，是环绕在一片繁华商业区的中心绿肺。公园一角，中共四大纪念馆与绿树鲜花相互辉映。

然而，这里并不是当年召开中共四大的原址，四大会址的原址在1932年淞沪抗战中毁于日军的炮火。新中国成立后，上海革命历史纪念馆曾组织人员数度寻找四大会址，历经四年的寻访，最终只留下十多份说法不一的访谈资料。此后的几十年里，人们对中共四大的会址仍然模糊不清，直到1984年这片空白终于被填上了。

根据1925年担任中共四大书记员的郑超麟先生回忆，会址是新租来的一幢三层石库门房子，地点在上海去吴淞的铁路旁边，当时是“中国地界，但距越界筑路的北四川路不远，通过川公路可以到北四川路”，记忆中“会址北面有一座教堂”。1984年，80多岁的郑超麟拄着拐杖，走到虹口淞沪铁路近东宝兴路。只见不远处是一座红砖红瓦的印度锡克教堂，旁边即淞沪铁路。老先生就此站定，举起拐杖说：“就是这里。”之后，虹口区党史办又进行了大量调查考证，无论是从一大纪念馆资料室、《文史资料选辑》查到的资料，还是走访当年曾住在此地的居民获得的信息，都有力证明了郑超麟的回忆是准确的，从而最终确定了中共四大的会址在东宝兴路254弄28支弄8号。

忆往昔峥嵘岁月稠。1925年中共四大上通过了多项决议案，在中国革命史上产生深远影响。

早在1924年8月和9月，中共中央局就以“钟英”的代号两次发出筹备中共

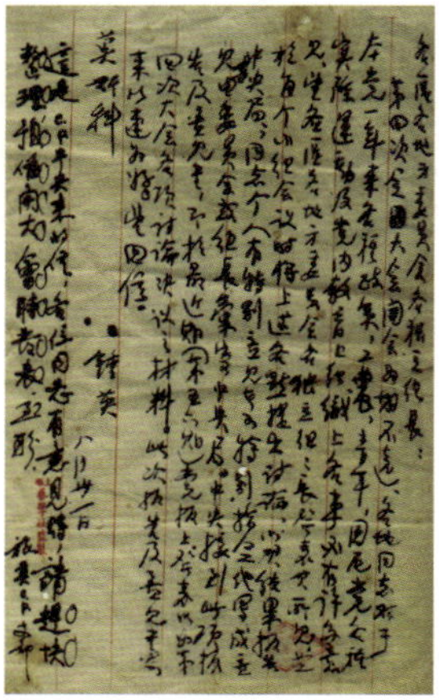

◎◎1924年8月31日，中共中央发出召开四大的通知

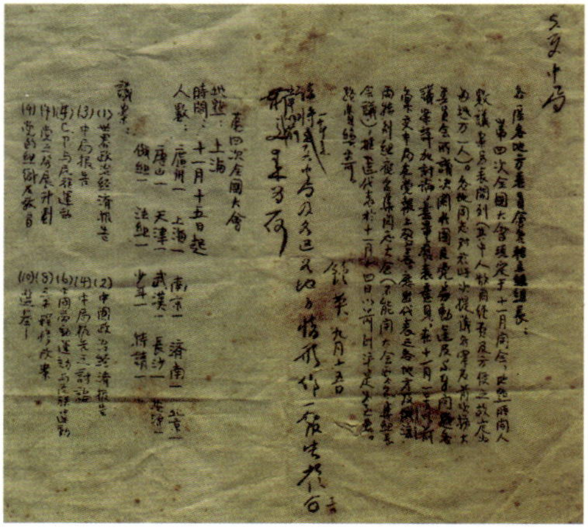

◎◎1924年9月15日，中共中央再次发出召开四大的通知，并分配代表名额，确定大会议案

四大的通知。原定于11月开会，但是因为组织人员困难重重，大会最终推迟到1925年1月11日至22日举行。会议的地址选在上海通往吴淞的铁路旁，离北四川路不远的华界（今虹口区东宝兴路254弄28支弄8号）一条短而窄的弄堂。那

时，已近农历除夕，此处地点比较偏僻，不易引人注意。

寒风呼啸的冬夜，这座弄堂的最后一栋房子内，中共四大正在秘密举行。为了开会的安全，代表们将会场设立在二楼，并布置成英文补习班课堂的样子，有黑板、讲台和课桌课椅，每人有英文课本。有一位江北女工在楼下放哨，一有意外便拉响楼梯口的拉铃，以便代表们收起文件拿出英文课本。出席大会的中央代表有陈独秀、蔡和森和瞿秋白3人，地方代表为陈潭秋、张太雷、周恩来、李维汉、彭述之、李立三等17人。在三张八仙桌拼接成的会议桌旁，陈独秀端坐正中，用铿锵有力的语调做了第三届中央执委会的工作报告。共产国际代表维经斯基参加了大会，还带来了亲自起草的两项政治议决案。

年仅27岁的周恩来担任了大会主席，他于1924年7月底从巴黎回国，带回了旅欧共产主义青年团执委会给团中央的一份报告，里面对周恩来这样评价："活动能力富足，作文敏捷，对主义有深刻的研究。英文较好，法文、德文亦可以看书看报。本区成立的发起人，他是其中的一个。"周恩来回国后不负众望，1924年10月便担任黄埔军校政治部主任，同时又是中共广东区委常委兼军事部部长。中共四大上，初次主持会议的周恩来，明敏干练，对大会上提出的许多问题给予很好的总结提炼。他表现出一位出色的行政人才的素质，给与会代表留下深刻的印象。在大会上，周恩来见到了中共北京区委委员高君宇，并托他给远在天津的邓颖超带了信。邓颖超于1925年夏从天津调到广东工作，见到了分别五年的周恩来，8月8日，两人在广州结婚。周恩来、邓颖超两人为中国的革命事业奋斗终身，成为党和国家的重要领导人。

为国共合作呕心沥血的李大钊未能参加这次大会，而是协助卧病北京的孙中山，为废除不平等条约和召开国民会议积极奔走。这位中共的重要创始人，有生之年仅参加过中共三大，而缺席了中共一大、二大和四大。毛泽东作为中央局秘书，为筹备中共四大做了很多工作。因为工作劳碌和来自党内的压力，毛泽东于1924年底病倒而回湘休养，缺席了此次大会。

会议期间，代表们的食宿是非常简单的。部分代表将三楼的房间作为临时寝室，大家和衣睡在铺有草席的地板上。主食不过是塌棵菜加零星的五花肉片，部分外地代表和衣睡在三楼的阁子间，半夜冻得瑟瑟发抖。会议结束后，有些代表又滞留上海，孤寂地度过了农历新年。革命精英的奋斗岁月虽不留痕迹，但永镌史册。

平静的大会却诞生了11项不平凡的决议，在共产党的思想理论创建和组织建设上颇有建树。四大第一次明确提出了无产阶级在民主革命中的领导权和工农联盟的重要性；提出支部要深入基层进行组织和宣传活动。至今，支部、基层组织等概念仍在沿用。此外，中共四大对发扬党内民主进行了有益的探索，大会召开前曾广泛征求党员对党工作的意见，与会代表需经民主推选产生，开创了党内民主的先河。

由于革命事业的发展，党员人数的增多，中共四大后党中央机构较过去健全了很多。中央组织部设有党员调查登记、工作分配和党员训练三部分，秘书处主管行政事务，下设文书、财务、发行、交通四个部分；此外还有宣传部、工农部等，组织分工严密了很多。当时组织人事的调动，均由陈独秀以中共中央总书记兼组织部长的名义，提交有关会议通过任命。陈独秀的权力也随之扩大，成为党内名副其实的“家长”。

1925年，共产党员人数从创始时的几十人增加到近千人；共产党领导的工会数量达160多个，有组织的工人约54万人，全国工农运动风起云涌。共产党已经从一个宣传性的小党发展为群众性的大党。在中国革命和中国共产党发展的道路上，中共四大刻下了重要的历史坐标。

2012年9月，上海四川北路公园内的中共四大纪念馆建成，丰富的馆藏资料和生动的展览，让参观者身临其境，感受到革命的曲折艰难和革命人的初心如磐，成为上海爱国主义教育基地之一。

左联：早春的文学之光

朱亚夫

◎◎左联成立开会的旧址

3月2日那天，我走进上海多伦路。早春时节，和煦的阳光洒在青石路上，路边的树枝冒出嫩绿的新芽。拐进多伦路201弄，不一会儿就见到一幢坐北朝南、砖木结构的三层楼洋房，外有围墙，屋前有花园，这就是文学青年心目中的圣殿——“左联”纪念馆。

纪念馆的拱形侧门边，挂着醒目的当年左联成员、后任上海市委书记夏征农手书的“中国左翼作家联盟会址纪念馆”铭牌，令许多游客在此驻足拍照留念。

1930年3月2日，中国左翼作家联盟正式成立。大会是在底楼靠左边的一间教室内召开的，现在是按原样陈列的。我们在导游带领下走进这间约20平方米的教室，环顾教室只可坐二十来人，参加成立大会的有四五十人：冯乃超、阳翰笙、夏衍、潘汉年、洪灵菲、阿英、鲁迅、冯雪峰、郑伯奇、田汉、蒋光慈、郁达夫、陶晶孙等。会场内坐满了人，有的不得不站着，连门外也站着人。

导游介绍：大会从下午2时开到晚7时结束。这天白天晴好，晚上下起了雨。由冯乃超报告筹备经过，潘汉年代表中共讲话，郑伯奇对“左联”纲领做了说明。接着，鲁迅做了《对于左翼作家联盟的意见》的讲话，第一次提出了文艺要为“工农大众”服务的方向，指出左翼文艺家一定要和实际的社会斗争接触。大会推举鲁迅、沈端先、冯乃超、钱杏邨、田汉、郑伯奇、洪灵菲为常务委员，周全平、蒋光慈为候补常务委员；通过了“左联”理论纲领和行动纲领等17项提案；通过成立“马克思主义文艺理论研究会”等下属机构……

有人提问：“为什么要成立左联？”导游说：这是有原因的。当时，国际上，苏联的“拉普”(全称“俄罗斯无产阶级作家联合会”)、日本的“纳普”(全称“全日本无产者艺术联盟”)和“革命文学国际局”先后成立，这对中国革命作家的联合起了推动作用。国内，正值第一次国内革命战争失败，国民党反动派一方面对革命根据地进行军事围剿，另一方面在国统区实行文化围剿。国内外的形势迫切要求上海的左翼作家们团结起来，共同与“右翼”——国民党反动派做斗争。而当时革命文艺运动的发展及其由于争论而暴露出来的弱点，也引起党中央的重视，认识到必须联合起来才能有力地进行文艺思想斗争，于是指派潘汉年出面，与鲁迅沟通，做太阳社、创造性等青年作家的工作，帮助左翼作家成立联合的团体。

为什么叫“左联”？党与鲁迅之间的联络人冯雪峰回忆：在左联成立之前，我们曾与鲁迅研究过多次，对于名称中用不用“左翼”两个字,也取决于鲁迅的意愿，鲁迅说“名称中‘左翼’二字还是用好，旗帜可以鲜明一些”，于是“左联”便应运而生。

“左联”选在中华艺术大学召

开成立大会也是有原因的。中华艺术大学其实是中共领导下的一所综合性艺术大学，1925年12月28日创建，校址初设于青云路，后迁至江湾路三山里93号，又迁窦乐安路233号(今多伦路201弄2号)。陈望道为校长，陈抱一为校务委员会主席，夏衍任教务长。该校成立后，成为左翼文艺运动的中心，1929年，进步戏剧团体上海艺术剧社在此诞生。左联机关刊物有《萌芽》《拓荒者》《前哨》《北斗》等，盟员由最初50余人发展到300余人，北平、广州、日本东京等成立分盟，以及天津支部、保定小组、广州小组、南京小组、武汉小组等地区组织。参加左联的成员，不限于文化工作者，还扩大到教师、学生、职员、工人等，盟员总数达数百人。

左联一成立，立即遭到国民党反动政府的破坏和镇压，人们熟知的“左联五烈士”柔石、胡也频、殷夫、冯铿、李伟森就是惨痛的一例；还有诸如左联作家丁玲秘密被

◎◎左联纪念馆外景

捕、应修人壮烈坠楼等。但屠杀吓不倒真正的勇士，左联依然顽强战斗了六个年头，以革命的“红潮”，同国民党的“白色恐怖”展开有力的斗争，粉碎了国民党的文化“围剿”，培养了一支坚强的革命文艺大军，谱写了中国革命史、中国现代文学史上的光辉篇章，左联是中国革命史上早春的文学之光。

试举一例。我国现代文学园地中的瑰宝、茅盾名作《子夜》就诞生于左联时期。当时，茅盾在“左联”中担任行政书记，为集中精力创作《子夜》，向时任“左联”党、团书记的冯雪峰提出辞职。鲁迅听说十分赞同，说“现在的左翼文艺，只靠发宣言是压不倒敌人的，要靠我们的作家写出点实实在在的东西来”。但冯雪峰没有同意茅盾辞职，只准他请长假。就这样《子夜》在黎明前最黑暗的“子夜”问世了。这部革命现实主义的著作，开创了茅盾文学生涯的新阶段，显示了左联的实绩，在我国现代文学史上有着里程碑的意义。

20世纪80年代筹建左联纪念馆时，起先误认为多伦路145号是左联成立会址，加以修缮一新，后经核对许幸之、汪新泉两人保存的照片，才确认多伦路201弄2号为真正的会址，按照“修旧如旧”的原则，对旧址全面复原修缮，左联会址纪念馆于2001年迁回原址。

◎◎虹口文化名人

梅园·梅亭·梅轩

徐家俊

上海鲁迅公园幽静的人工湖畔，有座“园中园”，叫梅园。园内遍植梅花、松柏，有一座二层高翘角舒雅的韩式建筑，叫梅亭，现称梅轩，是纪念韩国壮士尹奉吉而建。

鲁迅公园内为什么要建梅园、造梅亭？事情还得回溯1932年4月29日，日本人在虹口公园（今鲁迅公园）庆祝“天长节”(昭和天皇生日)兼“一·二八淞沪战争祝捷大会”。国民政府行政院代理院长兼淞沪警备司令陈铭枢等人决定采取暗杀行动，以破坏日军的庆祝活动。为此，联系到时任大韩民国临时政府警务部长金九。金九向上海兵工厂订购了特制的、形状似日式水壶和饭盒的炸弹，并决定由韩国青年尹奉吉来完成投掷炸弹的任务。

尹奉吉，号梅轩，1908年5月出于韩国忠清南道礼山郡德山梁里。尹奉吉聪明过人，饱读诗书，有极好的汉学才能，还通晓日语。他从小目睹韩国被日本吞并沦为殖民地，看到同胞被日本人的血腥镇压，对日本人满怀仇恨。1930年3月，他给妻子留下一封“丈夫离家生不还”的辞别信，辗转来到上海，在虹口一带边做蔬菜生意边打探日军情报，具有丰富的秘密斗争经验。当金九告诉他这一生死攸关的任务后，尹奉吉当即领命，坚决要求赴现场舍身报国。当晚，他给父母、妻子及两个儿子写下遗书，抱定牺牲的决心。4月26日，由金九介绍，尹奉吉在霞飞路宝康里27号宣誓，正式加入“爱国团”。他胸前挂着誓词，左手拿着特制的手雷，在团旗前，发出铿锵誓言：“我宣誓，作为‘韩人爱国团’的一员，决心以赤诚之心，诛戮侵略中国的日军将校，以期还我祖国之独立与自由。”誓毕，金九举起照相机，拍下这个有历史意义的镜头。之后，尹奉吉又邀女队友扮作游客到公园观察地形，目测距离。

4月29日清晨，尹奉吉身着笔挺西装，系着领带，肩挎军用水壶，一手提着饭盒(实为异型炸弹)，一手摇动着太阳旗，经过日军检查后，与其他日侨一起进入虹口公园。10时整，祝捷大会正式开始。11时30分左右，祝捷大会进入高潮。当时下着小雨，在场日本人同声高唱日本国歌，炮队发射21响礼炮。随着第三声礼炮声响起，尹奉吉冲出人群，在距主席台数米处，将水壶炸弹准确地投掷在新任日本陆军总司令白川义则大将、日本驻沪留民团行政委员长河端贞次等人的脚下，一声巨响撼天动地。检阅台顿时坍塌，血肉横飞，一片鬼哭狼嚎。白川义则身负重伤，命在旦夕，日本驻华公使重光葵被冲击波抛上半空，落地后右腿血流如注被齐根炸断，日本海军中将野村吉三郎右眼被炸瞎，日本陆军第九师团长植田谦吉中将右腿被炸断。顿时，公园内一片混乱，日侨争相逃命。白川义则被送进平凉路的日本兵站医院，尽管这是日军在上海最大、医疗条件最好的医院，但白川义则终因伤势过重，于5月26日毙命；河端贞次被送入北四川路福民医院当夜死亡；日本在沪的军政要员不少被炸伤，还有其他多名日本军官、士兵伤亡。这就是震惊中外的“白川事件”，又称“虹口公园爆炸案”，真是大快人心，许多中外媒体纷纷报道。中国一家报纸用了“乘着军舰而来，躺着棺材而去”的标题。

◎◎尹奉吉

爆炸发生后，尹奉吉不但没有趁混乱之机脱身逃离，反而毫不畏惧地大声喊道："来抓吧！我是韩人，炸弹是我扔的！"日本军警立刻蜂拥而至，抓捕了尹奉吉，并将其押往日军司令部。日军对尹奉吉施以酷刑，要其交代同党同伙，但尹一口咬定投弹之事由他一人所为，日军一无所获。气急败坏的日军，对居住在上海法租界的韩国侨民实施报复，安昌浩等17人被捕。在同盟会的帮助下，金九前往浙江嘉兴避难，并通过路透社发表声明，称虹口爆炸案他是主谋，警告日军不得滥捕无辜。

尹奉吉后来被日军秘密押往日本关入监狱。1932年12月30日上午，在日本石川县金泽市日本陆军基地内壮烈就义，时年25岁。抗战胜利后，尹奉吉的遗体被运往韩国安葬，并在尹奉吉的家乡等地建立尹奉吉的纪念碑。1965年，韩国政府在尹奉吉故宅后院修建了纪念塔；1968年，又为其修建了忠义祠。自1972年起，在尹奉吉的家乡，每年的4月29号举办"梅轩文化节"，以追思民族孤胆英雄。尹奉吉的壮举同样赢得了中国共产党的关注和肯定。1932年5月25日，中华苏维埃政府机关报以"上海日要人全体受伤"为题予以报道。1936年1月29日，中共主办的巴黎《救国时报》将尹奉吉列为"沪战殉国烈士"。

◎◎虹口公园梅园梅亭

新中国成立后，于1994年在鲁迅公园内建立了梅园、梅亭，遍植梅花。1998年又在园内放置"尹奉吉义举现场"和"尹奉吉生平事迹简介"等纪念碑，记录在此发生的历史事件，以纪念这位韩国义士。后来又用尹奉吉的号"梅轩"来命名梅亭。

◎◎梅轩

新陆村“小战士”庄新民

蔡小鸥

四平路近四达路有个新陆村，由八栋48个门户组成。因为有着红砖红瓦、红门红窗的特色，别称为“红房子”。建造于1937年，名为高凤寮，为典型的日式二层砖木结构联体住宅。每户配有10平方米独立南院，后门一只外存里取的煤球储存箱很具特色。小区建有戒备森严的铁门，内设网球场、能遛马的林地。由日军中高级军官带眷居住，因此内饰精致，极具日式风：木质浴缸、榻榻米、格子纸拉内门等。

◎◎小战士庄新民 家属提供

1945年抗战胜利后，为上海新陆师范、上海师范专科学校教师宿舍。1949年上海解放后，为上海虹口中学教工宿舍。之后，有戴望舒、孙大雨、周煦良、施蛰存等文化名人和各方人士陆续入住，革命功臣庄新民于1957年3月入住新陆村10号。

说起庄新民，多数人会一脸茫然，而说起红嫂与小战士，又都知悉。那是影片《沂蒙颂》中塑造的人物，这部影片于1970年上映后，家喻户晓。红嫂用乳汁救活生命垂危的小战士的故事感动了全民。主题曲“……续一把蒙山柴炉火更旺，添一瓢沂河水情深意长……”也因此而流传。影片根据作家刘知侠创作的短篇小说《红嫂》改编而来。原型人物红嫂为聋哑人明德英、小战士为庄新民。多年过去了，当年红嫂在哪里？小战士又身居何处？

2018年末的一个午后，带着诸多人关心的问题，我与庄新民的大女儿庄芹女士相约新陆村原址（四平路372号）见了面。小区在2017年已拆，现今用围墙圈着。

望着一片废墟，庄芹女士眼泛泪光、脚步缓缓，边辨认边比画：“看，这入村口，是个大花园，种着蔷薇花、栀子花，后面是大操场，父亲由市府调动到区府工作，曾分得一套更好更大的川北公寓，但父亲觉得浪费，坚决放弃后才入住新陆村的。我家就在这个位置，斜对面2号住着丰子恺的女儿丰宛音，是复兴中学教师，经常辅导我兄弟功课……看见那边邮筒了吗？我家寄信都是用通过它的。”

庄女士从学龄前入住新陆村到房子拆迁，整整60个年头，眼前的碎石瓦片都镌刻着她情感的记忆。谈起父亲，庄女士的敬意溢于言表，娓娓道来中，我不仅详尽倾听了众所周知的故事，还了解了庄新民鲜为人知的另一面。

◎◎明德英妈妈

红嫂与小战士的军民鱼水情

小战士庄新民1922年10月17日出生在山东日照的革命家庭。父亲庄仲宣曾为私塾先生，1937年参加革命，加入中国共产党，历任中共日照县乡长、区长等职，1950年3月在宁波战役中牺牲。受父亲影响，庄新民于16岁时和两个弟弟进入抗日子弟学校学习，1940年2月参加八路军。同年冬天，日军对沂蒙山区进行“铁壁合围”大扫荡，18岁的庄新民作为八路军山东纵队卫生部直属卫生所的卫生员，在救护、掩

◎◎李爸爸与庄新民

护伤员的突围转移的过程中，身负重伤。危急之际，山民李开田、明德英夫妇冒着窝藏八路全家杀头的危险，把他藏于石沟里。小战士因多日的饥寒交迫、伤痛困苦，病得发起高烧不省人事。急得明妈妈用手指猛掐他人中、用缝被子的大针扎他穴位，也不见效，明妈妈急中生智，把自己的乳汁滴进他的嘴里。这样坚持不懈喂了很长时间，小战士才慢慢苏醒了过来。之后每天，明妈妈和李爸爸去山里采草药，精心擦洗护理他的伤口。他们自己睡在墙边草堆上，却用家里仅有的一床棉被盖在他身上；自己吃野菜，却杀了唯一的老母鸡给他补身子；自己孩子饿得哇哇哭，却将不舍得吃的土豆红薯芝麻煮了给他吃……

明妈妈慈母般无私的大爱，深深铭刻在小战士心底。40天伤好后，庄新民带着明妈妈的恩情回到部队，奋勇抗战于前线，在抗日战争和解放战争中荣立两次二等功、两次三等功和一次嘉奖。新中国成立后，庄新民入驻上海，便开始寻找恩人明妈妈。

他寄给山东沂南山区的挂号信一封又一封，终在1955年12月找到了恩人。他带着家人去沂南县看望，有意要将明妈妈和李爸爸接来上海尽赡，但因李爸爸小住上海一个月不太习惯而未遂愿。

李爸爸于1971年去世，明妈妈于1995年4月21日病逝。由于庄新民身不由己的原因，没能亲自为两老送终而难过不已。他在家中特设了灵堂祭奠，以解悲痛之情，并关照儿子们每年都要去沂南县给明妈妈、李爸爸扫墓，以寄托哀思。病逝前他还念念不忘地叮嘱孩子们，要永远铭记红嫂的恩情。

以恩传情回报社会

1949年5月，庄新民随部队完成解放上海的任务后，便留在了上海，历任华东军事管制委员会干部、上海市土产公司主任、上海市虹口区财政贸易办公室常务主任等领导职务，主要负责食品土产、药材、杂货和工业原料供应等工作。那时物资匮乏，庄新民和同志们不分昼夜地监管市场查看物资，以此保障百姓生活，安定民心。

据《上海蔬菜商业志》记载："1960年，上海市蔬菜供应十分紧张，每人每天只能供应二两蔬菜。"为确保百姓的猪肉、蔬菜的最低计划供应，区政府在长兴岛开建农场，庄新民任首任场长。他亲自带领百多位干部去开辟荒地种菜、养猪。

青浦另有增加市民额外供应的大白菜种植地。为了能让居民每家多分到一棵大白菜，庄新民数次率领下属骑着"老坦克"，从虹口到青浦抓生产。他卷起裤腿赤着脚丫，进入农田手摸眼看，了解每一棵大白菜的生长状况。有一次遇上漫漫雪天，同志们回家就生了病。多年后，办公室马同志还在为那次生病留下的肺部后遗症埋怨过，庄新民也因此落下了肺部病根。

◎◎新陆村电脑模拟图

庄新民满怀工作热情，下基层抓实事，亲力亲为是他的基本准则。他认为，自己的第二次生命来自山区老百姓，只有奉献自己，将大爱精神传递给百姓，才能报答他们的深情与厚望！

“父亲日以继夜地工作，家人虽心疼但能理解，并很支持他。父亲说，既然共产党领导人民军队解放了全中国，就一定能把城市管理好，让人民安居乐业！”庄女士如是说。

2006年3月9日，庄新民同志因病去世。青浦墓地的碑文上刻着“沂蒙颂歌 · 功勋传家”，盖板上还刻有“大爱无疆”四个字。

走进恒丰里

金洪远

这个周末的下午，我去山阴路69弄的恒丰里探访。恒丰里在上海可以说是比较有档次的石库门建筑，不仅外立面美观，山墙山花讲究，内部设施也比较完备，有当时颇为先进的抽水马桶等卫生设备。在我小时的印象里，比我原居处的溧阳路瑞康里石库门明显要高档许多，尽管我的邻居，《新民晚报》的老报人赵超构先生很长一段时间住在瑞康里。

恒丰里于我并不陌生。我记得，四十多年前我和中学同学多次探望家居恒丰里教我们数学的冯老师。按图索骥，我径直朝恒丰里69号和70号走去。这两间看似普通的石库门，当年却是上海工人第三次武装起义指挥部联络点，周恩来、罗亦农与赵世炎等共同领导了上海工人第三次武装起义。1927年，罗亦农在中共五大时当选中央委员，“八七”会议当选中央临时政治局委员，11月任中央政治局常委兼中央组织局主任。1928年4月15日，罗亦农被捕，21日在上海龙华被枪决，年仅26岁。

1927年4月12日，蒋介石发动反革命政变，血雨腥风笼罩浦江两岸，上海处于白色恐怖之中，红色力量受到严重的打击，大革命陷入了低谷，但真正的共产党人是不会屈服的，他们踏着烈士的血迹又开始了新的战斗。4月27日，中共中央在武昌召开“五大”，中心议题是总结过去经验，明确今后革命发展前途，确定党在最近时期的任务。之后，中共中央根据当时急剧变化的情势，决定对各地组织机构进行相应调整，以适应革命形势变化的需要。其中一个重要决定就是撤销中共上海区委，分别成立中共江苏省委和浙江省委。根据1927年6月1日中央政治局通过的《中国共产党第三次修正章程决议案》中关于“省委会所在之市，该市不另设市委员会，该市之区委员会，直接隶属于省委员会”的规定，江苏省委既是江苏省又是上海市的中共地方组织领导机构，它直属中共中央领导，除管辖上海和江苏外，还领导安徽省部分地区。“四·一二”反革命政变后，陈延年接任江浙区委书记，在此设立办公机关。当时底层是会客室，二楼是会议室，三楼则为地下交通员住处。

以前笔者一直纳闷，为何上海的党组织要隶属于江苏省委，通过查找相关资料，才恍然大悟，原来答案在这里！

同年6月1日，中共中央政治局撤销江浙区委，分别成立两省省委后，此地成为江苏省委机关。6月26日，中共江苏省委在此召开会议，王若飞代表中共中央宣布江苏省委领导成员：原中共上海区委书记陈延年任省委书记，郭伯和任组织部长，王若飞任宣传部长。会议进行到一半，忽然来人急报，有一联络点被捕的交通员知道恒丰里的这个秘密机关，于是王若飞当即结束会议，大家迅速撤离会场。本来陈延年已安全撤离，但他下午三点又与组织部长郭伯和等人回来探视，见并未出事，便上楼继续研究工作。但不到半小时，警车呼啸而来，国民党军警根据指供，包围了这幢楼房进行搜捕。陈延年等人拿起桌椅板凳当作武器进行反抗，最终寡不敌众，除两人从屋顶逃脱外，陈延年、郭伯和、黄竞西、韩步先等四人被捕。面对敌人的种种酷刑，陈延年与郭伯和、黄竞西坚持不供。韩步先面对敌人的威胁利诱而叛变，当堂指证了陈延年，使他的身份暴露。7月4日陈延年、郭伯和、黄竞西在龙华枫林桥被杀。陈延年被人称为“小列宁”，7月4日深夜，据说被乱刀砍死，时年仅29岁。时隔一年，陈独秀次子、陈延年的大弟、时任中共北方区委组织部长的陈乔年也在枫林桥被枪决，时年26岁。我从前门绕到后门，又从后门走到前门，在此按下了快门，留下了深深的纪念。

◎◎恒丰里内景

继续朝前是90号。这是座坐北朝南砖木结构的三层住宅。你可能想不到，当时的中共中央党校就设在此地。是年2月在册的党校学员中，李硕勋、沈雁冰和杨之华等28人赫然在列。在为期八个月的时间里，学员们系统学习了《马克思主义概论》《政治经济学》《阶级斗争史》等十门马列主义理论课程。时任中共中央临时政治局常委的罗亦农是党校的校长。

巧的是，我在采访恒丰里石库门弄堂时邂逅我在上海石化的老同事阮国标。虽然他已退休一年了，却精神矍铄，依旧还是那样健谈。住在附近的国标告诉我，1985年，恒丰里90号被上海市人民政府定为市级文物保护单位。我注意到，90号大门旁边还有一块斑驳的小木牌，上面“虹口区青少年革命传统教育七号基地”的红字已模糊难辨。我想提一个建议，是否将木牌搞得大些，字迹太“模糊”了，对眼神不济，特别是上了年纪的人来说，辨认确实“困难”。

我在恒丰里拍摄了不少照片。一条山阴路虽然只有区区651米，但对于我们虹口来说，是一笔不可估量的精神财富。浓荫匝地的路旁有不少令人沉思的“风景”，据说，目前已经查实的名人故居就有14处，历史遗址9处，优秀建筑18处。按照国标的说法，还有不少尚“养在深闺”的故事有待发掘哩。

永安里44号引出的故事

张林凤

在四川北路沿街鳞次栉比的店铺中，有一处并不引人注目的弄口，那就是四川北路1953弄的永安里。踏进弄堂行百米左右来到44号，门前的铭牌注明，此处是上海市文物保护单位，是周恩来同志在沪早期革命活动旧址，上海市人民政府于2014年4月公布。此前，2008年3月5日，已由虹口区人民政府挂牌“周恩来同志在沪早期革命活动旧址”，为虹口区文物保护单位，迄今已然10年。此事的促成，与出生于此的周恩来的侄儿周尔鎏有关联，是经他多方联系、相关部门积极考证后确立的，具有很高的文物价值和历史价值。

初春的永安里静谧祥和，我伫立在44号门前，凝望这幢中西合璧式的三层石库门公寓，缅怀周总理的光辉业绩，情

◎◎1960年10月，周尔鎏、王章丽（右一、右二）订婚时与邓颖超合影于北京西花厅家中。旁立者为兄弟周尔均、邓在军夫妇

不自禁地联想起与周尔鎏、王章丽夫妇交往中，听他们讲述过的周总理的感人故事。

那是2016年4月，我应邀参加“京沪”两地联合举办的“人民心中的丰碑——纪念周恩来同志逝世40周年暨诞辰118周年”大型座谈会，有幸结识周尔鎏、王章丽夫妇。我抑制不住激动，向他们介绍曾经采访报道过年逾八旬的王凤青先生，怀着对周总理的深厚情感，用三年多时间，寻访周总理在上海到过的每一处，自费出版图文集《寻访周恩来在上海的足迹》。他们听说此事很感动，说要见见这位可敬的老人。

我与周尔鎏、王章丽夫妇的半天相处中，听他们聊家常似的讲述周总理的故事。王章丽老师讲述，周尔鎏与周恩来、邓颖超深厚的感情，可追溯到1931年5月。那是中共历史上发生的极为严重的顾顺章叛变事件，设立在上海的中共中央机关处于万分危急之中，周恩来在果断有序地安排相关领导和工作人员转移、销毁机密文件后，携邓颖超装扮成商人和阔太太，于一日深夜，在未事先通知的情况下，在永安里44号门外悄然急切地连声呼唤："润民（注：润民是周恩来的堂弟、周尔鎏的父亲周恩霔），快开门。"

周恩来与邓颖超隐蔽到北四川路永安里（今四川北路1953弄）44号避难。1927年到1931年期间，这里是周恩来从事革命活动中，危急时刻可以随时启用的最佳掩护点。他关照家人要做到内紧外松、镇静如常，不能让外人看出丝毫破绽。周恩来有时还下厨为家人烹饪，用留声机放几段京剧给几位老人欣赏。

牙牙学语的周尔鎏，根据家族的排行，遵嘱称呼周恩来、邓颖超为"七爸、七妈"。七爸七妈很是疼爱这个周家的长房长孙，时常抱起乳名为"爱宝"的他逗乐。新中国成立后，周尔鎏以西南地区总分第一名的优异成绩，考进天津南开大学，这也是总理当年就读的大学，他很高兴地祝贺侄儿。求学期间，周尔鎏从未公开自己与总理的关系。得知周尔鎏获得天津市三好学生的荣誉，总理很高兴地说："美好的金子迟早会发光的。"此话一语双关，"尔鎏"，在汉语词典中解释为"美好的金子"。

王章丽老师动情地讲述的几个小故事，令我近距离感受到，自己虽无子女的周总理，对年轻人寄予关爱厚望，展现伟人别样的慈父般的情怀和大爱。

"总理的记忆力是非凡的。那时我有机会去西花厅，他关切地询问我家庭情况。有时秘书赶来悄悄地与他说话，他就匆匆离开了。过段时间，我又到西花厅，总理还会继续上次的话题。当他得知我姐姐的养父母

◎◎周尔鎏、王章丽夫妇在四川北路永安里44号

相继去世，读中学的她凭着坚定的信念，靠自己打工挣得学费和伙食费，以优异的成绩考上北京大学，并成为全国大学生学习模范，很是赞赏。特地邀请我姐姐来西花厅，勉励她再接再厉，做新中国建设事业的好青年。我既敬佩又感动，总理日理万机，对于我无意中提及的事竟然记挂在心，这也是总理对我们年轻人特别的期待和激励啊。”王章丽说，这是她和姐姐难以忘怀的。

一个休息日，周尔鎏与王章丽来看望七爸七妈。邓颖超很高兴，亲自下厨拌炸酱面招待他们，在一旁的总理说，给章丽吃米饭吧。其实，王章丽知道，这是总理了解她这个南方人不习惯吃面食特地关照的，心中一股暖流油然而生；20世纪60年代初期，正是国家困难时期，有一次在总理家里，总理将仅有的一只橘子给王章丽。她过意不去就不吃，总理亲切地说：“你吃吧，我们不吃的。”王章丽也知道，这是总理为了让她吃得安心特地这样说的。

“一罐花生米”的故事，更是令周尔鎏、王章丽夫妇终生难忘。那是1960年他俩结婚时，总理在家中只找到一罐花生米作为赠送他们的新婚贺礼，还叮嘱“花生米吃完，罐头给废品回收站”。在现今看来微不足道的一罐花生米，于他俩却是镌刻在心底的永恒的温馨。

看着眼前虽然衣着装扮平常、但言谈举止娴雅端庄的王章丽老师、温文尔雅的周尔鎏老师，我由衷地赞叹他们的幸福和美。王章丽笑道："我与他都过了金婚啦，正走向'钻石'路呢。""其实我们就是普通人，年纪大了保持平常心，不偏爱保健品；孩子们工作都很忙，我们能做的事就尽力自己动手，少给孩子添麻烦。"我心中盈满感动，联想到周恩来和邓颖超夫妇当年倡导夫妻间的"八互"关系，在他俩身上也有很好的体现。

王章丽从包里翻出一张纸，她和周尔鎏各写了两句话，并逐字逐句读一遍："切盼御风归来，偕众畅踏青；翔宇丹心昭日月，恩来遗爱遍人间。——侄尔鎏。"她将这首周尔鎏为纪念周总理而作的诗赠予我。这是一张他俩所住宾馆的发票，因没其他纸张，就在这张发票的背面写的。看发票的金额只有99元，我很有些惊讶，赞叹他们低调中蕴含的高风亮节。王章丽解释，这其实是很平常的事，是多年的行事习惯。我这才了解到，原来周尔鎏和王章丽曾在中国驻英国大使馆工作，都是参赞级的外交官，无论乘飞机或坐火车，都可享受头等舱待遇。但他们坚持坐普通席，认为这样可以多接触当地民众，更多地了解所在国国情；还可以节省些钱，给国家用于更需要的地方。如今颐养天年的他俩，外出参加活动亦如此，不愿惊动别人，自费住实惠的连锁酒店。因为，他们始终铭记总理的教诲，以平常心做"普通人"。

此后，受王章丽老师邀请，我有机会到他们家拜访，有幸获得周尔鎏老师赠送的《我的七爸周恩来》珍贵签名本。虽然我与他们的相处很短暂，但充分领略了周总理在家族中营造传承的优良家风，真实地感受到周总理"小故事，大情怀"的境界在后辈身上的延续。

左联“摇篮”

——公啡咖啡馆

朱亚夫

◎◎公啡咖啡馆遗址

在中国现代著名作家夏衍、阳翰笙的心目中，当年驰名沪上的“公啡咖啡馆”，是彪炳史册的中国左翼作家联盟诞生的摇篮。

20世纪20年代后，咖啡馆已遍布上海街头，形成了以北四川路、霞飞路和南京路为“金三角”的咖啡店圈，尤其是北四川路上，更是咖啡店林立，浓浓的咖啡香飘于市井。一杯咖啡，几位好友，围坐小桌，纵情而谈，是一种小资情调，更是一种都市浪漫。当年除“公啡咖啡馆”外，在老靶子路（今武进路）北首，有张资平的“文艺咖啡座”，在虬江支路北四川路口有创造社开的“上海咖啡店”，还有周全平的“西门咖啡店”等。而闲谈咖啡文化的文章也见诸上海报刊，十分热闹，诸如鲁迅的《革命咖啡店》、林徽因的《花厅夫人》、田汉的话剧《咖啡店的一夜》、曹聚仁的《文艺复兴馆》、董乐山的《旧上海的西餐馆和咖啡馆》等，甚至《申报》“艺术界”版还开设专栏“咖啡座”，这些均是研究老上海咖啡文化的珍贵文献。

◎◎公啡咖啡馆复原模型

为寻觅公啡咖啡馆踪迹，我曾经徜徉四川北路街头，逛到四川北路多伦路口，一座雄伟巍峨的门楼矗立在街口，上有“多伦路文化名人街”几个大字，在阳光的照射下，分外耀目。靠北面的墙上，在多伦路8号的门牌下，钉着一块铭牌，上书“公啡咖啡馆遗址”。这是“遗址”，如今是“上海时装商厦”，店内时装琳琅，顾客盈门。

1928年鲁迅在《革命咖啡馆》一文里，是这样描写咖啡店模样的，“遥想洋楼高耸，前临阔街，门口是晶光闪烁的玻璃招牌”，如今显然已是两种景象。网上有当年公啡咖啡馆的照片，是一幢假三层的小洋楼，楼下卖糖果、糕点，楼上有两间房喝咖啡。查检资料，抗战胜利后，“公啡”由中

◎◎公啡咖啡馆

◎◎公啡咖啡馆遗址

国人主持，改名为“新元堂”；解放后，改为“多伦果品店”。1995年因四川北路拓宽而拆除，并在附近造起七层楼大厦，2006年公布为虹口区历史遗址纪念地。在原公啡咖啡馆遗址近旁的地下室古玩城，辟有一家“公啡咖啡馆”，由一位陈姓年轻人惨淡经营，大约2017年古玩城变身停车库，这家咖啡馆也随之飘散。

那么，公啡咖啡馆为什么会成为左联诞生的摇篮呢？原来历史上公啡咖啡馆地处老上海公共租界边缘、中西文化的交会点上，较为隐蔽，店主是一个日本人(一说犹太人)，巡捕房不大注意，因此成了左翼文人、进步青年聚会的场所，当年左联的多次筹备会议就是在这里秘密进行的。据夏衍在《懒寻旧梦录》里回忆：“筹备会一般是每周开一次，有时隔两三天也开过，地点几乎固定在公啡咖啡馆二楼，一个可容十二三人的小房间。”就是在这里，时为中共中央宣传部文委书记的潘汉年，召集在上海的党员作家和进步文学工作者座谈，传达了中共中央的新精神，要求立即停止对鲁迅、茅盾的论争和批判；就是在这里，鲁迅与创造社、太阳社冰释前隙，鲁迅穿着长袍，嘴上含着烟斗，不住地品几口绿茶，其他人喝着咖啡；就是在这里，起草了左联的纲领，协商了发起人名单……

1930年2月16日，天气晴朗，《鲁迅日记》云："午后同柔石、雪峰出街饮加菲。"其实是到公啡咖啡馆参加左联的最后一次筹备会。到会的除鲁迅之外，还有沈端先（夏衍）、郑伯奇、冯乃超、彭康、沈起予、华汉（阳翰笙）、蒋光慈、钱杏村、洪灵菲、柔石、冯雪峰等12人。会上检讨了过去文学运动中的缺点，确定了今后文学运动的任务，一致决定在3月初正式召开左联成立大会。由此可见，左联确实是在这里孕育诞生的。

其实，不单是中国左翼作家联盟是在"公啡"酝酿成立的，就是"中国左翼戏剧家联盟"即"剧联"的筹备会议，也是在这里召开的。左联骨干茅盾、胡风、周扬等，也经常光顾公啡。更为喜剧性的是，原先并不喜欢跑咖啡店的鲁迅，从此之后，也成了公啡咖啡馆的常客。由于离山阴路寓所不远，鲁迅常常借座这里约见友人，指导文学青年。1930年6月5日，"同柔石往公啡喝咖啡"。萧军、萧红回忆说：1934年，他们带着《八月的乡村》和《生死场》两部小说稿，从东北辗转来到上海，生活拮据，创作更是艰难，他们向鲁迅求援。11月30日午后，按照鲁迅先生信中约定，他们乘1路有轨电车先到北四川路底的内山书店跟鲁迅见面。然后由鲁迅把他俩带至公啡咖啡店长谈，萧红写道："鲁迅先生很熟悉地推门进去，上了2楼。我们也随后跟进。店里一个外国人很熟识地跟鲁迅打招呼，鲁迅回礼后便在靠近楼梯的一个厢位中坐了下来，我们也坐进去。这处厢位很僻静，进门的地方有个小套间部分地掩住了它。座位的靠背很高，邻座的厢位互相看不

◎◎旧上海喝咖啡的盛况

见，坐在厢位里就如进了一个小房间……”当年上海中央局宣传部内部交通员、文学青年葛琴在出版自己的处女作《总退却》时，向鲁迅求教，鲁迅在公啡接待她，她后来回忆说：“他完全不像一个老人——虽然他上唇上是留着那么一抹浓黑的胡须，他更没有一丝名人的架子。那天我们在咖啡店里谈了两个钟头，我完全不感觉有什么拘束的必要，他很起劲地说着文学上的各种问题，和不断地给予我们热烈的鼓励（我们可以想起，那时上海的出版界，是在怎样一个沉闷的状态中），他的说话就和他的文章一般有力，是那样充满着比青年更勇敢的情绪，当我们从咖啡店里出来的时候，除了满意以外，更惊愕中国如今还有一个青年的老人。”

是的，在文学青年心目中，“公啡”不仅有美味的咖啡，还有温馨的情调。

第二辑

学校撷英

学校和老师，我们总会在心中珍藏那么一种眷恋，那么一份情愫。无论名校抑或普通学校，我们每位曾经身在其中的学生，总会有精彩的瞬间闪现：四川北路一小的升旗仪式，让学生心中盈满共产主义接班人的憧憬；“木棉花”的校徽，凝聚众多海内外的学子情系母校；四川北路的教学大楼是“上海戏剧学院播撒火种的地方”；张琼、姚晶、毛蓓蕾等，是“每一个学生我都喜欢”的教师典范。因为有这样的学校，有这样的教师，您是否有过“眼前直下三千字，胸次全无一点尘”的读书体验？……

我心中的百年老校

苏秉公

我的童年没上过托儿所、幼儿园，是在上海的石库门弄堂里玩大的。1955年因为年龄差一个月没上成学大哭了一场。1956年9月如愿以偿，进了四川北路第一小学读书。该校是几年间由私立郇光小学、四川北路第二小学以及原四川北路第一小学合并而成，沿用四川北路第一小学校名，列为区重点小学。我一年级的班主任是韦光英老师，那是一位十分和蔼可亲的老太太。一年级学年结束，她在全班同学面前发给我一张奖状，上面写有“品学兼优”四个字。拿回家后，父亲用镜框镶好挂在墙上，给我鼓舞不小。

◎◎一座建在上海弄堂里的教堂建筑——中华基督教会富吉堂（摄于1917—1919年间）

学校有教学楼两幢，大礼堂一座，足球场一个，还有游泳池。老大楼是原郇光小学的旧址，四层楼，外立面主要是红砖砌成。屋顶是一个大平台，正面中间立有一根旗杆，每天早操前，全校同学立正看着国旗从这里升起。我有幸当过几次升旗手。学校原来还有两排平房教室，新大楼是1959年拆掉了其中用毛竹建造的那一幢盖起来的。大楼有三层，每层有六间教室和男女厕所，还有一个很大的课间活动空间。就是拿到现在，也算不错的设施了。大礼堂是一座教堂，叫岭南堂，也是红砖砌成，坡顶，窗户富有宗教特色，镶有彩色的玻璃，礼堂里的椅子都是教堂里的那种长条椅。那时的校长是汪树章，一口广东口音的普通话，这对我这个从小在家说广东话的学生来说，很有亲切感。

◎◎沿用至今的郇光小学教学楼老照片

说来话长，四川北路第一小学的前身郇光小学还真是由广东人创办并与宗教有着密切关系的。1845年上海租界设立以后，许多欧美商人来到了上海。与西方经济接触较早的广东商人，也随之涉足上海商界。20世纪20年代广东商人经营的永安、先施等百货商厦先后落户上海。他们为

小贴士 富吉堂：1917年10月17日，专为广东籍基督徒服务的富吉堂开放，坐落在虹口北四川路1802弄1号（永安电影院隔壁），可容800人。教堂隶属于中华基督教会。堂名取自主要捐款人张竹君的老师富玛利及其母亲吉氏。1952年，富吉堂改名为岭南堂。1958年，上海市基督教新教三自爱国教会实行“联合礼拜”，岭南堂被关闭，信徒加入武进路沪北会堂的虹口区粤语联合礼拜，教堂房屋归四川北路第一小学使用，底层用作仓库和食堂，二楼为礼堂。

◎◎富吉堂旧址现为四川北路第一小学礼堂和图书馆

招来的大批广东籍员工在北四川路建造了一批职工住宅，如永安里、永乐坊等，形成了很有影响力的广东人聚居区。一些广东籍的基督徒来沪后听不懂沪语，无法参与宗教活动。于是便聚集在居民住宅里举办粤语礼拜，组成了“广东旅沪中华基督教会”。那时候，各种外来基督教会的教派很多，但凡带有“中华”字样的，均属中国教徒自己创办的具有民族意识，且不分派别的自立教会组织。这个教会组成后方便了广大信众的宗教生活。随着参与人数的增多，1917年10月17日由信徒张竹君等人捐资建造，专为广东籍信众服务的富吉堂正式落成启用。该堂归属中华基督教会，由谢恩禄（广州人）担任主任牧师。1952年富吉堂更名岭南堂。1958年因参与礼拜人数减少，信徒并入武进路沪北会堂，岭南堂关闭了。教堂及牧师宿舍等房屋便划归四川北路第一小学使用了。

值得庆幸的是，经过几十年的风风雨雨，上述教学楼、教堂、以及教堂对面的牧师宿舍等目前基本保留完好，而且这些建筑至今还在使用，成为较完整保留历史原貌的一所百年老校。这里每一个角落都包藏着不同年代师生们的美好记忆，也是虹口小学教育史的鲜活见证。1934年前后，中国知名革命音乐家、《新四军军歌》的作曲者何士德曾在郇光小学教授过音乐课并担任富吉堂洪钟乐社的义务指挥。他以革命音乐唤起劳苦大众参加抗日救亡运动的热情。

2017年虹口区政府挂牌确定富吉堂建筑为“虹口区文物保护点”。

学校新教学楼前是一个很标准的足球场，放学后我们经常围着操场长跑，我最多一次一口气跑了35圈。为了比出个高低，男同学常常在操场踢球到天黑才罢休。记得操场边上还有过一座大炼钢铁时留下的小高炉，什么时候拆掉的已记不清了。游泳池已经废掉了，摆了很多兔子笼，各班同学每天带来一些菜叶喂自己班养的兔子，兔子大了还生小兔子，这些在那个年代都让孩子们感到十分新鲜。

◎◎1959年新建的教学楼。

1958年9月30日，我加入了少先队，后来还当了大队委员。大队林辅导员和潘辅导员对我们像弟弟妹妹一样，亲切可敬。大队工作中我印象最深的就是每月要出一两期黑板报。这是大队的队报，刊名是《接班人》，有三四块版面呢。每次出板报是最开心的时候了。先从辅导员那里拿来她们准备好的内容，加上我们自己从各班收来的稿件，然后几个墙报委员就开始“谈判”了：谁画报头，谁抄哪篇稿子，谁搞插图，谁画花边，瓜分完毕各自边玩边干。我那时画画比较好，所以画报头多数是我的活。我们打一会儿乒乓，踢一会儿球，做一会儿功课，再出一会儿板报，每次任务完成得倒也蛮出色。我们这帮人在那个时候玩得很开心，有的成为以后很好的朋友。

我六年级的班主任是刘朝正老师，他单身，住在学校，为我们班花了很

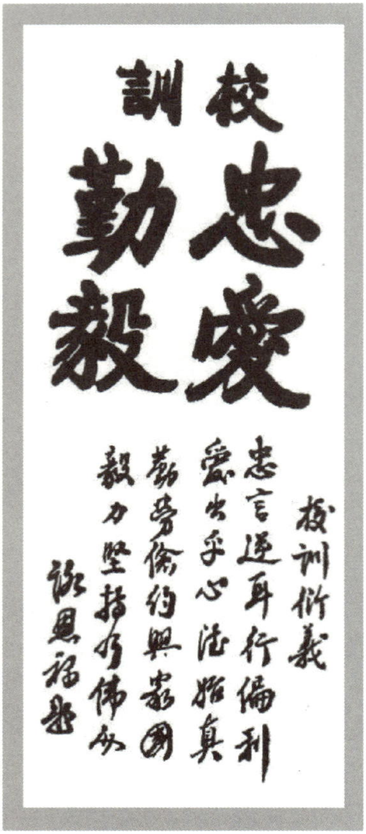

◎◎校训题词

多精力。这一年我被评为优秀少先队员，在队旗下拍了一张照片，张贴在老大楼的橱窗里。这又给了我一个小小的鼓舞。升学考试后的暑假，有一天在刘老师宿舍玩，他给我一本《水浒传》，这是我第一次阅读中国古代名著。也就是在那段时间我戴上了225度的近视眼镜。

1962年9月，我踏进了复兴中学的校门，开始了我的中学生活，四川北路第一小学这所百年老校永远在我心中。

小贴士 郇光小学：上海郇光小学校（又名上海市私立郇光小学，现名“上海市四川北路第一小学”）由广东旅沪中华基督教会创办于1916年春。1956年1月教育局接办全市私立小学，郇光小学改名为四川北路第二小学；1957年长春路小学并入二小，长春路小学改为二小分部；1959年1月郇光幼儿园并入四川北路一小，一小的前身曾是日本人学校，抗战后改为建国国民学校，现为虹口区实验中学；1959年2月16日，二小与一小合并为上海市四川北路第一小学。学校地址：四川北路1802号。

师恩难忘

毛蓓蕾老师的故事

王莉韵

雨夜护送

我按下毛蓓蕾老师家的门铃，毛老师打开房门，惊讶地望着我："你怎么还是来了？"原来，下周是我的婚庆喜宴。毛老师叮嘱我今晚不要去她家备课了。但是，我想到两天后的市级展示课，心里总感到不踏实，还是匆匆赶去了。

"好，既然来了，我们就抓紧时间吧！"毛老师一边说，一边拿出了课本。与往常一样，我们越讨论越有劲。毛老师总是鼓励我提出不同的看法，进行辩论。时间不知不觉地过了九点。天空也不知什么时候下起了蒙蒙细雨。

"啊！不早了，快回家吧！"毛老师递了一把伞给我，自己也拿了一把伞，要和我一起出门。我让毛老师别送，她说："我们不是还有一个问题要讨论吗？让我送你下去吧。"我们顺阶而下，走出小区，来到了车站。我感到雨下大了，连忙让毛老师回家。"不，今天我一定要把你送回家。""这是为什么？""因为下周是你的大喜日子呀！所以今天我一定要把你护送到家。"

尽管我再三劝阻，但毛老师还是坚持已见。就这样，亦师亦母的毛老师一路护送我回到家。妈妈看到眼前的情境，惊呆了。当她回过神来时，连忙拉着毛老师的手，说："毛老师，快进屋喝杯茶，歇一会儿吧。"

毛老师笑着说："小王妈妈，您的女儿真不容易，快要结婚了，今晚还赶到我家来备课。这么好的孩子，我怕她一个人回家不安全，现在完璧归赵，把她交到您的手中，我也就放心了。”

妈妈感动地说：“谢谢，谢谢，可是您一个人回去，我们会更不放心的，让我送您回家吧！”我也吵着要和妈妈一起送毛老师。在我们一番诚意和一再要求下，毛老师才同意送她上车。

雨总算停了。我和妈妈一左一右地挽着毛老师的手向车站走去。晚风吹拂着毛老师稀疏花白的头发，这难忘的一幕，在我心中留下了永恒的记忆。耳边还常常回荡着毛老师的女儿白桦姐姐对我说的那句话：“小王，从小到大，妈妈给我们的时间太少，太少，而给你们的时间却太多，太多。真让我们感到羡慕。”

◎◎毛蓓蕾老师谆谆教导学生

是啊，毛老师就是这样，把一片真心掏给事业，掏给学生，掏给青年教师。她的奉献虽不见轰轰烈烈的壮举，却在平凡中闪出崇高的师德之光，照亮一片清纯的天地。

师恩难忘

至今，我还清晰地记得30年前那一个深秋的早上，晨风轻梳着我的黑发，阳光舔着我那微红的脸庞，我深深吸了口校园特有的芳香，等待着那召唤我第一次走向“公开亮相舞台”的铃声。

走进观摩大厅，我发现一双双陌生的眼睛正打量着自己这个教坛新手，似乎隐约听到这样的议论：“这么年轻，还像个学生。”不一会儿，一个个学生从我身边鱼贯而入，瞪大了眼睛似乎在说：“这么大的教室，这么多的

◎◎毛蓓蕾老师与作者

老师。”我看了看手表，快了，铃声马上响了。突然，我感到自己的心比平时跳得厉害，血仿佛往上涌，额头、鬓梢渗出细密的汗珠。怎么了？备好的课却像雨过天晴的云，飞了。

在观摩人群中，我终于找到了导师毛蓓蕾那慈祥微笑的脸庞，看到了导师那充满期待和希望的眼神，有迷途的孩子在茫茫人群中找到妈妈的感觉。还看到了导师用手指指前胸，又摆摆手让我不要紧张的暗示，那信赖的目光，连连发出“一定成功”的轻唤。我的心渐渐平静了，微笑渐渐自然了。

教案在手，学生在心。由毛老师指点的颇具创意的教学设计，使学生潜在的创造性突出表现出来了，一下子吸引了听课者一双双惊喜的眼睛，唤来了轻轻的啧啧声，我望了望导师，那亲切的目光，传递着由衷的肯定和赞赏……

为了帮助我上好这堂课，体验成功的快乐，毛老师不仅手把手指导我备课，还特地给我讲了教育家肖楚女初当教员时，每天天刚蒙蒙亮就起床，跑到校园后面的小山上，在树杈上挂了一面镜子，对着镜子讲课，锤炼语言、教态的故事。启发我对着镜子反复试讲，做到胸有成竹。最令我感动的是她还亲自坐在教室的课桌椅上，让我把她当“学生”进行现场试教。此情此景，历历在目。难忘师恩，师恩难忘啊！

◎◎毛蓓蕾老师与学生在一起

生命绝笔

2000年夏天，毛老师患肺癌的消息传来，我心里难过极了。手术那天，我和毛老师的家人一起，焦急地等候在门外。1小时，2小时，3小时……手术室的门终于打开了。毛老师又被推进了重病监护区。

出院后，她又一次次进行了化疗……癌细胞正在无情地吞噬着她的生命，但她却没有掉一滴泪，每当我去探望时，总看见她不是在翻阅厚厚的教育理论书籍，就是在整理书稿。她说："疾病损伤了我的身体，我能为孩子们尽力的时间越来越短了。”她身患癌症，却加倍地付出，只知道等待她去做的事情还有许多许多。

一天，毛老师兴奋地赠予我一本刚出版的《毛蓓蕾少先队教育文集》，沉沉的，有35万字呢！接着，她又兴奋地告诉我，她正在酝酿写另一本书《心之育》，书名是受到虹口区教育局领导王立强局长的启发而定的。上海教育出版社的领导和编辑去探望她时，也热情地鼓励和支持她写这本书。说到这里，我忽然发现，毛老师想写一本书时，充满希望的眼睛比健康的人还要明亮。

一天，我又到毛老师家去探望，发现病痛一直折磨着毛老师。她一会儿呕吐，一会儿服止痛药。服完药，又艰难地握着笔，颤颤抖抖地写几个字。我禁不住流下了眼泪，轻轻地拿过笔，说：“毛老师，您说，我来写吧！”因为我知道，完成《心之育》正是毛老师有生之年的最大心愿。她告诉我，这是她为孩子们，为青年教师能做的最后一件事了。忽然，她喘着气，拉着我的手，说：“小王，我担心我的时间不够用了。”我安慰着她，说：“不会的，毛老师，如果需要我做什么，我会立刻来到您的身边。”毛老师实在写不动了，说不动了，才闭上眼睛躺下休息一会儿。

我看着毛老师的书稿，尽管字是大大小小的，歪歪扭扭的，但我深深地感到这是一本生命绝笔，字字句句都凝聚着毛老师对学生的爱，对青年教师的情，这是一本用生命铸成的育人诗篇。

毛老师在完成这本书的过程中，可怕的癌细胞已经转移，在这种情况下，她毅然决心坚持下去，一定要将自己的教育经验和教训留给后人。多少次，我目睹着疾病对她的折磨，看着她从吃止痛药亲自一笔一画写，到最后，癌细胞侵犯了她的全身骨骼，导致右锁骨断裂，毛老师无法握笔，只能躺在床上用录音口述，再由家人代笔记录。

人生旅程即终，更激起她对自己毕生所从事的事业、自己十分热爱的孩子们和青年教师的深切眷恋。即使在生命的最后一刻，她也要捧出一轮灿烂辉煌的朝阳。

本文作者王莉韵拜毛蓓蕾为师，2009年被评为特级教师，前不久参加全国德育工作会议，受到习近平主席接见。她是目前虹口区小学唯一的正高级教师。

小贴士　毛蓓蕾（1926—2004.2）女，江苏吴县人，小学教师，全国著名特级教师。13岁开始从教，解放后长期任教于虹口区第三中心小学。毛蓓蕾老师在教学中倡导“以心育人”，是教师的典范。她是上海市第七届和第八届人大代表，先后获上海市“三八”红旗手、市模范班主任、全国“三八”红旗手、全国优秀班主任、全国教育系统劳动模范等称号。

四川北路尾耀文星

——我的母校上海市复兴中学

苏秉公

1962年我考入上海市复兴中学，开始了六年的中学生涯。

踏入复兴校园，新老两幢教学楼、小白楼（图书馆），前后两个操场、各种实验室、钳工车间、车工车间、生物园等一一展现在眼前，令我兴奋不已。特别是那幢始建于1913年的法国文艺复兴风格的老教学楼，主立面横五段纵三段构图设计，横向中央和两端凸出部位顶部三个升出檐口的半圆形山面，加上强化的水平装饰线条和窗洞的古典窗饰设计令其宏伟典雅，给人严整朴实的视觉感受。那三个半圆形山面俨然成了复兴的标志，以至于20世纪末老校友郑时龄院士在设计复兴高级中学新校舍时也植入了这个元素。

最早使用这幢教学楼的是公共租界工部局创办的西童公学男校，也招收部分华童。该校注重英语及英国文学教学；开设英国史、中国史和欧洲史；自然科学课程设置相当宽泛，包括算术、几何、代数、三角、微积分、物理和化学等，还十分重视校外的实践活动，在当时属于教学质量较好的学校。抗日战争期间，学校沦为英美侨

◎◎1904年的西童男校

◎◎20世纪60年代的复兴中学

民的集中营。1946年重新建校后定名"上海市复兴中学"，体现兴我中华之意。次年，教师和学生中均建立了中共地下党组织。由于师资力量的强大，很快便蜚声遐迩。解放后，学校迅速复课，学生积极报名参加抗美援朝。政府对复兴中学也关怀有加，1954年其被确定为上海市属重点中学。

1958年教育"大跃进"的风潮在全国掀起了一阵教育浮夸风，严重违背了教育规律，贬低了科学知识的社会价值，致使教育质量下降，教育

◎◎适当参加劳动实践，学生在学校学习车工技术

◎◎我的同班同学在做化学实验

发展难以持续。这些做法受到一些有良知的知识分子的抵制。之后，随着国民经济的调整，国家对教育也开始进行调整、整顿，其中提高教学质量成为一个重要议题。

复兴中学一贯重视教育质量的提高，注重教学实践经验的总结，善于摸索教学规律。在1959年恢复正常教学秩序过程中，受到时任上海市委教育卫生部部长兼复旦大学党委书记杨西光的重视，并派人到复兴中学调查研究、总结经验。1960年夏季上海市委教育卫生部下达了教学改革试点任务，明确复兴中学为全面进行既

◎◎姚晶校长（中）与老师们探讨教育改革新问题

缩短年限又提高程度的教学改革试验中学，学制改为五年一贯制，党政关系由虹口区全面划归复旦大学管理，业务由市教育局直接领导，以提高教学改革的质量，探索实现中学与高等学校教育衔接的途径。

我们是复兴中学实施教育改革试点以后招收的第二届学生。在新生入学的校会上，姚晶校长介绍了教学改革试点情况以后说：既然是试点，就有成功和失败两种可能，如果哪位同学担心失败，可以即刻转学。这看似给学生选择的机会，更是对同学们的激励，也表达了校方的决心。

复兴中学拥有一支得到复旦大学指导，年龄结构合理，教学水准较高的优秀教师队伍，他们无论在学识上还是在为人方面，都是学生们的楷模。在研究中学数学教学如何与大学衔接时，复旦大学派了好几位教师来校听课、调查研究、组织讨论。时任复旦大学副校长的苏步青教授也直接参加了相关教材的编写工作，复兴中学数学教师水平因此得到迅速提高，数学课既严谨又活泼，大量习题在轻松愉悦的讨论中完成。我当年使用过的一本学校自编高等数学讲义，珍藏了几十年后捐给了学校校史陈列馆。

在这样一个注重教学质量的时期就读于复兴中学是幸运的。我们受到了新中国成立以来最好的中学教育。五年制的前三年完成了原初、高中的全部课程。进入中四年级便开始学习大学的化学、高等数学、高等物理。学校提出“多学一点，学好一点”的口号，要求学生做到“透彻理解，牢固掌握，举一反三，熟练运用”，师生协同、积极向上，教学改革取得了显著的成

◎◎带有老复兴教学楼标志性元素的复兴高级中学新校舍

效。学校还安排一名说北方话的老师开设语音课，纠正学生普通话发音中的错误，可见教育规划之细致。

除了传授文化知识以外，复兴更加重视学生德、智、体的全面发展。那时开展的“学雷锋”活动，暑假期间的军事夏令营，农忙季节的下乡劳动，每周去附近工厂劳动，还安排学习钳工、车工，周末的文娱活动和排球运动等，都给我们留下了深刻的印象，对我们世界观的形成起了相当的作用。

复兴中学是四川北路底的荣耀。这一带流行一句话：“进入复兴，等于一只脚踏进了复旦。”只可惜1966年“文化大革命”开始，那些与我们朝夕相处的老师成了“牛鬼蛇神”“反动权威”，老校长成了“走资派”。我们这些摩拳擦掌准备进入高校深造的学子，大学梦碎，投入了上山下乡的滚滚洪流。

1979年，我从东北回到上海。作为学校校友会的理事，我始终关注着复兴中学的发展。祝愿我的母校发扬优良传统，不断创新，为国家培养更多的有用人才。

痴迷教育的姚晶校长

苏秉公

一所好学校必有一名好校长。20世纪60年代上半叶，上海有几位人所皆知的名校长，如育才中学的段力佩校长、复旦附中的姜拱绅校长等。四川北路底复兴中学的姚晶校长也名列其中，他为人正直、执着，事业心极强，长期在教育事业上奉献了自己全部的心力。

◎◎凝聚姚校长毕生精力的上海市复兴中学

姚晶校长1945年于之江大学毕业后即参与筹办华东模范中学，开始了他的教学生涯。他1946年加入中国共产党，1948年转到复兴中学担任高中数学教师并从事党的地下工作。上海解放后，他继续致力于数学教学，还先后担任教导主任、副校长、党支部书记。

1960年他出任复兴中学校长之职，开始实施教学改革。他在长期从教的实践中逐渐形成了自己的教育思想，强调培养学生良好的学习习惯，扎实灵活的知识构成，强烈的爱国主义精神和事业心，提倡勇于探索、敢

◎◎和青年教师在一起的姚晶老师

于尝试、会做实事的学习态度。1980年他当选虹口区人大常委会副主任，之后被市政府任命为首批特级教师，还被列为联合国教科文组织亚太区的教育专家。1986年9月转任复兴中学名誉校长直至今天。姚晶校长献身教育事业几十年，他对教育的热爱达到了痴迷的程度。

我在复兴就读时有幸直接聆听过姚校长立体几何、三角函数等数学课程，他充满激情的讲课，各种教具的展示，引导课堂讨论，鼓励不同答案的出现，将学习的主动权完全交给了学生，使我们获益匪浅。20世纪70年代初，我们复兴的几位知青校友在黑龙江二九〇农场的一个生产队，参与创办了一所含有中小学教育的学校，以满足周边几个生产队孩子们的就学需求。我担任校长，姚校长的教学理念和方法激励着我们，虽然那时常常要批判“修正主义教育路线”，但是我们形成一种共识：办一所“北大荒的小复兴”。后来这些孩子有的成为农场的骨干，有的考上大学，不少活跃在祖国各地不同的岗位上，每当他们表达对我们这些老师的感谢之情的时候，我真想带他们去看看我们的老校长姚晶老师。

姚校长惜才如命。记得1965年我们初中毕业，受当时社会上片面理解“教育与生产劳动相结合”思潮的影响，一些同学提出不考高中、不考大学去农村的意愿。我作为学生干部是继续上学还是带头下乡，也很是为难。姚校长得知这些情况非常着急，他在学校的会议上坚决加以制止，激动地问道：难道国家想挑选一下人才的机会你们都不给吗？于是，大多数同学接受“一颗红心，两手准备”的口号，积极参加了升学考试。当然，“文革”中大学梦碎那是后话。要知道，在那时的环境下，姚校长这样做是要担着被打为右派的风险。还有一件事，那是在20世纪80年代上半叶，我在虹口区人事局工作。姚校长积极支持虹口区委将一位复兴中学校友从东北调回上海接任他的职位。这位校友才气横溢，曾经满腔热血地投身抗美援朝，还为国家建设做出过许多贡献，可是1958年被打为右派，受尽了磨难。有一天，姚校长来到我的办公室对我说，新校长历经坎坷，收入太低，要求给他加一级工资。我向他解释了当时的工资政策是不可以随意晋级的。没想到姚校长竟拍着桌子对我大声嚷道：我减一级，给他加一级不行吗！我当时震惊了，这就是我们刚直不阿、敢说敢为、惜才如命的老校长！我无言以对，只有打心底里对他表示深深的敬意。

◎◎作者与姚校长的合影

2003年姚校长得知我调往卢湾区委并分管教育工作后经常给我打电话，有时清晨六点来钟也会被他的电话叫醒。他在电话中会详细谈及他研究中央文件的体会和自己对教育改革的思考，我印象最深的有关于教育衔接、培养学生创造精神、加强师资队伍建设等方面。他在应邀考察卢湾一所示范性高中后，对该校开展创造性教育给予了充分肯定，使我有了底气在全区校长会上大力提倡这样的教学理念。这是姚校长对我工作的支持，也是对卢湾教育事业的无私奉献。

他在任复兴校长初期曾在报纸上发表过一篇《我永远是一名教师》的短文，表达了对教育事业的热爱和忠诚，即使“文革”中被隔离审查，他还是利用被“批斗”的间歇琢磨着数学教学问题。姚晶校长是我心中永远敬重的恩师，是他奠定了复兴中学治学方略和良好学风的基础。他是一代忠诚于党的教育事业的人民教师的出色代表，是四川北路底荟萃文化底蕴孕育的一名出色教育家。

姚晶校长今年已九十七岁高龄了，思路依然清晰。每次去看望他，“当前教育存在的问题和改革趋势”总是谈不完的话题。衷心祝愿老校长健康长寿！

我与三中心小学的情缘

何靖华

在我毕生从事的教育工作中，与虹口区第三中心小学有着特殊的情缘。我于1955年毕业于原上海第一师范学校，即被分配到三中心小学当教师，尽管以后调入虹口区教师进修学院、教育局工作，但在从事教育事业的五十多年中，始终和该校有密切关联，往事历历在目。

虹口区第三中心小学，坐落在山阴路103号。原为日侨第一女子高等学校，始建于1920年前后。抗战胜利后建立施高塔路（今山阴路）小学，后称十七区中心国民学校。解放后，冯其舜（原邑庙区中共地下党区委书记）为首任校长。1953年更名北四川路区中心小学，1956年改现名。1959年，学校被定为上海市重点小学。1960年开始实行“小学五年制”改革试验。

那时，金淳任校长。办学注重德智体美劳“五育并举”。语文课进行“文道结合”、加强“双基”（基础知识、基本训练）教学研究。王文衡副校长总结的《提高小学阅读教学质量的体会》，在《上海教育》发表。朱云窠的《10以内数的概念教学》经验，入选上海市《小学教学经验汇编》。曾获市“三八”红旗手、全国先进儿童工作者称号。徐佩玖的数学课实行“分组教学”，重视讲练结合、因材施教，取得显著效果。后来她被评为首批特级教师。学校设有田径、足球、合唱、民乐、船模、科技等兴趣小组，学生的课余活动丰富多彩。合唱队演唱的《劳动最光荣》，被电台灌制唱片发行。船模组参加全国、全市比赛屡屡获奖。校队参加区小学生运动会，曾获得男、女团体冠军。

在社会主义建设火红的年代，教学上掀起“写万首诗万篇文”热潮。我带领六年级学生到工厂、农村劳动，到黄浦江畔看日出、观夜景，结合学生所见所闻指导写作。全班学生一个月左右写诗歌、作文千余篇，共13.5万字。我选出105篇“佳作”（其中《上海》4500字）刻印成册，取名《春苗》作为毕业留念。

1975年，我当语文教研员时，以三中心为基地组建区语文中心教研组，进行“汉语拼音基本式”教学试验，研究教法，指导学生用拼音识字、造句、写日记（没学过的字用拼音替代），效果良好。第二年市教育局派我出席国家文改会举行的研讨会，我汇报了拼音基本式教学试验的情况与收获，得到好评。三中心小学在全区小学教育教学研究与实践中，起着引领和示范作用。

在党的十一届三中全会思想指引下，学校发展进入新阶段。校舍经改扩建后焕然一新，并增设吉祥校区为分部。教学楼上方有着复旦大学苏步青校长题字“求真、求实、求新”，彰显学校之校风。能容纳40个班，1500名学生。现代化教学设备一应俱全。

三中心小学少先队部号召队员“自己的活动自己搞，自己的事情自己做，自己的伙伴自己帮，自己的进步自己争”，形成“四自”特色，经验汇编《小学生的自我教育》得到共青团中央高度评价。学校获市少先队工作先进集体称号，总辅导员沈功玲被评为全国优秀少先队辅导员。由毛蓓蕾率先开设“思想品德课”，拉开“走德育科学化之路”十年探索的序幕，取得丰硕成果，《光明日报》《人民教育》纷纷报道。顾家漳担任语文新教材《小公鸡和小鸭子》全市性公开教学，教案及“评点”在《上海教育》刊载，全国小学语文编写组组长袁微子先生撰文，肯定这则“教案”以及我对这堂课的“评点”。

1992年出版的《中国名校·小学卷》中，虹口区三中心小学被列入上海市九所名校之一。2000年，由夏懋祥校长主持，在上海大剧院举行三中心小学80周年校庆活动。汇编《姹紫嫣红——八十周年校庆文集》，时任教育部副总督学郭振有题字“示素质教育之范”、作家余秋雨题字“春风桃李八十载”致贺。

新世纪伊始，学校实行“依法治校、依法办学”。提出“传承大爱精神，构建多元课程，打造幸福课堂，培养健康学生，办新健康教育学校”的办学理念，深化课程改革。2004年被定为市素质教育实验校，2005年被评为市文明单位。2008年率先实行学生“推迟半小时上学”试点，构建“天天有活动，周周有演赛，月月都有节”的拓展课程。将“精武武术”引进校园，在增强学生体质的同时进行民族传统文化和实践社会主义核心价值观教育。2007年至2013年间，学校按市教委要求先后托管崇明县竖新、向化小学。我受聘为“顾问”，协助开展教育教学研究。盛裴校长曾两次在市教育工作会议上进行经验交流，2009年被评为特级校长。

数十年来，学校弘扬老一辈教师的敬业精神，谱写大爱之歌。先后举行毛蓓蕾荣获“宋庆龄樟树奖”座谈会、追思会暨《心之育》首发式。时任上海市委副书记的殷一璀，在《心之育》“序言”里写道：“这是用生命铸成的育人诗篇，是一笔宝贵的财富。”在庆祝顾家漳“从教四十周年”大会上，我以《严实活乐、以实见长》为题介绍她的语文教学艺术和风格，并在《小学语文教师》发表。2011年学校为王文衡出版回忆录《骎骎岁月》，我受盛校长委托，写下《永恒的纪念》为序，勉励后人“承前启后、继往开来”。

三中心小学，是上海市、虹口区对外交流的窗口。1981年全国人大副委员长习仲勋陪同瑞典国王、王后来校参观。1988年日本东山田小学师生来访，中日28名儿童在走廊上绘制35米长的彩色壁画。市、区教育局领导参加活动，并和中日两国师生一起摄影留念。2010年，学校舞蹈团赴美国参加“世博”花车巡游载誉归来，被称为“世博小精灵”。

虹口区第三中心小学一代又一代教师的辛勤耕耘、默默奉献，培育了数以万计的学子成为国家有用之才。2018年春天，留下《春苗》的那班学生从海内外归来欢聚一堂，送上《春风化雨——六十年的回忆》一书，作为百年校庆的献礼，感恩母校，感恩老师；与她有着深深情缘的我，由衷地祝愿：在这片教育改革的沃土、师生成长的摇篮中，她以新的风采为教育史册谱写新的辉煌。

虹口的朝鲜人学校

何靖华

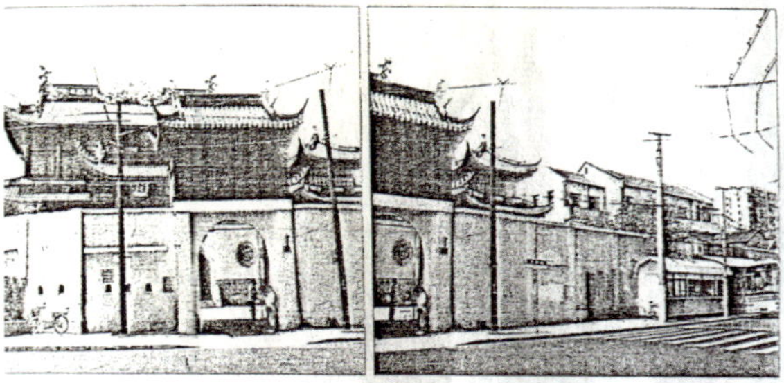

◎◎朝鲜人学校原昆明路校舍

◎◎朝鲜人学校原虬江支路校舍

人们对于虹口的众多学校耳熟能详，但如果被问及可知道曾经有朝鲜人主办的学校在虹口，可能就鲜为人知了。因为，这似乎是一个已经渐逝的遥远的话题了，我多年在虹口区教育领域工作，就来为读者回顾一下当年朝鲜人学校在虹口的概况。

中日甲午战争以后，朝鲜沦为日本的殖民地，流亡到上海的朝鲜侨民渐渐增多。1916年，朝鲜人在上海创办仁成学校，专收在沪朝侨子弟入学。设置国语（朝语）、国书（朝文书写）、算术、地理、汉文、英语等课程，聘请朝鲜籍和中国籍教师任教。校址初设于今虹口区昆明路上的载福里弄堂内，不久迁往提篮桥的排原里，后又迁入北四川路明强中学（怀恩堂）内。首任校长吕运亨，开办时学生仅有五名，陆续增至数十名之多。

学校于1919年迁往法租界霞飞路（今淮海东路）长安里，1920年迁往白尔路（今顺昌路）厚德里，1926年又迁至马浪路（今马当路）协诚里等处办学。

1919年4月“大韩民国临时政府”在上海成立之后，对仁成学校十分重视，多次委派要员担任校长。1935年11月，在日本驻上海领事署的强烈干预下，学校被迫停办。

抗战胜利后，仁成学校于1946年初又迁入虹口（当时为十六区）境内，在虬江支路208号正式复校。办学规模逐渐扩大，并增设幼儿班和初中部，学生数量最多的时候达百余名。1949年，初中部首届学生毕业。

新中国成立后，随着朝鲜侨民陆续回国，生源逐渐减少。初中部、幼儿班相继停办，学校成了一所完全小学，学制、课程均与中国的小学相同，另设一门朝文课作为主课进行教学。学校更名为“上海朝鲜人民仁成学校”，后来称“上海朝鲜人学校”。

1979年初，最后一任朝鲜籍副校长陈春浩离沪回国。这时，学校仅剩七名学生和三位教师。同年秋季，并入附近的中州路第一小学。原址改建为中州路一小附属幼儿园。

◎◎学生毕业照

回顾朝鲜人学校在上海五十多年办学的历史，历任校长中鲜于赫、吕运亨、吕运弘、安昌浩、孙贞道、赵尚燮、李裕弼、金科奉等人，都是朝鲜民族独立运动的先驱者，在原大韩民国临时政府中担任过要职。他们具有深厚的爱国情怀，致力于教育事业，在艰难的岁月中“募集基金”兴办学校，使得大批在沪朝侨子弟都受到了良好的教育。据1934年12月7日朝鲜报纸刊载：仁成学校是“上海同胞唯一的教育机关”，在“异域风霜艰步廿年”，被誉为“模范小学校”。

朝鲜人学校十分重视开展学生的社会实践活动。早在1920年，组织学生剧团奔赴南京金陵大学礼堂演出。上海解放后，虹口区在北四川路（今四川北路）横浜桥附近建造第二工人俱乐部时，全校师生参加义务劳动。20世纪60年代，曾多次与虹口区三中心小学、闸北区三中心小学、中华路第三小学等校师生举行联谊活动。当年笔者在虹口区三中心小学任教，对中朝两国学生在操场上载歌载舞、表演节目时的热烈场景和友好气氛，记忆犹新。

朝鲜人学校自开办之日起，一直得到中国人民的大力支持。1920年11月，中、朝教育界人士在大东酒楼共商两国教育大计，著名民主人士、教育家黄炎培代表中国教育界在会上做演讲，祝朝鲜人民早日取得民族解放，支持大韩民国临时政府在上海办好仁成学校。新中国成立后，仁成学校办学经费不足，上海市和虹口区教育行政部门均及时予以补助，并选派优秀师范生去任教。该校初中部停办后，其小学毕业生可考入虹口区公立初中就读，规定可适当降低录取分数以照顾入学。幼儿班停办后，朝籍适龄儿童可直接就近进入虹口区公立幼儿园接受学前教育。1963年起，区教育局先后委派倪士仁、张光其、李林富等去该校担任校长，帮助提高学校管理水平。这一切，都充分体现了中朝人民深厚的情谊。

注：此文根据《虹口教育史话》中李震生《虹口的朝鲜人学校》一文，以及原朝鲜人学校刘真顺（朝鲜籍）、梁玲珍老师口述和提供的校史文本，并查阅相关资料加以整理。

上海戏剧学院与洪湖中学

蔡小鸥

◎◎洪湖中学旧貌

将这两所学校放在一起相提并论，有牵强嫌疑，前为艺术类名校，后则为普通中学，即笔者曾经就读之校。这看似风马牛不相及的两所学校，却是出于同一个母体——四川北路1838号的教学大楼。戏剧界的老前辈形容这栋教学大楼是“上戏播撒火种的地方”，并编有《横浜桥》一刊。

这所上海解放前名为“启智”的教学大楼于1916年落成。大楼没有贴着街面建造，而是在进深了十来米后与街面垂直而立，坐北朝南。据说这是挪威建筑设计师摩拉（E · J · Mura）的设计特点。学校占地面积9452平方米，建筑面积7183平方米，大楼分四层，钢筋水泥结构。大楼南面中间为正门，楼梯为错层结构，每隔半层有分合：楼梯由底楼分开的两侧开始上到半层楼，分别是男女厕所，回个身合在一起再上半层楼就是二楼的教室层，再由两侧分开的楼梯上到二楼半，又是男女厕所……以此类推到四楼。大楼另有东西两个侧门及楼梯。教学大楼为典型的早期现代派建筑风格。

学校大楼十余次更名

1917年，大楼作为日本人的教育机构，最早是一所日侨子弟小学，由1888年武昌路上东本愿寺上海别院内的原校址迁入而来。曾用名上海日本寻

◎◎洪湖中学20世纪80年代毕业照

常高等小学校，后改名为上海北部日本小学校、上海第一日本国民学校。1945年日本战败后，国民党当局接管，大楼小部分改建为建国小学，大部分作为上海市立博物馆。

1945年，中国文艺评论家、著名戏剧家李健吾为培养戏剧人才，与黄左临、顾仲彝策划，在上海市教育局局长顾毓琇的支持下，于12月1日创立了上海戏剧专科学校，12月19日正式开学上课，首任校长为顾仲彝，后任为熊佛西。不久，改名为上海市立实验戏剧学校，聘请田汉、曹禺、赵丹、欧阳予倩等一批社会名家执教。开设了西洋戏剧史、素描、身体训练等课程，之后又开设了培养舞台美术人才的中国首创专业学科。

戏剧学校的师生追求光明、敬仰真理，曾创作演出活报剧《不自由出版社》来鞭挞当局的暴行。《天下为此公》针砭时弊、讽刺国民党腐朽政权。

1949年上海解放后，学校改名

为上海市立戏剧专科学校；1952年改制为中央戏剧学院华东分院；1955年8月改名为上海戏剧学院，搬迁至华山路630号后，大楼先后入驻了上海市第一速成师范学校、上海市四川北路第一小学、上海市新力中学。1964年9月，洪湖中学成立。

20世纪70年代的学校

我进洪湖中学就读不久，“文革”结束。记得1976年9月9日的下午，大家准备放学回家，突被老师告知“留下听重要广播”时，同学面面相觑、小心揣测：又是谁去世了？周总理刚已走，朱德也刚走，不会是毛（泽东）？……之后的几天夜晚，有同学自发组织在教室里做花圈、写挽联寄托对毛泽东主席的哀思。

那一年的9月，我们站立在校园里“送了”毛主席一程；10月，游行在四川北路声讨过“四人帮”的罪行。

学校的南面是永安电影院。在剧场休息较长的午间，会有《蓝色多瑙河》《杜鹃圆舞曲》《青春圆舞曲》等世界经典名曲和《拉兹之歌》《丽达之歌》等影视歌曲，定时从操场的那头传播过来。跟着一起哼唱，已成了同学们每天的等待，尽管被老师严喝“闭嘴”，当拉兹唱到“阿巴拉古”时，大家还是会不约而同地闭着嘴挤出“喔——喔——喔”的和声。唱罢开心地一起大笑。

1979年，学校大门南侧，有一排用于堆放教学杂物、校办工厂、唱歌课教室等的平房进行改建，开挖地下层。体育老师私消几节课程让我们去搬砖头。可怜的小手，在没有任何劳防用品的保护下，赤裸裸地被黑砖磨粗了。80年代中期，地下室已成了招待所、健身房、舞厅等用地。正门在

◎◎洪湖中学 楼中央错层楼梯

四川北路上。

1985年5月改名为上海市虹口区教育学院实验中学。

戏剧精神重焕光彩

戏剧教育家、剧作家熊佛西认为，民众教育的最好方式是戏剧。戏剧学院搬走了，留下的戏剧精神却在20世纪末发扬光大。1992年，虹口区教育学院实验中学开启了京剧艺术教育；为缅怀、铭记现代中国进步戏剧的启蒙地，1996年5月，对大礼堂进行了整修，1997年12月，改称为“蒙艺堂”。

2018年初夏的一个下午，我故地重游。学校正门沿街的南北两侧简易房早已变成六层高的电梯房，似两块高高的屏障隔阻外界的喧嚣。北侧做了学校图书馆，南侧是各类商铺。地下室的门道已移到了隔壁弄堂，成为“虹口消防体验馆”。我下楼走在一条条弄堂似的排列有序的地下室，琢磨着，哪几块砖头是我搬过的呢?

教学大楼经过修饰已面貌一新，“上海戏剧专科旧址”铜牌挂在门墙上。四楼的蒙艺堂安装了两百多座紫红色的剧院椅子，墙上挂有李健吾、熊佛西、曹禺等名家的肖像。灯光四射的舞台上，曾留下为抗议国民党当局前来义演的梅兰芳先生、周璇、赵丹和秦怡、黄宗英等艺术家的身影。

2004年1月13日，大楼被虹口区人民政府确定为文物保护单位；2007

◎◎洪湖中学大楼新貌

年，被国家教育部、上海市教委评定为“京剧进校园”试点学校；2012年，上海市戏剧家协会在此建立全市首个“上海青少年戏剧普及示范点”。

曾经的学子，无论是老“戏剧”还是老“洪湖”，都会前来缅怀、瞻仰一下。就算学校早已更名，“洪湖人”仍会只呼“洪湖中学”，犹如“戏剧人”只呼“老校区”一般，直呼到天荒地老。

培养出“敦煌女儿”樊锦诗的新沪中学

陈茂生

敦煌研究院名誉院长樊锦诗荣获国家“改革先锋”称号，这位“敦煌的女儿”的高中母校——新沪中学，再次从人们记忆深处走了出来。

站在嘉兴路桥向北远眺，能清晰地看到由一片高楼组成的天际线，从北外滩延绵到四川北路。而天际线中点是一幢呈“L”形的高楼。尽管

◎◎在敦煌实习时的樊锦诗

与周围鳞次栉比的大厦相比，高度并不“出挑”，但看上去好似一本翻开的厚书，由于造型独特，这幢冠以“融创”的大楼常常成为众人目光的焦点。但若听周围一些老人闲聊：“现在‘融创企业中心’嘎闹猛，老早的新沪中学连影子也没了，蛮可惜的……”口吻中满是“从来只有新人笑……”的浓浓惆怅。实际上一同消失的还有四平支路、大明铁工厂、消防器材厂及连片的简陋民居和其中生活数十年的人们。

说起新沪中学，最令人眼睛一亮的，当然莫过于曾在此度过青年时光的樊锦诗。1959年夏季，这位个子不高的上海姑娘从这里高中毕业考入北京大学考古系，踏上长达50多年的守护敦煌文化之路，也因此被誉为“敦

◎◎“敦煌的女儿”樊锦诗

煌的女儿”。倘若校舍依旧，师生满堂，让这位质朴、随和的学者，在学弟学妹们的鼓乐齐鸣中重回母校，做一场声情并茂的演讲，对学校、对虹口教育会是怎样的一番激励？从这里走出了很多佼佼者，更多的新沪学子足迹遍布国内外。

如果就此说在20世纪50年代，在中学教育领域新沪中学如何声名显赫、成绩出众，可能会有穿凿牵强之嫌，但那时师资队伍的确是会聚各方高手，实力不可小觑。如艺术翻译领域著作丰厚的翘楚、丰子恺先生的大女儿丰陈宝；前故宫博物院南京分院院长励乃骥；泰戈尔的中国弟子——英迪拉·甘地的同学、被称为“中印民间大使”的魏凤江……都在这里的三尺讲台上留下印迹。

1977年国家恢复高考的决定使《数理化自学丛书》风行于世，尽管一版再版仍然洛阳纸贵、一书难求；甚至连海外媒体也多次报道其畅销盛况，称这套丛书是“一代青年的‘高考圣经’”。这套文字言简意赅，例题、难题解释详尽，特别适合自学者速成的丛书编委，都是各基础学科教育的教授和专家，其中有六七位都曾有在此任教的经历。借用当下流行话语打广告，就是“各科名师云集、书中‘一对一’的面授”。

新沪中学的消失之所以让人惋惜，不仅在于校舍建筑极有时代特点，更在于其中缕缕缝隙中镶嵌着令人唏嘘的历史渊源。

当年的新沪中学，校舍有两部分。位于溧阳路1177号的校本部占地三十五亩，另在宝安路有面积十四亩的操场，两处相距一百多米。在校本部中有大大小小建筑二十余幢，让人记忆深刻的是有汽车行驶坡道的三层主教学楼中大楼与南大楼，这是七八十年前人们能看到的最气派的中学校舍。20世纪70年代，为应对汹涌而来的初中入学人数，各学校纷纷“扩招”后，发现教室数量不够，便采用“双班制”教学来接纳更多学生。即一半班级的学生上“上午班”，另一半班级的同学上“下午班”。以“教室数量多”闻名遐迩的新沪中学，一时竟有108个教学班之多，也就有人戏言：这里是“亚洲第一大中学”。几十年后拆除中大楼、南大楼的一楼地下通风夹层时，发现大量优质美国红松，经历40余年后依然完好如初，没

◎◎原先的操场如今已是另一所学校所有

有丝毫变形，才知道那些看似其貌不扬的建筑，历经半个多世纪风雨没有开裂、倾斜的主要原因。而在其后的学校大礼堂“民主棚”，在激情燃烧的年代里经常举行各种会议。其实就是个用砖墙、竹木顶搭建的大型棚屋，早已风雨飘摇了。

“教学楼下面有神秘的地下室和地道”的神秘传闻，是那时在学生和周围居民中口口相传的。在被称作北大楼和北小楼间，有个不起眼的黝黑小屋，厚重的铁门终年紧锁，从未有师生进去过。有老员工回忆，里面是二战期间日军修建的隐蔽地道入口，地道宽有四米长约三公里，可容两辆双斗摩托车交错行驶，通到位于四川北路、黄渡路的原“日本特种海军陆战队司令部”，但未见有公开报道证实。学校操场两端各有一个大型钢筋水泥地堡，似乎弥散着硝烟气息的战场遗留物，到了和平时期便是孩童的“童趣乐园”。其中一个终年封闭的，成为大家攀上爬下的“假山”，还能玩玩“官兵抓强盗”的游戏；另一个由于没了顶部所以地堡底部积水盈尺，周围的孩童常去那里捞蝌蚪、捉蚱蜢、捕知了和蟋蟀。

在一所学校里有这些神秘建筑，在上海可能也独此一家。其中奥秘缘于此处在20世纪30年代，这片被周围居民称为“东洋花园”的建筑群，是侵华日军的一处神秘机构。抗战胜利后作为“敌产”被国民政府接受，并创建“私立京沪中学”。解放后这里成为溧阳路1177号，在并入几所普通中学后成为新沪中学。尽管当年在师资、学生质量、教学设备诸方面名噪一时，经不住几度迁址，费尽周折，最终还是黯然消失。

当新的历史经络在豪华的高层建筑中不断延伸，依附于老屋的那些人和事却不会消失，一如古话所说：草蛇灰线，伏脉千里。注此写彼，手挥目送。虽然新沪中学已成为一段被湮没的历史，但相关记忆还在默默延续。2019年9月，樊锦诗被授予“文物保护杰出贡献者”国家荣誉称号。

中共早期党员张琼的大爱

张林凤

初夏，细雨霏霏中，我步入千爱里，弄堂里那一片被雨水滋润过的花草，畅意地释放沁人心脾的芳香。已是傍晚时分，弄堂里有了喧嚣，放学的孩子，在老人呵护下，雀跃欢跳在弄内；下班回家的居民，携带晚餐的食材，打开家门进入灶间，市井小民的烟火气里透着安逸祥和，让诗意的“千爱里”接了地气。

山阴路2弄的千爱里，是一片联排的日式“花园洋房”，始建于20世纪20年代初。其紧邻车水马龙的四川北路，却又闹中取静，这片占地1.54万平方米的地块，当年被日商东亚兴业株式会社产业强行夺得开发权，入住其中的除了日本商人、高级职员，还有不少日本海军高级军官。据说取“千爱”之名，是因为日文中的“千爱”两字与汉语相近，有“爱之千家”之意；但《上海掌故词典》认为：千爱里之“千爱”，乃英文“cherry”，即樱花，故“千爱里”就是樱花之里、樱花之乡的意思。

本文叙述的是曾经在千爱里居住多年的中共早期党员——张琼，她被人们誉为“光辉的一生，后人的楷模”。我曾踏访张琼生前工作过的虹口区第一中心小学、张琼纪念馆、她的同事及好友，领略了身处“千爱里”的张琼，心中盈满的是对祖国、对人民、对革命事业的万般大爱。

张琼原名朱舜华，1902年1月生于湖南省汝城县城郊乡津江村一个封建官僚地主家庭。1914年8月，张琼考入湖南省立第三女子师范学校，其间结识毛泽东、杨开慧、何叔衡、刘少奇等革命者，接受进步思想，参加五四运动，加入新民学会。1922年冬天，由刘少奇、杨开慧介绍加入中共。入党宣誓仪式结束后的这天晚上，毛泽东特意将张琼留下，谆谆告诫："舜华，你现在是党员了，革命才刚刚开头，今后的路还很长，干革命不容易，要吃得千辛万苦，甚至流血牺牲。你受得住就干下去，受不住就回你家那个大花园去吧！"张琼坚定地回答："润之哥，你放心吧，我一定会做一个好党员的。"

◎◎张琼

1923年3月，经毛泽东、杨开慧介绍，张琼与贺恕结为伴侣。同年11月，张琼受党组织委派，到湖南水口山铅锌矿区发动工人运动，公开身份是矿工子弟小学教师。在庆祝水口山工人俱乐部成立一周年之际，敌人派出大批军警赶来镇压。临危不惧的张琼掩埋了党员名单，说"我是教书的，只有学生名册"。敌人惨无人道地踩踏她的腹部，致使她第一个孩子惨死腹中。

1927年，张琼在衡阳北山庙溪一带领导农民武装斗争，敌人数次包围山区，都无法消灭这支革命队伍，便冲进衡阳城内张琼的家，杀死了她年仅三岁的儿子，还把尸体钉在大门上，写着："谁敢革命，这就是下场。”几个月大的女儿由奶妈抢了逃跑下落不明。1929年，张琼在邵阳、洪江一带组织游击队开展武装斗争时，敌人包围村庄逮捕了她，对她严刑拷打，残酷地杀害了她的第四个孩子，并将晕死的张琼抛到野外，半夜被农民救起，在农民的掩护下养好了伤。

张琼与丈夫贺恕带着第五个孩子风餐露宿寻找党组织。长沙城里到

◎◎20世纪50年代的虹口区第一中心小学

◎◎张琼居住在千爱里的家

处张贴着张琼夫妇俩怀抱婴儿画像的通缉令。在万分紧急的情况下，心如刀绞的张琼夫妇，只得写了张有孩子出生年月的字条，将襁褓中的女儿放在一户人家门口，千辛万苦到了上海。至此，张琼和贺恕失去了所有的五个孩子。贺恕也是中共早期党员，还是中共第一个出席国际会议的党员，曾任中共江西省委书记等职务。由于长期处于艰苦的斗争环境，于1947年4月病逝。解放后，被追认为革命烈士。

1950年8月，张琼作为上海教育

工会先进代表，参加全国教育工会第一次代表大会，毛泽东主席派专车来接她。见面后，毛主席紧紧握住她的手，亲切地说：“舜华，你还活着！真不容易啊！算起来，我们有27年没见面啰，你现在家里还有谁?”张琼悲恸地说：“润之哥，我原有五个孩子，可都被国民党反动派杀害了，贺恕很早就被捕关押在上海监狱，1947年就已病逝，现在家里就我一个老太婆了。”毛主席关切

◎◎张琼和孩子们在一起

地请她留在北京工作，但张琼舍不下学生，还是要回上海。毛主席与她畅叙了一下午，还留张琼共进晚餐，临别再三关照："回去后有什么困难，可直接写信给我!"

1952年11月1日，上海市人民政府下达了任命通知书，陈毅市长任命张琼为虹口区人民政府文教科科长，同时兼任第一中心小学校长。1956年，张琼又担任了虹口区副区长，分管文教、卫生、体育工作。1956年荣获上海市初等学校优秀教师称号。

张琼有一句名言："所有的孩子我都喜欢。"她在学生的教育培养上倾注了大量的心血。她重视青少年的全面发展，创建了全市第一所少体校（即现在的培华小学、培华中学的前身），当时全市召开中小学生运动会，大部分的奖状、奖牌被虹口区获得，为国家培养和输送了一批又一批的体育人才；她重视学生的家庭教育，撰写了《和家长谈谈在家庭中怎样培养孩子的优秀品德》一书。

在张琼身边工作了二十多年的顾锦瑛深情回忆：我受到张琼的培养和关心最多，同时批评也挨得最多。无论关心和批评，都是张琼共产党员博大胸襟的写照。1954年，张琼介绍顾锦瑛加入中国共产党。担任副区长后，非常繁忙的张琼，还像慈母般惦念顾锦瑛的婚姻大事，成就了她与全国劳模、上海市财政局干部董世成的美满姻缘。董世成从20世纪50年代到90年代，四十多次荣获全国和上海市劳模、五一全国劳动奖章、先进工作者等称号。董世成说："是张琼的精神激励我这样做的。"

1981年9月，张琼病逝。1990年9月，虹口区人民政府在虹口区第一中心小学内设立张琼同志纪念室，为区级爱国主义教育基地。如今的第一中心小学，学习张琼事迹，是新教师任教前的重要一课，也是党课和对学生开展优良革命传统教育的重要内容。

以木棉花为校徽的粤东中学

张林凤

被人们誉为“英雄花”的木棉花，盛产于广东，以粤籍学生为主体的上海粤东中学即以此花图案作为校徽。1913年5月建校，历经沧桑、数度变迁的粤东中学，早已淡出人们视野，但其在虹口乃至上海教育领域曾经的浓墨重彩是不会褪色的。让我们用几个片段串联起粤东中学曾经的印迹。

广中路的由来

横贯虹口、静安两区的广中路，在上海的交通枢纽中的作用不可小觑，但这条路的建筑和命名与粤东中学相关联，可能鲜为人知。其实，广中路的最早一段是在1934年建造的，只是从水电路西侧到西江湾路约一公里路段，由“广肇中学路”简称而来。由此，我们要引出广东籍教育家卢颂虔先生。

◎◎卢颂虔

1913年2月，卢颂虔在北四川路清云里创办培德小学。教学成绩斐然，要求入校的学生众多。在广东同乡组织广肇公所的资助下，于1923年在北四川路横浜桥处的福德里兴建三层楼新式校舍，更名为广肇公学，卢颂虔任校长。1929年，广肇公学改名为广肇中小

◎◎广肇公学新校奠基纪念

学。由于学生日益增多，不少学生家长和旅沪同乡建议，希望扩充学额，设立高中。经卢颂虔的不懈努力，在广东同乡的鼎力支持下，于1932年在水电路筹建新校舍，并于1934年增设高中，即广肇中学；1935年1月，水电路新建校舍全部落成，由广肇中学改名为粤东中学。粤东中学新校舍占

◎◎20世纪初旅沪粤人开创的粤东中学，位于水电路

地109亩，校内有大礼堂、教学楼、图书馆、体育馆、健身房、大小运动场；有食堂、宿舍、警卫室，还有11条林荫水泥路。学校的规模之大，设施之齐全，在当时的上海是少见的。

骄人的教学成就

粤东中学的落成典礼非常隆重，当时的上海市长吴铁城被聘为校董事会董事长，陕西省政府主席邵力子在庆典会上致祝词；教育界专家学者和社会名流纷纷前来祝贺。为学校题词的政府要员有：立法院院长孙科、检察院院长于右任、上海市教育局局长潘公展、绥远省政府主席傅作义、江西省政府

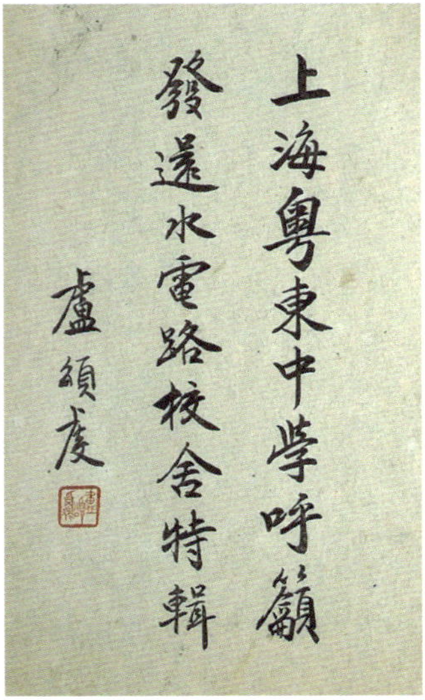

◎◎水电路校舍特辑

主席熊式辉、浙江省政府主席黄绍竑、河南省政府主席刘峙、国民革命军第一集团军总司令陈济棠、南京市市长马超俊、广州市市长刘纪文等；社会各界知名人士有：北京大学校长蒋梦麟、中山大学校长邹鲁、同济大学校长翁之龙，以及陈鹤琴、王云五、王震等。

粤东中学十分重视师资队伍的建设，聘请教师既重视学历，更重视实际水平。教师中不但有北京大学、交通大学、圣约翰大学、沪江大学等名校的本科毕业生，还有留美、留日学士、硕士，一些自学成才，成就突出的学者也受到聘请。各种学术流派的兼收并蓄和教学方法的博采众长，决定了粤东中学的人才辈出。

学校对学生既重视基础教学，又重视因材施教

◎◎水电路校舍全景

发展个性；既重视课堂教学，又重视课外活动；培养学生的兴趣爱好，理论联系实际。经常邀请专家、学者、进步人士来校为师生演讲，有吴昌硕、恽代英、许广平、郑振铎、田汉、欧阳予倩、赵景深、巴人等。以“自爱爱国，自救救国”指导学生树立正确人生观的教学，同样决定了粤东中学的学生成为爱祖国、爱人民、走在时代前列的有作为青年。

奋勇抗击日寇的师生

1932年，“一·二八”淞沪战争爆发，为保护学生坚守在横浜桥校舍内的黎伯伊老师，被日寇的子弹夺去宝贵的生命；同样令人悲愤的是，守护学校的张建沛老师，面对欲强行冲进学校的日寇，临危不惧，高擎用来自卫的手榴弹义正词严：“这里是小孩读书的学校，不是军事单位，不许侵犯！”被日寇残忍地杀害。1937年，“八·一三”淞沪战争又爆发，水电路的新校舍全部毁于日寇炮火，日寇在水电路校址上建筑兵营。

日寇的暴行，激发了粤东师生同仇敌忾，他们踊跃加入中共上海地下党组织领导的“学生界抗敌协会”，奋勇投身到抗日救亡洪流中：他们创

◎◎1936年9月，上海粤东中学暨广公小学教职员合影

办剧社、出版报刊、举行演讲；组织义卖、救济难民、募款赈灾；他们阅读进步文学作品，如斯诺的《西行漫记》、高尔基的《海燕》《母亲》、绥拉菲莫维支的《铁流》等；左翼诗人陈作梅老师那首满怀激情的诗作《哨岗上的玫瑰》，塑造了一位为保卫祖国而英勇战斗的、崇高的女战士英姿，被新四军谱成歌曲，在抗日战士中传唱。

粤东中学年轻的学子们奔赴抗日前线，以满腔热血谱写了保家卫国的英勇故事。他们的代表人物有：郑大方、麦汝璧、林植康等，参加新四军，转战皖南、苏北抗击日本侵略者英勇牺牲；沈传智参加缅甸远征军壮烈殉国；麦汝璧、麦汝伟、麦汝强三兄弟共赴抗日战场，麦汝璧牺牲，麦汝强则在解放初期，又奔赴抗美援朝战场，成为一位英勇善战的团长，荣立战功。我则有机会采访了郑大方的弟妹们，对他的英勇事迹有所了解。1939年18岁的郑大方到抗日根据地参加新四军，1944年3月，任营教导员的他牺牲在抗日战场，他带领战士缴获的那门日式九二迫击炮，也是当年新四军在江南作战中缴获的日军第一门大炮，如今，珍藏在中国革命军事博物馆。比他小一岁的大弟郑仲芳，当年与他一起在粤东中学就读，1939年起就在上海从事中共秘密斗争，上海解放时，已经是黄浦区区委副书记兼组织部长。他家七个子女，都以十多岁的年龄或投身抗日、或参加抗美援朝。所以，粤东中学被誉为“革命学校”，学子们为学校带来至高的荣誉，绵延恒久的爱国爱校情怀。

多少年来，一代又一代的“粤东人”在校训、校歌激励下，奋发学习，励精图治，创造业绩。从这里走出了香港著名的“太平绅士”、曾任全国政协常委的李东海；走出了曾任全国政协常委、中国基督教三自爱国运动委员会主席罗冠宗；走出了著名音乐指挥家、指挥系创立者黄飞立，著名合唱团指挥家司徒汉；走出了开国典礼花炮总指挥张桂文少将，核电专家李维音、麦豪初，建筑工程专家刘家仲、梁少强；走出了著名摄影家简庆福，画家梁明清、杜建国；走出了科技英语专家卢思源，俄语教育专家郑禄、高维彝；走出全国气象系统、上海市劳动模范赵庆芳等杰出人才。

小贴士 粤东中学变迁 1956年2月，私立粤东中学改名为上海市第66中学。同年8月，66中学与70中学（培青中学）合并，更名为四川中学。1958年，四川中学高中部划出虹口区，改为宝山县存瑞中学高中部，四川中学改为初级中学。1989年11月27日，经上海市人民政府批准，四川中学恢复粤东中学原校名。1999年9月，在广粤路新建粤东学校。

徐家俊

颠沛流离的上海法学院

◎◎1930年江湾路上海法学院校门

当年，在虹口曾经有两所法学院，一所是东吴大学法学院，还有一所是上海法学院，本文主述上海法学院。上海法学院初名上海法科大学，于1926年夏天建立，是一所私立大学。于当年10月初开学，当时有教授20多人、学生300多人，学校分设大专、大学、预科三部。1927年秋季开学，学生人数增加到500多人。

1928年1月，上海法科大学董事会决定任命褚辅成代理校长成为正式校长，改选钱新之为董事长。为适应社会需要，学校增设银行专业，增设合作银行及实习法庭。1928年8月，今太仓路校舍的房主提出收回房屋，学校就租赁位于虹口的西江湾路574号，将新校址原有的房屋及地基以3万5千两的代价买下。新校舍的修建工程的前期工作进展很快，当年11月动工建设。1930年6月土建竣工，教室及师生寝室启用。秋季开学时，学校还举行了上海法科大学新校舍落成典礼。

1929年夏，国民政府颁布新大学组织法，规定必须具备三个以上学院，才称得上大学。所以按此规定，从1930年起，上海法科大学更名为“上海法学院”。是年11月，经教育部批准立案后，学校信誉倍增。学院增设大学部春季始业班，将原来银行专科范围扩充，改为商业专修科，添设统计、会计组，同时开办高等检定考试养成班，当年秋季学生人数增加到900多人，原有的校舍不够用，因此次年在江湾路新建了一座大礼堂，可容纳千余人。

1932年“一·二八”淞沪战争爆发，由于学校临近江湾路1号的日本海军陆战队司令部，学校校舍、设备及图书资料于2月3日遭到日寇焚毁，仅大礼堂幸免于难，全校师生多年辛劳的成果化为灰烬。面对突如其来的灾难，学校同人毫不气馁，奋力拼搏，于3月决定暂时离开上海到杭州办学。在院长褚辅成的带领下，上海法学院租借杭州银河桥绸业会馆，准备春假后开学。后经多方面综合考虑认为该处办学不够理想，又于7月回到上海，租借今徐汇区天平路204号房舍作为临时校舍。由于校舍每月要支付高昂的租金，学院经济陷于困境。校董事会感到多年流动办学，长期打游击，终究不是长久之计；学校要有固定的校舍，学生要有固定的寝室，因此决定在虹口的江湾路原址修复校舍。经广泛联络，在社会各界及全体校友的努力下，有钱出钱、有力出力，在短期内募集到几万元金额。1933年春复校工程动工，6月校舍修复竣工，学院迁回原址，上海法学院继续招生办学。

1936年11月22日，上海爱国会成员、上海法学院教务长沈钧儒，教授王造时，曾由学院求学毕业的沙千里、史良等人因救国会活动遭到国民党反动派的逮捕；同时被捕的还有章乃器、邹韬奋、李公朴，这就是震惊中外的救国会“七君子”事件。后经各方营救，他们才从苏州被释放。1937年“八·一三”烽火又起，上海法学院校址又成为战场，学校临时搬到公共租界大通路王家沙花园路8号办学。褚辅成、沈钧儒致力于抗战活动，院务由褚凤仪教授代理。1938年恢复了学院附属的高中、初中部，1941年停办政治学系，增设会计学系，并扩大招生面，从而使学院的学生达到420多人。

1941年12月，日本人悍然发动太平洋战争，上海全部陷落，上海法学院及时做了应变对策，准备南迁于浙江兰溪；经教育部同意，拨发迁移经费5万元。次年春天，学院正式迁到浙江兰溪，办学条件既简陋又艰苦，但是师资阵容仍然坚强，可惜学生偏少，全校仅70多人。当时时局不稳，金华、兰溪告急，日本飞机常来轰炸，学院无法正常上课，再次转移场地，师生百里行军经过浙江常山、开化，避居遂安，饱尝颠沛流离之苦。后来又决定将学院迁往安徽屯溪，该处系苏浙皖赣边区的孔道，为抗战前方之后方，学院最后以屯溪西南的瑶溪戴氏祠堂为校舍，并在该地招生办学。尽管瑶溪至屯溪往返要30华里，包括吃用等日常生活十分艰苦，无交通工具，均需步行，但是学生人数却从1942年的210人增加到1945年的360多人，为发展皖南的教育事业起到了一定作用。

抗战胜利后，学院决定从屯溪迁回上海。由于江湾路校舍在抗战期间被日本海军气象台占据使用，胜利后又被国民党海军接收，日军战俘还临时住在校内，学院就暂借位于今延安中路的正行女中校舍为临时办学之用。几经交涉后，终于在1946年1月，学院迁回江湾路原址。经过三个多月的努力，学院面貌焕然一新。法学院成为设有四系（法律系、政治系、经济系、会计系）；二组（商业专修科统计会计组、银行组）；一科（报业专修科）的独立学院。1947年又增设会计学系、统计学系、会计统计系、银行系；附属中学设高中（普通科、商科）和初中两部。学院师资力量强大，迁回上海后，不少名人名师纷纷来院任教，如楚图南、曹聚仁、朱雯、胡曲园、李剑华、李良、彭文应等。随之学生人数增加，不少学生还积极参与革命活动，有的甚至被国民党反动派关押，后经多方营救才出狱。上海法学院的民盟、九三成员和进步师生，在中共地下党的领导下，积极参加相关活动。

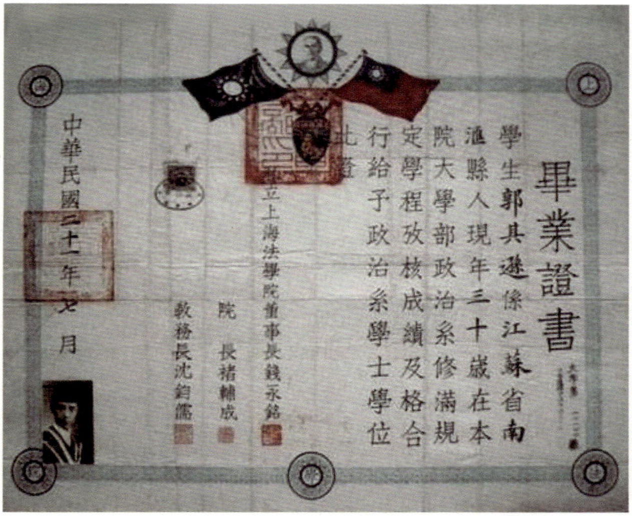

◎◎上海法学院毕业证书

上海解放后，在上海市人民政府的支持下，1949年6月初，上海法学院全部复课。一部分学生参加上海人民政府的接管工作，一部分学生参加南下服务团和西南服务团，另一部分学生奔赴东北去建设祖国的边疆，还有一部分学生留校继续学习深造，为今后的社会主义革命与建设服务。

1950年8月，经华东军政委员会教育部批准，将上海法学院院部及财经等系科并入上海财经学院，任命褚凤仪为上海财经学院副院长。1952年法律系并入华东政法学院，原上海法学院附属中学并入上海复兴中学。至此，上海法学院完成其历史使命，为中国法学界培养了近万名法学专业人才，在海内外享有较高的声誉，在上海法学教育史上写下了不平凡的篇章。

第九辑

路边揽胜

路在何方？路在脚下。四川北路底的区域，由山阴路、多伦路、溧阳路、甜爱路、黄渡路等纵横交错于其间，衍生出精彩精妙的“虹色”文化。有美丽爱情传说营造的人气指数，有桥畔流连忘返催生的浪漫经典，有留存电影院里的两情相悦；相信您曾经独自或与几位好友，漫步过这些溢满灵气令人陶醉的道路。品尝过西湖醋鱼、特色生煎；在梧桐树的绿穹下，领略过风格各异的宅园；在石街路的步道上，欣赏过鸿德堂的中西合璧式建筑。如果意犹未尽，那就再来次故地重游，这里四通八达的便捷交通，会让您畅通无阻……

车水马龙的四川北路底

王立华

从横浜桥到鲁迅公园的四川北路底一带，不仅是店铺林立、人群熙攘的商业中心，更是车辆川流不息、红绿灯闪烁不停的交通枢纽。在四川北路山阴路公交站就有18、21、47、52、103、167、597、854、962、939等十路公交线路在此停靠；再往北些的鲁迅公园大门右侧，还有轨交3号线和

四川北路底的公交和轨交

8号线地铁站；往南去过横浜桥，则有轨交4号线和10号线地铁经过；不远处的“龙之梦”购物中心，下面是机场四线，139、502、723路公交的始发站……南来北往便利、东西穿行快捷，四川北路底一带是名副其实的上海重要交通枢纽。

四川北路底一带作为交通枢纽由来已久。20世纪初，随着公共租界当局越界筑路，北四川路延伸至鲁迅公园一带，山阴路、甜爱路、江湾路、溧阳

◎◎上海第一条有轨电车于1908年通车

路等多条马路相继筑成，随之公共交通线路也相应贯通。笔者有一套民国时期著名散文家倪锡英在20世纪30年代编写的《都市地理小丛书》（2011年南京出版社重版），在《上海》一书的“上海交通概观”这一章节中曾写到虹口公园一带交通，英商有轨电车：1路往来于静安寺及虹口公园，11路往来于外洋泾桥及虹口公园；英商公共汽车：1路往来于沪西兆丰公园及虹口公园；华商公共汽车：5路往来于北四川路及市政府（当时的市政府在现江湾五角场上海体育学院）。可见20世纪30年代，四川北路底虹口公园一带已有多条公共线路经过了。

新中国成立后，18路、21路等多条线路延伸至虹口公园，1963年从南京路上拆下来的有轨电车轨道铺设在虹口公园至五角场，行驶3路有轨电车，记得那时笔者去五角场爱乘3路，叮叮当当一路驶去，两旁还有不少农田，观赏着绿悠悠的庄稼，别有一番风味。

四川北路底一带至今有百年多历史了，驶过百年的时光驿站，这一带以及从这里出发车辆的沿线面貌却时时在发生变化：往北是修缮一新的虹口足球场，高耸的3号线轨道、人流密集的“龙之梦”、整齐开阔的东江湾路，通往五角场两旁的农田变成了热闹的居民区和企业办公楼，公共绿地往前延伸，复旦大学内耸起的高楼和绿树交相辉映……

◎◎老底子四川北路市民排队乘公交车的场景

乘21路、52路、939路等公交从四川北路往南，映入眼帘的则是海欣大厦、盛邦国际、中信广场、宇航大厦、星荟中心等一幢幢拔地而起的高楼，经过产业结构调整，横浜桥以南一带已变成商务办公中心，过去拥挤的马路变得十分整齐宽敞。在21世纪头十年内建成的上海地铁有4条线路经过从衡水路到四川北路底这一区域，它们是从上海南站到江杨北路的3号线，从沈杜公路到市光路的8号线，在市中心城区浦东环行的4号线在海伦路设站，从新江湾城到虹桥火车站的10号线也在四川北路衡水路一带停靠，使这里出行更为便捷。

四川北路底一带也有些地方没有大的变动，如果854路经过山阴路，两旁的恒丰里、兴业里、大陆新村、松云别墅、海青小筑等新式里弄仍修旧如旧保持原来的式样；乘47路、597路经过溧阳路，一幢幢清水红砖的小洋楼还是鳞次栉比地掩映在法国梧桐中，乘在车上向外望去还是几十年前的样子，因为这些马路作为山阴路历史文化风貌保护区被完整地留下来了。

笔者站在四川北路山阴路公交站上等车，每隔两三分钟就有不同路牌的公交车到来，而且往往是几辆一起来，电子候车屏上的公交APP不时显示出每一路牌车的到站时间。记得20世纪六七十年代，在这里停靠的18路、21路电车，中间是有香蕉座的、行驶缓慢的巨龙车，上下车十分拥挤，乘客上车往往是被推上去的；现在18路、21路等都换成了冬暖夏凉，座位舒适，行驶平稳，不担心中途“翘辫子”的新型电车了；47路、962路还换成了深灰色、漂亮的纯电动车，过去的“乘车难”已是一去不复返了。

四川北路底，一街一景、一年一变、日新月异，它是一个窗口，印证了百年来上海公共交通的变迁，也见证了上海市及虹口区的发展轨迹，向人们讲述着“魔都”这个充满魅力的城市百年沧桑巨变的故事。

多伦路的回响

孙爱民

（一）

多伦路原名窦乐安路。未筑路前，附近是自然村落，隶属宝山县江湾乡，多农田、河浜、荒地，较为荒僻。1911年英国传教士窦乐安就在北四川路底附近这片荒僻的村落里，填没了一条呈“L”形的无名小河，筑了一条小路，取名窦乐安路。

窦乐安筑了路，还在路口造了一栋豪宅。此后，窦乐安路两侧相继建起了一栋栋风格迥异的花园洋房，一片片式样新颖的里弄住宅。

多伦路上建造最早的房子当数原住民的本地老式一字三开间住宅。白墙黑瓦，一字屋脊。房顶屋瓦中镶嵌着几块小方玻璃，作为天窗，不能打开，只能透光。

当窦乐安筑了路，并在路口造了一幢占地近2000平方米的花园洋房后，这栋豪宅成了地标性建筑，吸引了众多的中外投机客、富豪们前来投资建房、出租，开了商品房的先河。此后，路两侧的房子如雨后春笋般相继出现：有中西合璧的教堂，有英国乡村式的别墅，有西班牙式的洋楼，有日本式的住房，有殖民地外廊式建筑，有体量庞大的公寓楼，也有成片的里弄

◎◎海上旧里

住宅。其中，最富特色的当数石库门建筑了。这种建筑是在中国江南传统住宅的基础上，受到西方城市联列式住宅布局的影响而发展起来的。“石库门”是中国建筑与西洋建筑结合的最好实例。

如今，这些历经沧桑、风格迥异的建筑，风韵犹存，不仅扮靓了多伦路婉约的都市风情，更使多伦路成为海派建筑的“露天博物馆”。

（二）

20世纪30年代左右，虹口一带逐渐成为日本人的势力范围，特别是窦乐安路附近。这里既有英、美所属的公共租界越界筑路的管辖，也有日本人的势力，还有华界的管辖。处于多国力量管辖的边缘地区，又是多国力量疏于管辖的地区。华洋杂居，有利于革命者活动，开展隐蔽斗争，成为各种人物荟萃之处，藏龙卧虎之地。

1931年5月的一个深夜，一对男女行色匆匆地走进永安里。只见男的头戴呢帽身着长袍，一副商人的模样，女的身穿旗袍，外罩一件皮领大衣，一副阔太太的装束。他们急促地走到44号的后门，轻轻地叩着门并悄悄连声叫唤“润民，快快开门！”屋内的人被惊醒了，一年轻人急忙打开门，看见来人轻声惊呼“七哥！七嫂！”赶紧侧身让他俩进门，并探头朝弄堂两头望了望，迅速关紧了门。这对商人夫妇是周恩来和邓颖超。

叫“七哥”的年轻人是周恩来的堂弟周恩霔，字润民，当时在上海法学院就读。永安里44号独门独户，住着周恩霔的父母，以及周恩霔夫妇和孩子，还有周恩来的父亲。平日里除了几位至亲好友外，来往的人少，很僻静。而且永安里东通北四川路（今四川北路）西接窦乐安路（今多伦路），进出很是方便。于是，周恩来就把亲人的家作为自己极为秘密的联络点，并由自己的父亲进行秘密交通联络，轻易不用。如果周恩来要到永安里44号，之前一定会先告知父亲，然后与邓颖超一起装扮成普通商人夫妇的样子来探亲。

这次深夜突访，因事情万分危急，周恩来没有事先通知父亲。原来就在4月25日，中央特科负责人顾顺章被捕叛变，中共中央处于生死存亡的紧要关头，幸运的是国民党中央特务机关主管机要的人是中共秘密党员钱壮飞，他偷偷截获武汉拍来的电文，通过李克农抢先报告了周恩来。周恩来、陈云等领导采取紧急措施，在国民党和上海租界捕房联合大搜捕的前两天，将中共中央领导人、中共江苏省委及共产国际在沪机关全部迅速地安全转移，使上海的地下党组织避免了一场特大灾难。

除周恩来外，还有瞿秋白、赵世炎、潘汉年、冯雪峰等共产党人利用多伦路及周边区域特殊的地理位置做掩护，隐居在此运筹帷幄，领导工人武装起义，开展左翼文化运动……

◎◎“左联”五烈士塑像

（三）

1927年10月，鲁迅偕许广平入住景云里23号。一代文坛巨匠定居多伦路，成就了虹口文化史上辉煌的篇章。景云里是鲁迅从广州到上海后的第一处住所，从1927年10月8日至1930年5月12日，先后住过23号、18号、17号，生活了两年零七个月。在这里，鲁迅与许广平这对情深意笃的伴侣建立了小家庭，迎来了儿子周海婴的诞生，许广平曾云“景云深处是吾家”。

其间，鲁迅参加了中国共产党领导的中国自由运动大同盟，积极参与发起中国左翼作家联盟，引领左翼文化运动。还主编了《朝花》周刊、《文艺研究》季刊、《萌芽》月刊、《奔流》月刊等，出版了散文集《朝花夕拾》、杂文集《而已集》等，翻译了《现代新兴文学的诸问题》《艺术论》《文艺与批评》等诸多海外文学理论作品。

1930年3月2日，我国现代文学史上的著名革命文学团体“中国左翼作家联盟”在多伦路201弄2号中华艺术大学内正式成立，以鲁迅为旗手的左翼文化运动自此蓬勃兴起。特别是1931年后，瞿秋白和鲁迅共同领导了革命文化运动，粉碎国民党文化围剿，为中国革命史、中国现代文学史写下了奇特而不朽的一页，从而铸就了虹口“现代文学重镇”的历史地位。

此外，郭沫若、茅盾、叶圣陶、陈望道、柔石等一批进步文化人也因多伦路特殊的社会环境相继入驻，他们用手中的笔、激扬的文字针砭时局，为民众呐喊、战斗……

（四）

多伦路是一条文化气息浓郁的小路。

从周恩来、鲁迅、郭沫若、茅盾、瞿秋白、叶圣陶、冯雪峰、丁玲、夏衍、柔石……诸多革命志士、文化名人在多伦路上为文化进步和人民幸福战斗、呐喊，到“左联”、中华艺术大学、上海艺术剧社、新中国剧社、太阳社、大书铺、白鹅画会……诸多的革命文学团体在多伦路上如雨后春笋般生根发芽，再到景云里、永安里、孔公馆、汤公馆、白公馆、鸿德堂、拉摩斯公寓……诸多风格迥异的优秀历史建筑使多伦路成为海派建筑的“露天博物馆”，这诸多的人、事、物的沉淀，成就了今天多伦路上浓厚的文化气息。

1998年虹口区政府本着“修旧如初”的原则，对多伦路进行了保护和开发。1999年建成了多伦路文化名人街。在东至四川北路、西至宝山路、南至俞泾浦、北至四川北路的20万平方米的街区内，利用多伦路会聚众多文化名人遗迹的文化底蕴，以“名人故居”“海上旧里”“文博街市”“休闲社区”四大功能，逐步开发成一个国际化、艺术化、时尚化的特色社区，从而成为上海独特的风景。

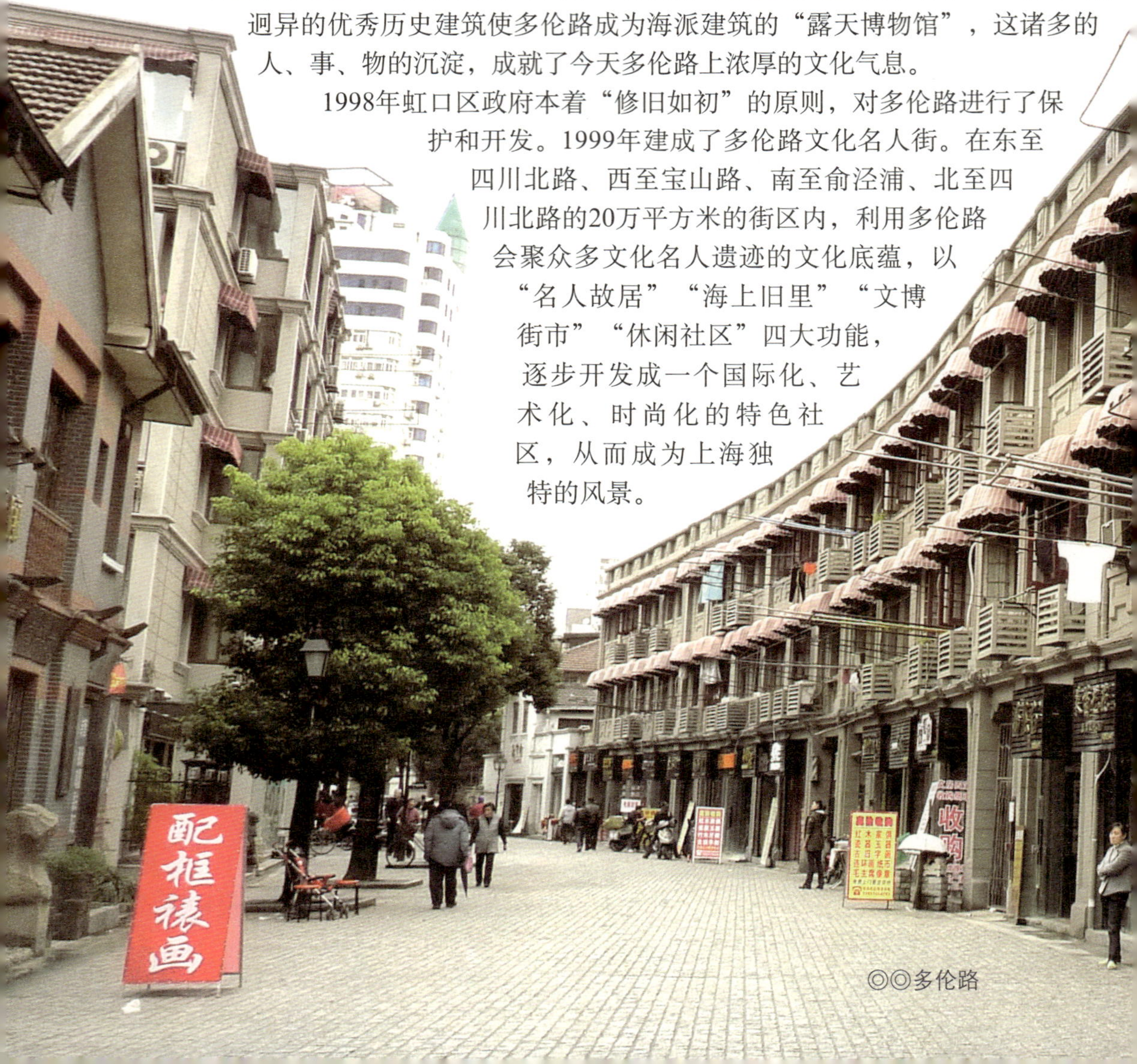

◎◎多伦路

永安里
收购字画古玩
高价收购
字画 古玩
钱币 邮票
古籍 印章
红木家俱等
收购、寄售、估价
13917588011

“甜”与“爱”交织成的路

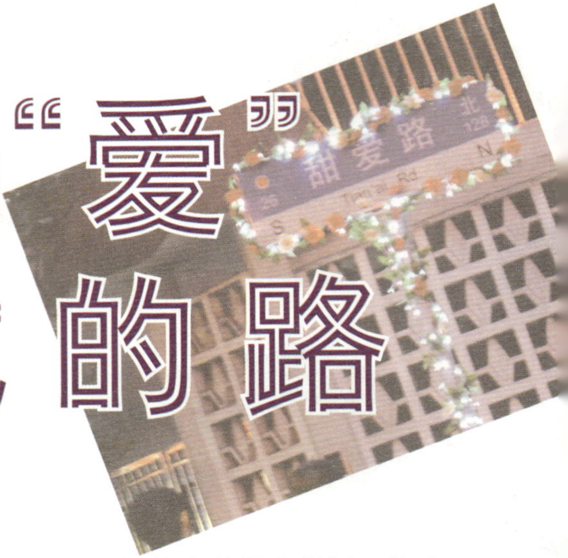

张林凤

红砖红瓦的小洋房，悄然隐掩在树荫丛中；挺拔高耸的水杉树，依次排立在道路两旁。平常时日，当你从喧嚣拥挤的四川北路上拐进这条诗意般的甜爱路，迅即就会在静谧娴雅中舒展了身心。途经这条路的人抑或专程来访的情侣，会被沿街镶嵌在那堵“爱情墙”上的中外著名爱情诗文吸引眼球，驻足欣赏回味。只是每隔一时段行驶而过的公交车，似电影在演绎时空

◎◎老年人为恋爱中的年轻人祝福

变幻中插入的画外音，带出了女诗人张烨1984年5月有感而发的《车过甜爱路》：“破旧的书页散发出芬芳/身体在车厢摇晃/而心却遗失在了甜爱路/这是甜爱路/落单的人请绕行……”

有人感叹：“安静小路上的惊鸿一瞥，也许就是一次钟情的开始。”这段名为“甜爱”的路，已然镌刻下无数情侣的幸福印迹。每年，无论是“西式情人节”抑或“中式七夕节”，这里的空间都会被情侣占挤。情侣们热衷在这特殊的日子里，来到这条被网友评定“浪漫指数五颗星”的甜蜜小路上“秀”甜蜜的爱情：或摆出POSE拍照留念；或跻身“甜爱咖啡馆”呢喃细语；或漫步长不过500米，宽也就十多米的甜爱路回忆美好时光。尽管购买爱情明信片的队伍是那样冗长，但沉浸在柔情蜜意中的情侣们并不觉得前行太慢，兴高采烈地买得明信片后，写下彼此祝福的心语，郑重其事地投入上海独此一家的“爱心邮筒”。此处的地面上，有两颗心形组成的蝴蝶图案，分别用中英文写着“我爱你”“I love you”……此刻，您走近的是一座具有特殊意义的邮筒，从这里寄出的每一封信件，都将镌刻着一枚独特的

◎◎七夕夜的甜爱路

◎◎情人节这天老年伉俪重走甜爱路

◎◎情侣雕像

邮戳，让您的家人和朋友，共同感受这份牵挂与思念，分享这份爱心与浪漫，留作永久的纪念和珍藏。是的，从这座“爱心邮筒”投出的每一封信件，都会被盖上一枚“LOVE”的邮戳，这个意义上的爱，可以由情侣之爱衍生为亲情之爱、友情之爱的大爱，在这座城市里被记忆被传颂。

相爱的人相拥走过这条甜爱路，爱情就会地久天长。因为“爱情墙”记载了甜爱路“一个美丽的传说”：早年间，此地有个田家庄，庄上有户财主，财主有个独生女，芳名田爱。田爱知书达理聪慧过人、才貌双全远近闻名。田家府上有个放牛的小伙子叫祥德，英俊帅气聪明能干、善良正直乡邻称道。祥德陪伴田爱读书作画，两小无猜日久生情，最终成就了一段爱情佳话广为流传。与牛郎、织女铸就的七夕神话一般，田爱与祥德也有着自己的甜蜜与憧憬。人们就将田爱赋予美好的“甜爱”寓意，此地就有了“甜爱”和“祥德”两条相依相偎、幽静雅致的小路。由此，甜爱路被人们誉为“上海最浪漫的马路”。

现实中“甜爱路”名的缘起：取自原“甜安路”的甜、“千爱里”的爱，全路定名为“甜爱路”。

◎◎甜爱路墙上的爱情诗文

一条山阴路浓浓人文情

金洪远

位于虹口的山阴路是一条仅长600余米幽静的马路，她与旧时富豪及名人云集的徐汇区、卢湾区或商业发达的静安区黄浦区相比，地处上海东北角的虹口区显然寒酸了许多。不过，在我们老虹口人的潜意识里，无论是文化底蕴或风格各异的老建筑，都是可以理直气壮地引以为骄傲和自豪的。这里曾留下了太多文化名人的踪迹，镌刻着共产党人和爱国进步人士在此演绎的可歌可泣的重大事件。就像它沿街一排排密不透风的梧桐树的枝枝叶叶里藏着许多独特的风景，恰如古人云“山阴道上，应接不暇”一般。

名人荟萃的山阴路

山阴路上如雷贯耳的文化名人，非鲁迅莫属。鲁迅故居在山阴路中段的大陆新村132弄9号，虽然与山阴路上其他花园洋房或新式里弄相比，外观并不十分出众，但因为鲁迅在中国进步文化上占有举足轻重的地位，鲁迅故居在20世纪50年代就被列为上海市文物保护单位，馆名是由周恩来总理题写的。

山阴路上，还有当年极有声望的茅盾、瞿秋白、郭沫若、赵家璧等文学大家和著名的文化人士，都先后在这里居住和聚会过。漫步在清幽的小马路上，

◎◎山阴路特色建筑

你会情不自禁地想起他们在此留下的脚印，这里一草一木都浸润着他们的文化灵魂，从而留下更多的思考。

我不会忘记学校组织我们去参观鲁迅故居，尽管时光的流水哗哗地流淌了半个多世纪，但故居二楼先生的卧室摆放的黑铁床是始终抹不掉的记忆。1936年积劳成疾的先生，就是倒在这张铁床上。这是一个难忘而悲痛的日子：1936年10月19日。故居里先生留下的物件，是崇敬先生永恒的纪念。

在山阴路花园里6号，曾是中华人民共和国国旗设计者曾联松的故居；在全国第一届政协会议提议《义勇军进行曲》为代国歌的刘良模曾居住在青庄里；“七君子”领头人沈钧儒曾居住在恒盛里12号；四达里曾居住过当年的左翼文学青年沙汀；兴业坊曾居住过久负盛名的音乐教授盛中华，他的哥哥是被誉为“中国的梅纽因斯”的小提琴家盛中国；而商界大佬包玉刚的哥哥包玉书居住在留青小筑；台湾著名导演杨德昌（蔡琴前夫）小时候曾居住在山阴路229弄4号，20世纪90年代受父亲嘱托专门来山阴路寻根，在他出生的二楼卧室，还特地拍了录像；享誉海内外的大画家黄宾虹的大儿子一家也在该处居住。在我国近现代绘画史上，有“南黄北齐”之说，“北齐”指的是居住在北京的花鸟画巨匠齐白石，而“南黄”说的就是浙江的山水画大师黄宾虹，他的大儿媳罗时敏今年已是110岁老人，可喜的是老人按左邻右舍的说法是：脑子煞清。笔者采访不禁感慨：难道是老人沾了山阴路的光……

薪火相传山阴路

除了名人故居，山阴路还有许多红色历史遗址，红色火种，薪火相传。1927年，恒丰里69号成为上海工人第三次武装起义指挥部联络点。周恩来、罗亦农与赵世炎等共同领导了上海工人第三次武装起义。“四·一二”反革命政变后，陈延年接任江浙区委书记，在此设立办公机关。当时底层做会客室，二楼做会议室，三楼则为地下交通员住处。其中

◎◎山阴路特色建筑

“中共江苏省委旧址”已经是虹口区青少年革命传统教育基地而为人们熟知。山阴路还留有很多历史事件的脚印：在白色恐怖中，瞿秋白避难于鲁迅家中，后鲁迅为瞿秋白安置住处，让他用白之的笔名发表杂文。鲁迅曾亲笔题写了由瞿秋白拟写的对联“人生得一知己足矣，斯世当以同怀视之”赠给瞿秋白。在瞿秋白就义后，他仍抱病为其编印《海上述林》，以此表达深切的悼念，可见鲁迅与瞿秋白的深厚情谊。

被誉为红色小开的谢旦如家居大陆新村，八一三淞沪抗战时期，谢家老宅及家中财物全部毁于战火，谢旦如随身只带出的一只皮箱里，存放着瞿秋白、丁玲、胡也频等左翼作家的手稿和书信，我们现在看到的《清贫》《可爱的中国》等手稿。就是方志敏烈士生前从狱中辗转传出的。位于山阴路165弄17号的是大道剧社的旧址，参加人员有左翼戏剧家田汉、郑君里、安娥等。九一八事变期间，广泛开展抗

日救亡宣传，剧社积极投身于前线战士、医院伤兵的慰问演出，在中国剧团史上留下闪光的一页。

在风雨如晦的白色恐怖中，许多共产党地下工作者在山阴路冒着生命危险展开革命活动，比如曾住山阴路208弄18号的黄炎培小儿子黄竞武，这位清华毕业生、哈佛经济学硕士曾策反国民党守军汤恩伯下属部队起义未果，在上海解放前夕被秘密拘捕，于1949年5月17日惨遭活埋。广大观众耳熟能详的电影《战上海》中，国民党起义将领刘昌义（刘义的原型），在解放大军兵临上海时，当时住在大陆新邨的他率部起义，使上海这座大都市完好地回到人民手中。山阴路，不愧为一条通向红色的路、光明的路。

近代民宅“博物馆”

小时候和小伙伴从居家的溧阳路到虹口公园游玩，山阴路是必经之路。一条宽不过10米的山阴路，夹道梧桐树，在夏日里浓荫蔽日，可谓闹中取静。而掩映在绿树丛中的各色建筑争奇斗艳，绝对是一道抢眼的风景线。因此沪上建筑学家曾点赞：在山阴路如此弹丸之地汇集了20世纪二三十年代多种样式和风格的住宅建筑，不愧为近代民宅“博物馆”。怪不得每逢周末，经常有写生和摄影者在这里流连忘返，留下浓墨重彩。

◎◎山阴路特色建筑

在这条幽静又不远离生活的山阴路上行走，可以欣赏许多有底蕴的、有气质的各式建筑，让人目不暇接：大陆新邨（山阴路132弄）的“新式里弄”，砖木结构、清水红砖墙，每单元有小庭院、矮墙；在施高塔公寓（山阴路16弄），它弹眼落睛的外立面的装饰性效果呈现现代风格；恒丰里（山阴路65弄），是标准的“石库门里弄房”，其精美的造型，尤其是装饰各异的门楣显然要比笔者原居住地瑞康里弄堂要高出一个“档子”；而积善里（山阴路310弄），以门楣上横匾都有各不相同的吉祥词，如“知足常乐”“严德载福”“麟凤呈祥”等取胜，遗憾的是，经过整修后新做的字体粗糙，就好比一件精美的瓷器被打破后，无论怎样修补也终难达到完美无瑕的境界。

山阴路靠近四川北路的那头，有一条很有名的花园式里弄——千爱里（山阴路2弄），当时在此居住的均为日侨，鲁迅的日本朋友内山完造先生寓居的3号，是一幢坐北朝南的新式里弄花园洋房，所谓名头很大的内山书店实际上也就是如今“前店后家”的格局。年轻时学诗写诗，此书店是我和诗友经常光顾的佳处。我至今难忘在20世纪70年代末，周日和诗友在此书店购得贺敬之《放歌集》和《郭小川诗选》，对在诗路上徘徊不前的我来说，那激动和愉悦的心情真的是可以“漫卷诗书喜欲狂”来形容啦。

在这条幽静的山阴路还据传有十余座花园住宅曾先后居住过海军东海舰队的多位将军。非常巧，我居住公寓的隔壁邻居冯先生当年是东海舰队后勤部的校官，主要职责就是管理舰队军以上干部的居处。他告诉我，当时舰队的司令员、政委等高级干部陶勇、刘浩天、饶守坤、高志荣等相继落户在山阴路。

一条说不尽的山阴路，承载了太多岁月的沧桑，也承载了我太多的记忆。走进清幽的山阴路，一种时光倒流的感觉扑面而来，这一切都让人忘却了都市的喧嚣。如何将山阴路这座文化富矿的更多往事回忆、发掘和整理，值得期待。

走一走横浜桥

王坚忍

俞泾浦上的横浜木桥建于光绪年间。早些年，桥上最迷人的风景，要数行驶在北四川路上的1路和3路有轨电车：一根向上横斜的铁杆（上海人俗称“小辫子”），搭在凌空架起的电线上，不时擦出蓝色的火苗。过桥时，留下了一串串当当当的铃声，悠闲、自在。

桥上，亦有剑拔弩张的时候。1932年“一·二八”淞沪战争期间，中日军队在俞泾浦上的八字桥交火，距离交战处一里许的横浜桥上，不时有中国人在电车过桥减速度时，贴上“抵制日货”标语，也有头系白带子的日本侨民出来撕标语。双方冲突不断，引得公共租界巡捕房的印度红头阿三频频吹响警笛，举着警棍插进来干涉。

20世纪70年代初，桥上的有轨电车轨道还在。有人骑自行车，车轮梗在车轨中被绊倒。1975年，车轨全部拆除了。

眼下，当一批批日本旅游团来到虹口，就有不少人以为横浜桥是日本名字，因为与“横滨”的“滨”相比，“浜”只少了一个宝盖头。也难怪他们，当年北四川路为日本侨民聚集地，每天都有穿着和服的日本男女，趿拉着木屐，嘀笃嘀笃地过横浜桥，恍惚间似乎走在了他们的横滨街头，直把他乡当本土了。其实横浜桥与横滨一点关系也没有。

别看横浜桥不宽，但名气很响。老作家袁鹰说，20世纪40年代，常看到茅盾和夫人孔德沚在横浜桥上走过。其时，茅盾住在山阴路大陆新村，晚饭后走过来散步，应该是一件很惬意的事。还有，当年巴金从桥北面的商务馆会晤编辑后出来，也曾站在桥上，打量北四川路的街景。

横浜桥北堍东侧，四川北路1838号，曾是上海戏剧专科学校，上海戏剧学院的前身。抗战胜利后，横浜桥上常有戏剧学校的学生走过，都夹一本书，男的学生装，戴鸭舌帽或白帆布帽，布鞋，显得朝气精神；女的穿旗袍，无袖，或浅蓝色中式上衣，黑色短裙，显得轻便合体。他们边走边讨论着剧本和排戏的事情，桥下的潺潺流水，摄下了他们青春的剪影。

现在，横浜桥中央是车道，混凝土，两侧是在混凝土上铺木条架子，即一根根横木条子，间隔地钉在长檩条上。刚开始时，因木条与木条的间隔较大，

◎◎从横浜桥下流过的俞泾浦

有一个穿高跟鞋的女孩过桥时，一只鞋跟凑巧嵌进间隔里，拔也拔不出，急得快要哭了。后来在别人帮助下才拔出鞋跟。此事上了报纸后，管理方做了改进，一根根木条子齐斩斩紧贴在一起，没有缝隙，看上去也挺顺眼的，嵌鞋跟的事当然也就没有了。

堤岸上，每隔三四米，竖一块高二尺的汉白玉小柱，小柱与小柱之间用微微下垂成弧线的铁链串起，像电影《翠堤春晓》里的镜头，西子湖畔的白堤和苏堤亦这样，镜头感特别强。现在逢节庆，横浜桥左右两旁，高过人肩的防汛墙上，插上了红绿黄蓝紫的小旗，在风中猎猎作响。

从四川路上自南往北过桥，横浜桥右边，水生植物长到了河里。桥左边的桥身上，写着“当心闷桥”。看了好笑，算算，字是20年前写的，现在涨潮时，河水离桥洞仅二三寸，过船近于骆驼穿针眼，根本不可能通过，过一只手折的小纸船倒还差不多。即使退潮时，清洁船也过不了桥洞。离横浜桥左边150米，又有一座木桥，此桥北通一个亲水平台，平台用木条架起，里面散放着几张小圆桌，圆桌旁围着几张凳子。桌凳都是固定的，有遛狗的老人坐着休憩。

虹口为中国电影的发祥地。在横浜桥北侧，桥的右面，四川北路海伦西路口的永安电影院，始建于1924年，曾为上海歌舞伎座。解放后改称为永安电影院，虹口首轮影院。20世纪90年代后期，家庭电视普及，文化娱乐形式多样化，电影院开始走下坡路，“永安电影院”几个字的字迹也变得模糊不清了。

俞泾浦却越活越年轻。起雾了，或细雨霏霏，河面上云烟氤氲，妩媚动人。横浜桥的东西两侧不远处，新建了线条优美的带半圆形桥孔的小桥。烟水凝碧的河面上，漂浮着青青的荇藻，顿时想起徐志摩的诗句：“软泥上的青荇，油油的在水底招摇。在康河的柔波里，我甘心做一条水草。”

这是一条文化气息浓郁、历史积淀深厚的桥，看不够的桥下流水，阳光下波光潋滟，如美女挽起的长发在腰后一甩，万般风情；夜间，“水是眼波横”，如情人的黑眼瞳一闪一闪。有人在防汛墙上放下带绳子的水桶，汲水用来浇花，大概是认为用活水浇花，比自来水更滋润吧。

横浜桥啊，真值得走一走。

小贴士 因横浜桥下，这一段俞泾浦的河水呈东西的流向（即横向），故名之。桥北堍有西湖饭店、区教育学院实验中学、第一人民医院分院；桥南堍有巴黎春天、精武体育馆。交通：18路、21路公交车均有横浜路站，地铁10号线也在附近。

◎◎如今的横浜桥

溧阳路中药店

陈晓燕

海伦路地铁站三号口出来，上面是银光闪闪的金融中心大厦。站在四平路海伦路交会口，前面临街的是几幢红砖木结构的二层楼房，道牙上黄色、紫色和红色的花梳理着馥郁的秋光。心里一边默念着“溧阳路877号”一边往溧阳路方向寻找。怎么也找不到。问了路人，才知道这是四平路拓宽前的旧址，溧阳路中药店现在是四平路82号，就在十字路口。往回又走到四平路海伦路的交会口。正是我从海伦路地铁站出来一眼看到的那幢二层红砖木结构的楼房前。对面金融街中心大大的广告牌就在眼前：让上海更璀璨。找不到溧阳路中药店，也看不到四平路82号的牌子。彳亍中，问身后走来的红衣大姐，她笑得咯咯的：就在这里啊，就在我脚站的这个位置！看我一脸的茫然，笑得更厉害：溧阳路中药店早就拆了，2016年就拆了。

啊！失望顿时涌上心头，儿时给了我无尽遐想的“九和堂”没有了，想借此嗅一下草药香的溧阳路中药店连同来前无数次想象的场景也都没有了。大姐似乎看透了我的心思，轻声细语地凑近我：我在这里住，我家就在这第一幢楼里。这个地方的中药店最早是厚德堂，是这路口上的一个大拐角。连中药房一起拆的还有一排楼房。我家当时是在第三排，现在是第一排了。

从大姐纷繁的讲述里，我知道了这地方叫“瑞康里”，1930年建成，那时“厚德堂”就已开张营业了。“文革”时期改为“红旗中药店”，改革开放时，变成了“肿瘤药店”，后又改成了“雷允上”。（好巧，那个家门口的“九和堂”后来也改为“雷允

◎◎溧阳路厚德堂中药店

上”，两个“雷允上”一样的命运，都没了。）

大姐说，她爷爷喜欢中医学，没事就爱往中药房里跑，时间长了，又是邻居，药店里的人也都和他熟络了。爷爷会问一些《神农本草经》里不懂的东西，诚恳地向坐堂的老中医请教，有时也会为“君臣佐使”的具体解释不住讨教。他们总会不厌其烦地详细讲解。温恭朝夕，执事有恪。爷爷常向邻居们称赞中药店里的人了不起！水平高！服务好！邻居们也都深有同感。尤其到了冬至进补时节，夜里经常灯火通明熬药。将红枣、芝麻、核桃仁等多种食品药材混在一起，用小火大锅熬制。在物质匮乏的年代，膏方成了孩子们眼中难得的美味；整条弄堂都飘散着中药的香味。还代为煎药、送药；药煎好以后，装在小热水瓶里，伙计们骑着老式自行车走街串户送药；每周都有义诊服务。“厚德堂”真乃实至名归。

我忍不住插话问她这个中药店里有没有小抽屉，以及我看到过的流程。她拍手大笑：有的，有的！这是中药店必需的啊！但肯定也有不一样的。“厚德堂”三个特大字是被高高镶嵌在拐角二层圆平面墙上的中央浮雕，壁面镶嵌着各种花纹的红木弧形柜台，柜面上是厚厚的白色花纹的大理石。左右两侧挂着整齐的锦旗，有葫芦、竹筛等装饰，很气派。来买药看病的人一进门，就有一种信赖的感觉，温暖得似乎忘记了病痛，也似乎不治而愈了。

后来“雷允上”应市场需求，在原有中药的基础上引入了西药，丰富了

◎◎溧阳路厚德堂中药店原址

药店的药材品种。在很长一段时间里，店里划分为三大功能区：中医区、西医区和批发区；其中批发面对100多家企业。2000年医疗改革，药材批发这一功能区被取消了。

告别大姐，在周围逛了逛，楼房墙壁上各式各样的宣传画，有乐融融庆元宵活动的，红红的中国结旁是热气腾腾的元宵，依旧弥漫着浓浓的节日气氛；有渔童骑着鲤鱼的，寄托着人们年年有余，鲤鱼跃龙门的愿望。海伦路506号沈尹默故居左边墙上是选举的标语：积极行使民主权利，投下神圣而庄严的一票。右边墙上是：遵守“新七不”规范，共建文明虹口。

逛到四川北路，一个气派的拐角，一座金碧辉煌的“雷允上”赫然在目！高兴又小心翼翼地走进去，老式的药柜被锃亮的玻璃橱柜代替，里面摆着花花绿绿的中成药的盒子，切片机、打粉机、称重器等整齐地摆放在桌上。轻步上楼，静悄悄的，一小间一小间的VIP房间，挨个儿看过，年轻医生居多。

回头又看了一眼“咸丰十三年（1863年）雷允上诵芬堂”牌匾，想到静安寺那边也有这样的一个大拐角。

据说智能化中药店正式投入使用，这一传统的中药店场面再也看不到了，取而代之的是现代化的配药流程，医生电子配方，中药不用煎煮，计量准确，提高了效率的同时也大大方便了患者。

风和日丽的春日，我又来到了海伦路四平路上的拐角，那一幢幢的二层红楼已被井字状的脚手架箍了个严实，铁栅栏外挂着宣传牌：文明虹口，新时代，加油干。

西湖饭店 飘逸的杭帮风味

陆林森

一个流传于坊间的传说，使西湖饭店的身价徒然上升。故事，发生在杭州城内的西子湖畔。相传，宋高宗赵构南逃后，建都临安（即杭州），难民为避战祸，纷纷随“驾”南逃。其中有位逃难妇女，姓宋，携同小叔也从汴梁（即河南开封）一路逃到杭州。宋嫂和小叔落脚后，在西湖断桥边以打鱼为生。有一天，小叔生病了，觉得口中无味，很想吃点好东西，但家贫，无力购买，亏得宋嫂心灵手巧，将刚从西湖捕捞的一条草鱼活杀，洗净，烹调，加上醋、糖等作料，小叔一尝，十分鲜美，胃口大开，顿觉病情好了许多。一条草鱼，竟然成了开胃的菜肴，这事，一传十，十传百，很多人家竞相仿效，一时间，“宋嫂醋鱼”声名大噪，传

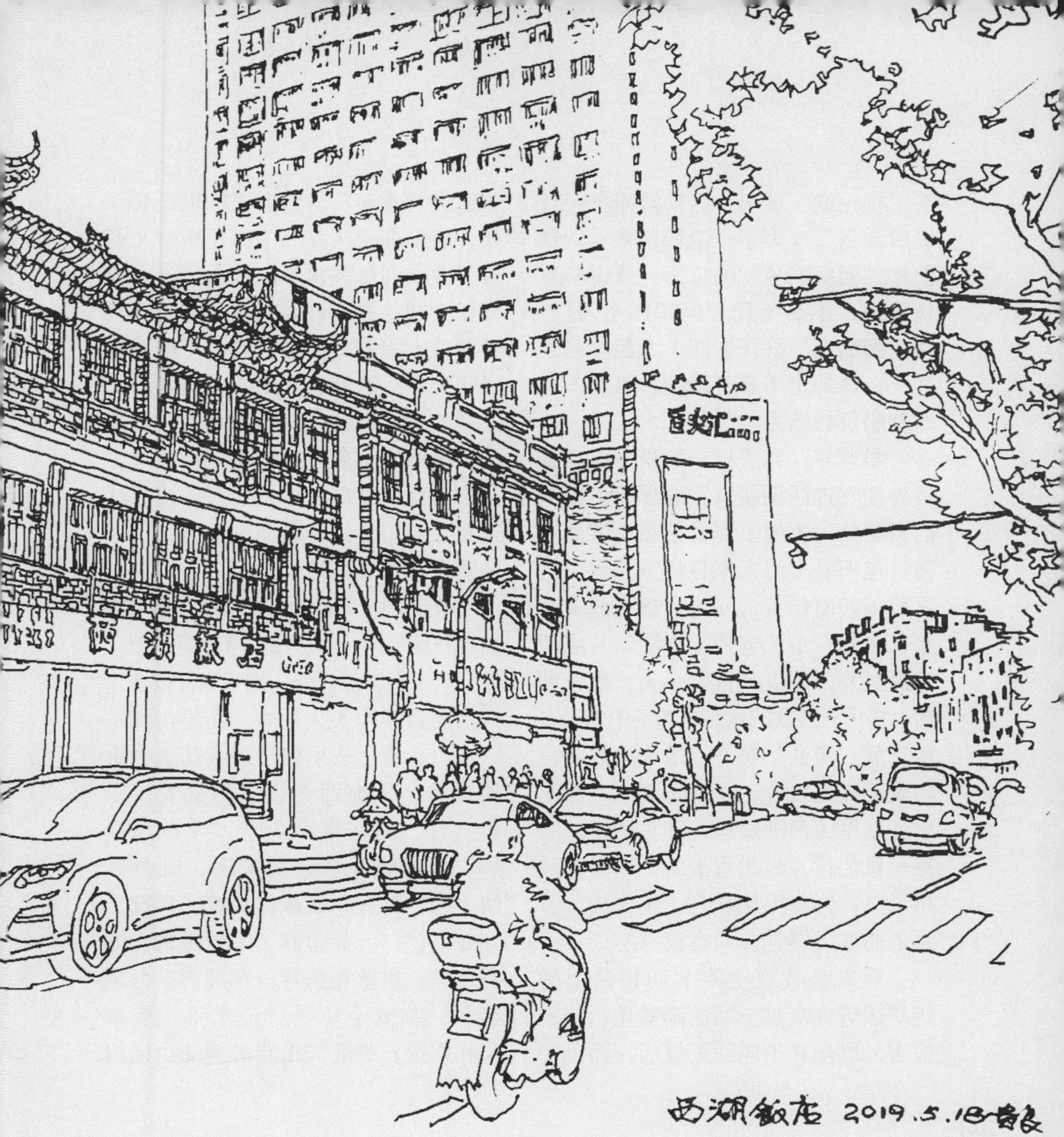
西湖飯店
西湖飯店 2019.5.18

遍了杭州城。后来，这宋嫂醋鱼经过饭店改良，成为了一道特色菜肴，这便是“西湖醋鱼”的来历。传说毕竟是传说，不足为凭，但2018年9月，“西湖醋鱼”获评浙江十大经典名菜之一，这却是千真万确的，可见，这西湖醋鱼的魅力。

早些年，我去杭州城里办事，在楼外楼吃过西湖醋鱼。看那端上桌的西湖醋鱼，不像上海本帮菜，浓油赤酱，也不是上海人家将鱼下油锅，将它煎得两面焦黄，而是在锅中放入清水，煮沸，下葱姜片、料酒和片成两爿的鱼片，急火，再转小火，数分钟后，捞出，装盆，然后在鱼汤中加入白糖、醋、酱油、料酒，用小火熬开，勾芡，浇在鱼片上，撒上姜末，即上桌。盆里的西湖醋鱼，彻头彻尾，不见一星油花，嫩嫩滑滑的，一尝，酸甜可口，鲜美无比。几十年过去，舌尖上的那般感觉，兀自没有忘记。

后来，我在上海北四川路上的西湖饭店也吃过一回西湖醋鱼。这家饭店，原来并不叫西湖饭店，而是叫“孟尝君食府”，创办于20世纪40年代，店址在士庆路（今海伦西路）97号，业主叫张频甫，杭州人氏。食府开张之初，张氏许以高薪，从杭州聘得两位大厨来到上海，专门烹调杭帮风味菜肴。这两位大厨，技艺高超，烹制的菜肴，杭帮口味纯正，在虹口地区渐渐出了名。1956年对私改造，孟尝君食府在公私合营浪潮中由原址迁到北四川路，改名西湖饭店，仍以经营杭帮菜肴为特色。

在我国，菜系的名堂不少，但大多离不开炒、炖、烧、爆、煮、蒸、煎、炸、熏、汆、滑、煨、熘等烹饪技法。西湖醋鱼不用大火熘炒，而是用沸水“熘”，看上去更加滑嫩，味道也更加鲜美。上海西湖饭店的菜肴，以鱼、虾、时令蔬菜为主，又以爆、炒、蒸、烩见长，口味呢，却是以清、香、鲜、嫩而赢得食客的口碑，龙井虾仁、三丝鱼卷、宋嫂鱼羹、五香熏鱼、雪菜黑鱼片、东坡肉、西湖醋鱼、临安全鱼等15道名菜，杭帮风味飘逸，将北四川路的美味由区内而区外，传送甚远，久负盛名的西湖醋鱼，更让众多食客见出了饭店的烹饪功力，去西湖饭店的人，大多不会漏点这道杭帮名菜，西湖醋鱼也断不会成为食客口中的“漏网之鱼”。初时，有人还以为，沪上这饭店为杭州的“翻版”，及至品尝后方知，这样的识见失之偏颇，上海的西湖饭店，实出名门之手，杭州人张频甫早就将其经营得风生水起，烟火气十足。早些时候，饭店整理挖掘，菜谱大系又添杭帮风味特色菜鱼圆系列、绣球鲜贝、五柳全鱼等，甚至，饭店还专门派人去杭州采购西湖龙井茶叶，用专车将虎跑泉水运到沪上，供应纯正的虎跑龙井茶水。因而，饭店不仅因西湖醋鱼等杭帮名菜而博得坊间口彩，也因引来杭州城里的好茶好水，成为上海滩上首创经营西湖虎跑龙井茶水的店家，怪不得几十年来食客不断。

在坊间，还有一件有关西湖饭店的事情，成为美谈。1992年，上海鲁迅公园中日友好村破土动工。就在这一天，日方投资集团许多投资客云集上海，媒体记者争先恐后，意欲拔得新闻报道头筹，西湖饭店的纯正杭帮风味菜肴，日方投资客早有耳闻，因而纷纷前来，大快朵颐，饭店大堂内，人气爆棚，就餐场景顿时成了媒体报道的热点之一。从此，饭店声誉日隆，更多食客近悦远来。

如今，半个多世纪过去，西湖饭店不改其名，依然坐拥北四川路繁华地段，当年的两开间门面，也扩展到了五开间。因着北四川路商业一条街的改造，饭店也将浴火重生，杭帮风味不散。

小贴士　西湖饭店，毗邻北四川路横浜桥，与上海第四人民医院隔街相望。周边商业设施齐全，有巴黎春天（虹口店）、嘉杰国际商业广场、东宝百货、宝大祥青少年儿童购物中心（四川北路店）、利通广场、凯鸿广场等。文化景点有多伦路文化一条街等。公交车有14路、21路、65路、939路等，以及地铁3号线、10号线。

那些美食，至今还在飘香

张　渊

从我出生到四十几岁的半部人生史，许多重要的事件都发生在四川北路、山阴路这一带：童年、少年的家址，就读的学校，亲友住所，等等，都麇集于此。时间如经，空间似纬，在由这些经纬织就的往事之网中，一个难忘的点，就是关于美食的回忆。已经人到中年了，可我还是会时不时地在梦里重返儿时，在梦里品味到久违的横浜桥堍萝春阁生煎、山阴路的万寿斋小笼，还有清真馆的牛肉锅贴……那汁水、那鲜美，从梦里醒来似乎还唇齿留香。在数十年前的计划经济时代，生活拮据，物质贫乏，这些良心小店，是昔时的草根百姓们打牙祭、品美食的好去处。

说到当年山阴路周边的美食、小吃，首先提及的当数万寿斋。这也是唯一一家历久弥新，迄今仍然红火的小食店。

我是20世纪70年代少有的独生子，没有兄弟姐妹做伴，于是，住在山阴路上的表弟，便成了我幼时重要的“发小”和玩伴，每隔一段时日，我就会从四川北路、武进路乘21路车上他家去玩，尤其是寒假暑假，我上他家的次数更频。寒暑假时，没有大人在家，照看我们的只有比我们大几岁的表姐，她当然不会下厨做菜，于是，毗邻的万寿斋点心店就成为我们定点的“食堂”：有时我们三个人一起走过去，当场点两客小笼、三碗小馄饨堂吃，权当午饭了。吃完回来后继续打牌、下陆战旗或飞行棋。有时我们玩得性起，连出门都不愿意，表姐便成为我们那时候的“外卖员”，拿着钢精锅子，走去万寿斋买回小馄饨、小笼包给我们吃。除了馄饨、小笼包，在热天时万寿斋还供应冷面、刨冰，冷面再配上一客素交或三丝的浇头，那味道好赞！如果母亲、姨妈留给我们的零花钱还有宽裕，我们还会再加一份赤豆刨冰，算是

◎◎那些美食——萝春阁生煎

餐后甜点，想想真是爽啊！

有意思的是，山阴路上的万寿斋点心店，几十年来始终保持着那个小小的门面，里面放不了几张桌子，而且收银员、服务员好像也始终都是中年阿姨、爷叔。许多比它资历浅得多的“后生”网红店，都在忙着搞连锁店、加盟店，它却岿然不动，永远都没有扩张的野心，它是以自己的低调达到了“腔调”。再说得高大上点，这家老字号的小店，是以数十年的坚守践行了“工匠精神”！或许就是因为这份固执般的坚守，才造就了“小辰光的味道”迄今不变，直到今天都依然顾客盈门吧？

说过了“常青树”的万寿斋，同样让我留下很多回忆，以及更多的唏嘘的，还有萝春阁生煎店——名字如此斯文，做的却是最接地气、沾烟火味的上海点心。萝春阁在当年名声很响，它的门面规模也不小，用现在的话来说，算是那个年代生煎圈里的“旗舰店”了。它紧挨着历史悠久的横浜桥，独擅其美，占据着桥堍的景观位置，临窗而坐，就能看到外面流淌的小河，河上不时地驶过载着货物的船舶。对一家餐饮店来说，区位好固然重要，但更要紧的还是萝春阁做出来的生煎味道确实是“嗲”，让人垂涎，让人回味。印象中，萝春阁只卖两样东西，一样是生煎，另一样就是咖喱牛肉

◎◎有特色的萝春阁生煎

汤了。这两样是老上海心目中的标配，长年只做这两样，一门心思、精益求精，自然味道佳了。萝春阁香喷喷的生煎包，每一锅都是在食客们的众目睽睽、全程观摩下一路诞生出来的。隔着橱窗，就见点心师傅在工作案板上倒好面粉，掺入比例适当的水，然后纯手工、纯体力地和上一番，接着用一块木板将面粉隔成一团团的，一一揉开，然后把肉馅放入那薄薄的面皮里，快速包合，最后再捏几个褶子，一只饱满的生煎包做成了。点心师傅的动作很快，才一会儿工夫，几十只生煎包就相继诞生，像士兵那样整齐地排成一行行。接下来该轮到下一道工序的煎烧师傅上场了，他在大锅里均匀地浇上油，把一排排白胖的生煎放入，盖上锅盖，任炉膛里的大火在下面煎烧。过了会儿，估摸着煎到一定火候了，师傅打开盖子，撒上一层黑芝麻，顷刻，香气四散开来，周围排队等候的食客们忍不住吸起了鼻子，小孩子的口水都要流下来了。为了让锅子里的所有生煎都均匀煎透，师傅用戴着手套的手，时不时地将大锅转一下方向。最勾人馋虫的时刻终于到了：临近烧熟时刻，师傅拿起一大把香葱，掀起锅盖，撒在了锅里已呈金黄色的“生煎宝宝”上，滋一声响起，伴随而来的，是浓郁难抑的香味直冲鼻翼！这一收官动作，意味着整锅的生煎大功告成，马上就可以出锅享用了！排队等候的食客们微微起了点骚动，从家里带来的锅子一个个都举了起来。

几乎可与萝春阁生煎一比高下的，当数一站路以外的清真馆牛肉锅贴。这家清真馆位于四川北路、山阴路、甜爱路三岔路口，斜对面就是赫赫有名的内山书店。清真馆很小，里面的空间也不方正，好像是呈三角形的，只能摆开几张桌子。相比于本帮风格的萝春阁，这家清真馆在老上海人的记忆里是有点异域风情的，供应的花色小吃也不少，有牛肉汤、打卤面，还有牛肉盖浇饭、炒面等。但在这么多的小吃中，这么多年以后，最让我惦记的，主要还是它的牛肉锅贴，那种难以言喻的滋味迄今难觅第二。相比于萝春阁“新鲜看得见”的生煎出炉的全程观摩，食客对这店的牛肉馅锅贴生产流程一无所知，只知道服务员端它上桌，用筷子夹到嘴里咀嚼到的那种口感既美味，又有点独特，既不同于猪肉馅的味道，也不同于本帮点心的风味。可惜的是，母亲不吃牛羊肉，因此带我去这家清真店的机会也较其他的点心店为少，而且更重要的是，牛肉锅贴的价钱也比小笼、生煎贵，因此，我只能偶尔去一趟打打牙祭尝尝鲜。但也正因为品味的次数少，便愈显珍贵，童年的这份味道也就更深地沉淀、储存在了大脑深处。时至今日，四川北路、山阴路口原来的那家清真馆似乎还在，门面大小也依旧，可无论从外观还是内容来讲，它与留在童年记忆里的那家特产牛肉锅贴的馆子早就迥异了，与如今街面上的一些打着西北美食的店铺并无差异，“泯然众矣”。

从中年忆童年，由舌尖到心间，曾经驻留在山阴路周边的那些风味小吃美食店，至今还飘香在我的梦里，我难忘的童年记忆里。

人参萝卜在虹口

金鸿远

周末和老房子邻居相聚，邻居阿毛喜滋滋地问我，昨天上海电视台播放的人参萝卜在南京路食品一店热销的新闻你看了吗？还鼓动我，你应该写写你父亲当年制作人参萝卜的事儿。那年只要家门口的酱油店有人参萝卜卖，店门口排队的人，一字长蛇弯进弄堂里，与当下所谓的“网红”有的一拼啊！

我想起来了，父亲当年制作的人参萝卜的确是我们居处居民口口相传的美味。按照几个老邻居的说法，如果你哪天胃口不好，煮点粥，就着这酸酸甜甜，脆生生的人参萝卜，一口粥，咬一小口萝卜，一下子就觉得嘴巴有滋味了，这就是人参萝卜的神奇功效。

我第一次见识人参萝卜是六十年代中期，一个初冬的傍晚，那天两个叔叔各提着一瓶酒来我家，他们与父亲喝酒聊天，告诉父亲，局领导点将，希望父亲

能“挑重担”，把局里采购的人参萝卜消化掉，为组织上排忧解难。有位叔叔从帆布袋取出一支像人参的东西，我这才知道其大名叫“人参萝卜”，而不是我们常见的红萝卜、青萝卜、白萝卜。

父亲当时是店经理，又是出了名的热心人，听说局长点将便于酒桌上一口应允。父亲打小就从绍兴到上海谋生，几十载搞的是“酒的干活”，人称“酒司令”，做酱萝卜却是大姑娘上轿头一回。自打父亲表态“挑担子”后，每晚家中小屋成了父亲小团队商量、研究如何腌制人参萝卜的会议室。来的叔叔、伯伯都是烟客，小屋里烟雾腾腾，印象里小周阿姨总是提前退场，估计是“知烟而退”

吧。有两件事我还有印象，一是邻居李家姆妈也是绍兴人，曾经在老家做过腌萝卜，在弄堂里颇有名气，父亲登门把“配方”觅来，工工整整抄写在工作手册上，二是根据其他成员提供的配方，择优反复比较，进行小批量试制。难忘的是有一天傍晚，父亲和小周阿姨把腌制的人参萝卜请左邻右舍品尝，还把大家的意见一一记录在案。最搞笑的是李家姆妈的点评，她认为味道偏酸，应该增加甜度，因为上海人喜欢“甜唧唧”，而萝卜颜色太深，有点像“黑脸包公”，影响卖相。父亲和母亲事后说，李家姆妈到底是腌制萝卜的行家，句句话说到了点子。

半个月后，人参萝卜试销售的消息，在海伦路酱油店挂出小黑板发布，吸引了许多附近的居民围观。父亲他们原本是将新研制的人参萝卜“投石问路”，想不到投放的两大缸萝卜很快被抢购一空。有几个性急的顾客顾不上斯文，边尝鲜立马做起了免费广告：味道好！味道好！店家到底做得比家里味道好，“一级了！”他们可能不知道，父亲和他的团队经过了多少次反复研究和比较，集中了大伙智慧，好中选优是没有理由不出彩的。

人参萝卜第一次上市就一炮打响，接下来是马不停蹄地日夜加班生产。我记忆中，那所谓的厂子就是一个说大不小的作坊，一个在溧阳路附近的作坊，稍大些的一个在局机关旁的四川北路乍浦路处。时值冬令，那时上海很冷，阴冷。马路上行人都喜欢两只手藏掖在棉袄袖筒里御寒，大人小孩生冻疮的人蛮多，父亲的同事于叔叔和小周阿姨也不例外，一双长满了冻疮的手又红又肿。怪了，打从参加腌制人参萝卜的团队后，他俩一双生满冻疮的手竟奇迹般地痊愈而“拿得出手”，绝了！有一次他俩到我家吃晚饭，父亲咪一口绍兴酒告诉他们，之所以生冻疮，关键在于血脉不通，现在你们每天手脚不停，血脉畅通，哪会生冻疮。记得每逢亲友来家，我和妹妹去父亲那里通风报信，总见父亲和他的一干人将一筐筐人参萝卜卸下后，一拨人整理清洗，另一拨人又将一盆盆洗净的萝卜放入大酱缸里，在一字排开的酱缸前忙碌不停，像在流水线上操作。印象最深的是，虽然气温降至零下，作坊里寒风刺骨，但职工都身着圆领汗衫，忙得大汗淋漓，头上冒着热气，每天血脉如此畅通，冻疮当然要“拜拜”了。

父亲下班回来，左邻右舍都会禁不住跷起大拇指问及这脆脆的、酸酸甜甜的人参萝卜味道的“配方”，父亲总是乐呵呵地悉数倒出，不像时下美食节目主持人探寻配方时制作者总是诡秘一笑：“商业秘密。”其实萝卜本是寻常百姓家的下饭菜，只要“味”调得到位，一样可以色香味俱全，成为食者的最爱，别看萝卜这个东西不起眼，但所含丰富的各种营养维生素是其他蔬菜所不能企及的哩。

在虹口风靡的人参萝卜不仅成了虹口人餐桌上的美味，也成了虹口人馈赠亲友的佳品。父亲的同事董伯伯有个姐姐家居闸北公园附近，每个月去探望姐姐，总忘不了捎上一瓶，因为他的姐姐说“来得开胃的下饭菜”；而邻居林先生告诉我，他的姐夫是搞销售的，外面应酬多，到他家做客，也是必点人参萝卜“醒醒胃”。让人叹息的是，不知何故这人见人爱的人参萝卜渐行渐远地淡出了人们的视野，更不知什么原因早已是泥牛入海无消息。只能为之扼腕。

父亲生前热心达观，乐于助人的事例不少，在单位和居民中极有口碑。想想也蛮有意思，辛辛苦苦工作几十年，至今让人留念津津乐道的是当年他率几十个职工创制的人参萝卜。如果九泉之下的父亲知道今天人参萝卜重新走近千家万户，他肯定会咪着绍兴酒乐上一阵；如果时光倒流，让父亲面对电视台主持人的摄像镜头，问及配制人参萝卜的“秘方”，不知他老人家是说YES还是NO……

从白杨到梧桐，行道树里的故事

陈茂生

2015年夏天，一封“市民来信”引出了很多关于山阴路行道树的回忆。

居住在山阴路的刘女士向居委会、绿化部门多次投诉：路边的梧桐树生长过于茂盛，以至于“站在三楼窗口，伸手就能摘到树叶”，使得日常生活必需的晾晒、采光、通风受到很大影响。在网络时代，投诉即刻受到很大关注，因为随意砍伐树木经常引发市民投诉，“绿化太好的‘麻烦’”自然会引起众人回忆与点评。

毫无疑问，春末夏初的山阴路最美丽。路两旁的梧桐树遮天蔽日几乎形成一条绿色隧道，有星星点点的阳光洒落其中。路边居民家外墙爬满给点小雨、阳光就盎然的爬山虎，衬托着晒台上红色的蔷薇、雪青紫藤花，橘色凌霄、紫色喇叭花，各种藤蔓植物生机勃勃色彩斑斓；在天井、园子里多年种植的棕、樟、松、柏和玉兰等树木，有的挺拔盎然，有的婀娜多姿；一路走去，路两边相差百年的各种建筑仿佛都包裹着一层厚厚的绿丝绒。秋日阳光里，人行道上铺满飘落的梧桐树叶，满目金黄的山阴路已成为难得一景。冬天里人们能从嶙峋斑驳树干上感受百年的风霜暑寒。所以这里一年四季都能看到写生画画的学生和老师。

不过稍微年长些的人们知道：五十多年前这里的行道树多为速生的白杨树。春秋时节杨柳摇曳，枝繁叶茂；夏天为行人遮阳庇荫，也是一番绿意盎然的风情。20世纪60年代中后期，虹口游泳池夏日“学生场”一小时八分钱；虽然离此不远，但途经的3路电车也有两站路，“最低消费”三分钱票

价显然是“高消费”，所以“步行”就是唯一的选择。通常从宝安路拐进四达里，再沿山阴路入“文华别墅”出个小门到甜爱路，再经虹口公园、虹口体育场，等闻到空气中越来越浓的漂白粉味，虹口游泳池就到了。这段路程稍近，经过大部分山阴路，还能在连续的树荫下避开骄阳暴晒。

尽管如此，仍要时时担心依附在树叶上的“杨辣子”侵扰。这种软体虫身上的刺毛随风飘扬，落在皮肤上就是一个奇痒无比的红疙瘩，最可恶的是不能抓挠，一碰便钻心的痛；需一二天才能消停，更不幸的是几乎无人可以幸免。同样有名的还有外面裹着一层柔软、如树皮一样的“皮虫”，此虫会像蜘蛛吐丝那样吐长丝，并把身体悬挂在树枝上，所以有了个怕人的诨号“吊死鬼”。当年因物质匮乏，各家各户都会养几只鸡鸭，以备节庆待客和增加营养之需。“杨辣子”“吊死鬼”和蚯蚓都是鸡鸭们的最好饲料，当时小学生“课外作业”几乎就是捕捉这些玩意儿，且每个学校都有无形的包干区域；山阴路一带理所当然成为“三中心”的责任区。而“吊死鬼”吊得低，伸手轻轻一采就行，也就成为课余生活里最精彩的部分。最有挑战性的“捕蝉”俗称“捉知了”。山阴路树多自然蝉鸣起伏，心烦时觉得扰，开心时感到雅。有同学在竹竿顶端粘上胶水，瞅准位置后轻轻一捅，便能生擒一个。手气好的一会儿能装半袋，拿在手里在“知……知……”的叫声中堂而皇之走进教室，看到女同学惊讶的神色而暗自得意，然后在老师训斥中放飞那些“战俘”，如此这般足以炫耀半天。很多年后读到《庄子·山木》中“螳螂捕蝉，黄雀在后”竟有点眼热的感觉。

山阴路茂密的绿化也“掩护”了很多童年时的“劣迹”。那时山阴路上有些庭院深深的宅院门前装有电铃，被大家视为十分神奇的玩具。走过、路过就觉得手心痒痒，非要揿一下，等有人匆匆过来开门再撒开腿逃之夭夭，

南
32
山阴路
北
340
S
Shanyin Rd.
N
242

◎◎山阴路上的梧桐树

才是不虚此行。如此几番后，里面的人也吃准“案发”时间段，每逢放学时就事先偷偷隐蔽门后，铃一响便冲出来“活捉”肇事者，然后要家长、老师来“领”。于是“吃一堑长一智”的同学就特意在傍晚时分，在夜幕下作案后躲到浓密树荫中，得意扬扬地看着里面人们漠然无助的神情。这样的“拉锯战”是那个年代很多少年都会有的故事。

直至如今，能在很多回忆文章中看到如是描写。

当然这样的淘气也有“消停”的时候。只要看到大陆新邨的那条小弄堂口停着大客车，平日紧闭的铁门半开半掩并有人进进出出，便知道“鲁迅纪念馆”有“外事任务”，大家会不约而同地做“乖小人”，因为“不能在外国人面前‘坍台’”。第二天会在报纸上看看是哪些“外国来宾”参观，或柳树婆娑下在大客车、小轿车边合影的照片。

到20世纪70年代初，美国总统尼克松访华前夕，山阴路大兴土木，将原先高大婆娑的树换成一棵棵纤细瘦弱的梧桐树干，到夏天也只有三两片树叶无精打采地耷拉着。中美关系解冻后，对外交往的渠道逐渐打通。到山阴路上“鲁迅故居”接待参观和采访的外国游客、国外记者也越来越频繁。曾有一群日本记者采访后走在山阴路上，蓦然听到不远处透过稀疏的树叶传来一阵小提琴声。当年拉哪个曲子并不重要，仅仅小提琴悠扬的音色就令他们精神一振；正在惊喜探寻时，看到有个居委会阿姨冲着沿街的一排窗嚷嚷了几句，小提琴声戛然而止；大家不免有点面面相觑。晚上在饭店聚餐时，记者们看到餐桌上放着酒就说“找点喝酒的由头吧”；于是有人提议“祝那个拉小提琴的人好运吧！”于是众人杯中的酒便一干二净。而根据这一场景写成的报道刊登，经转载后在当时受到很多关注。

从白杨到梧桐，半个世纪过去；那位拉小琴的、那位居委会阿姨想必也

已年迈。曾显得瘦弱、矮小的梧桐树已长得高大茂密，四十多年前来来往往的路人也很难想象，这里会比种杨柳更加绿荫浓郁；每当黄昏后，白日的喧嚣逐渐停息，山阴路上一个个泛着橘黄灯光的窗户里会传来小提琴、钢琴、萨克斯……演奏各种旋律，不轻不重、不快不慢，缓缓流淌。

树本无语，却是山阴路风雨变迁的见证。

小贴士 乘坐公交21路、103路、167路、18路、318路、47路、52路、597路、854路、939路、962路到四川北路山阴路公交站，往后步行约500米就是位于山阴路口的内山书店旧址（现在是工商银行）。下车后建议眺望一下斜对面，那一幢风格独特的建筑就是著名的“拉摩斯公寓”。

山阴路全长仅651米，若有行程较多的“到此一游”，一个小时能看到沿途诸多名人故居外貌和路边茂密的梧桐树。若时间较充裕，可以从山阴路步行到祥德路，能领略从20世纪20年代至今近百年的民居建筑风格变化，然后从曲阳路步行数百米在四平路可乘坐地铁10号线。

山阴路没有高档宾馆和酒店，但万寿斋、篱笆东北饺子王、顶巧鸡汤馄饨、老赞面馆等饭店、小吃可以尝到上海乃至各地风味。

鸿德堂

吹　来　中　式　风

蔡小鸥

您不一定去过教堂，但一定见过教堂。您或许见过有着高高立柱及尖尖塔顶的哥特式、充满绘画装饰品的巴洛克式、拱形穹顶的罗马式等欧式教堂，却未必见过融合中式元素的教堂——鸿德堂。

◎◎建造中的鸿德堂

◎◎石狮子后面的经文

鸿德堂是上海唯一具有中国宫殿式外形的教堂。外部是中国传统的殿宇风格，采用重檐式大屋顶，檐下绘重彩画。房屋外墙青砖砌筑，二十多根仿木构架的红色混凝土圆柱围绕外墙一圈。室内中厅、侧廊间采用券柱，门窗洞口一部分采用半圆券。入口处为方形钟楼，入门两侧为木质楼梯，钟楼顶部为阁楼式，屋盖为四方攒尖屋顶。门口设有一对中式传统的石狮，石狮后面的奠基石上刻有《圣经》的经文呢。

鸿德堂如果不在正门上高挂着红十字架和“上帝爱世人”五个大字，根本看不出是座教堂，完全呈中式殿宇风，而二楼礼拜主堂的两侧，由罗马双柱构成的拱形走廊等构造则彰显了典型古罗马巴西利卡西式风格。西方的教堂不完全引用基督教、天主教常见的“哥特式”，而在外观上创新，采用东方的“宫殿式”，来了个中西合璧，一定有她美妙的故事。

多伦路59号的鸿德堂，是美国长老会为纪念费启鸿而兴建并命名的教堂，原址是美华书馆，为美国北长老会设立。书馆的一些员工与他们的家属都是基督徒。为方便员工及家属做礼拜，美国基督教长老会传教士费启鸿在会馆内创建了上海长老会第二会堂，他也在此布道服务了26年。1925年，策划建造鸿德堂及牧师住宅时，美国长老会资助3万美元，杜葛尔夫妇（F.J. Tooker）（费启鸿的女儿女婿）捐助3万美元，其余6万美元由中国教徒捐献，一共12万美元，没有欠下任何债务。当时，中国人民的爱国运动正值火热发展中，基督教界也提倡本土化，主牧师陈金镛提议的“地处虹口区北部华人聚居处的教堂，应该选择采用中国传统建筑风格建造教堂”，得到了中国牧师的普遍认同并执行。设计工作交由26岁的毕业于南洋大学（今上海交通大学）土木科的中国建筑师杨锡镠完成，确保了原汁原味的本土化。

鸿德堂的平面呈长方形，建筑面积1137平方米，共有三层空间：底楼为小礼拜堂，设有修德小学、幼儿园和祷告会的房间等；二楼为礼拜主堂；三楼为楼厅。可容纳近千人做礼拜。

1928年10月7日礼拜天，鸿德堂举行了献堂典礼。10月13日的《北华捷报》记载了当日的盛况。

鸿德堂的特别不仅在于她的建筑风格，还有她神奇的故事。1937

◎◎鸿德堂二楼的主会堂

年，八一三事变爆发，鸿德堂曾迁出虹口，抗日战争胜利后，在修复教堂时，一工徒在屋顶发现了一颗约200磅重的炸弹，惊慌之余急切地想要扔下，被老校工张福全及时喝止，并命工徒二人轻步缓移撤离。后经高级警官、技工两个人设法进行了移除，脱离了危险。该炸弹乃是战争时飞机上所扔之物，当时竟然没发生爆炸，是否很神奇？修堂时又在千钧一发之时被遏制。鸿德堂在两次粉身碎骨的危险中逃脱，这归于上帝的奇妙恩典，教徒们深深感叹。

◎◎鸿德堂外观

“文化大革命”期间，鸿德堂停止一切宗教活动，教堂被分作学校礼堂、虹口区肝炎隔离病房、区文化馆、里弄加工组、苏州刺绣展览馆等用途。修德小学也一度改为多伦路小学。

1990年再次修缮后，于1992年8月30日正式复堂。

1994年3月，鸿德堂被列为上海市保护建筑。现为景灵堂分堂。主日崇拜日为：早上分别为7：30、9：30两场，晚上7:00一场。此外每周有祷告聚会、英文查经、初信栽培、唱诗班活动等。周一至周六9:00—16:30之间还有福音电影播放。如果您徜徉于喧闹的四川北路，不妨踏入清静的多伦路拐进上海这座独一无二的鸿德堂，看一场福音电影，了解一下，以耶稣的生辰日为当今时辰的历史背景。堂内配有志愿者为您解答问题，为您献上一本精美的中英文对照版的《爱的力量(*Power of love*)》。

鸿德堂的主日，钟声悠扬，圣歌优柔。一楼的大堂前方挂有一个大屏幕，同步传播二楼主会堂牧师的布道情景，四周的墙壁上挂着耶稣受难的图片。二楼的圣讲台，左右各一块电子屏幕，显示单日布道题目、《圣经》的章节、赞美诗歌曲，由身穿白色袍子的唱诗班在圣台上领唱，最后一排座位安放了急救医疗箱还配有医生坐镇。三楼是个阁楼，类似影院结构，座位排列呈阶梯式，视线正好落在二楼的讲台。

鸿德堂的西边设有鸿德书房，门口竖有鲁迅的日本友人内山完造的雕像。基督教期刊《天风》等其他基督教的神学书籍及用品在此展示。另还设有桌椅，供客小憩。

小贴士 交通21、18、167公交站，地铁8号线虹口足球场等。横浜路35弄有叶圣陶、冯雪峰、茅盾等名人故居及左翼作家联盟社等文化社旧址。

“万方”与“洪流”百姓“时光机”

陈茂生

20世纪80年代，有远方亲朋好友抵沪，通常先到家喝茶歇脚，后到西湖饭店吃饭，再到大西洋钟表眼镜店买块表或选一副摩登镜架做礼品，最后到“洪流照相馆”拍张6寸合影照。这是居住于溧阳路、四川北路一带普通居民家庭待客的标准流程，也是最高礼遇；若合影照拍成10寸、12寸且洗印数张的，就代表“家境殷实”了。

斗转星移间，当年的美味珍馐时下已成为了寻常料理；手表和眼镜也早已更新换代。只有那张黑白的“全家福”照片能唤起斑斓的记忆，连同相片右下角那两个遒劲的楷体“洪流”镌刻在记忆深处。

沿溧阳路向北，右拐便是四川北路。能看到一片遮盖严实的建筑工地，原先那里是一片商业广场，再原先便是一片名为“求志里”的石库门建筑群。“求志里”位于四川北路1996号、2008号弄堂口间，就坐落着门牌号为四川北路2000号的“洪流”照相馆；周围还有水果店、油酱店、熟食店、布店、点心店、钟表眼镜店等众多商铺。“洪流”的历史可追溯到七十多年前开业的“万方”照相馆，所以老人们习惯地称其为“万方”照相馆。

记忆中“洪流”照相馆门面不大，能拍摄各种尺寸的证件照、室内布景照、化妆艺术照等。门前有展示京剧戏装、中山装照片的橱窗，前厅有柜台和一位带四川湖北口音，体态偏瘦、工作认真的大妈级营业员；再朝里走几步便是摄影房，边上的小门后面是冲洗修片、处理底片的暗房。在时代风云

◎◎洪流照相馆的位置现为在建大楼

巨变的年头，门前的橱窗被大字报和标语密密实实地糊封的日子里，“万方”也更名为更有年代特质的“洪流”。以后很长一段时间橱窗里始终摆着“样板戏”剧照；20世纪80年代初“洪流”照相馆得风气之先，较早在橱窗展出婚纱照。按现在眼光那些只是穿花衣裳、西装的“标准照”罢了，当初可吸引很多路人驻足观看，一时生意大好。

由于在上学、工作中广泛使用“报名照”，还有终生难忘的结婚照、几代同堂的“全家福”合影照，人像摄影一直是市民生活不可或缺的“刚需”，各种照相馆遍布申城街头。尽管“万方”或“洪流”算不上有多大名气，但在几十年中经历多次社会形态的变革，尤其在三线支内、上山下乡浪潮中，许多家庭将一张合影相片视作平凡生活的“情感寄托”，甚至是一个人生阶段的分界。镜头后面的摄影师也见证了太多同学、亲友依依惜别的纠结和感性情景，使被拍摄者的情感与时代特征凝固在照片中，原汁原味地保留了“昨天的一瞬”。

当年若家里决定“明朝到照相馆拍照片”，等于下达了一道“全家总动员”令。于是，洗澡的洗澡，剃头的剃头，平常邋遢的必须“穿得清爽点”，穿开裆裤的小孩都要穿满裆裤……期待在难得一次的影像再现中有最佳的形象。20世纪60年代中期，每年中小学生毕业季，“万方”的摄影师会扛着沉重的箱式摄影机，应邀到各中小学校园，为即将毕业离校的学生拍摄毕业照。如今那些六七十岁的老人聚会时会带上当年的毕业照，在如葱青春与稀疏皱纹中寻找依存的气质风貌。

有同学回忆：“插队落户离开上海前一天，才有与父母的第一次合影照，那也成为从学校到农村的纪念。那天母亲特意换件新衣裳，父亲专门剃头‘修面’穿‘的确良’中山装，像变了个人似的；弟弟也穿上新衣服。全家一道到弄堂口的‘洪流’照相馆。灯光打开，看到母亲不停地抹眼睛，摄

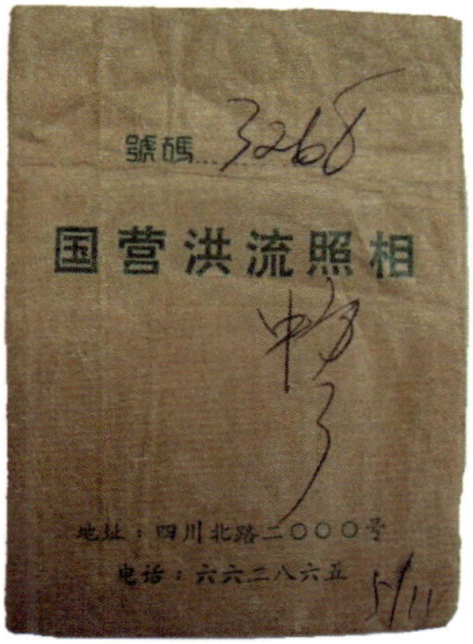

◎◎洪流照相馆用的装照片的纸袋

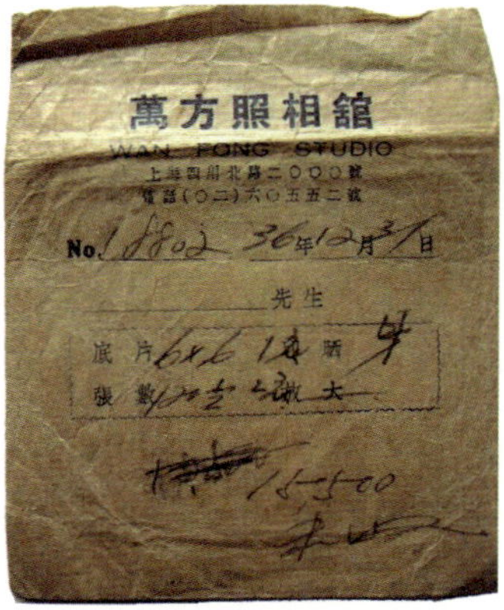

◎◎万方照相馆用的装照片的纸袋

影师说‘洪流拍照要笑一笑，啥事体拍好再讲……’”于是照片里的母亲只是嘴角尴尬地朝上弯了一点点。

当年“洪流”的另一项业务是冲印胶卷。那时胶卷因尺寸不同，有120、135两种规格之分；家有照相机且喜欢摄影的市民经常拿着拍好的胶卷到这里冲印。以后摄影爱好者渐多，并流行DIY的自冲自印；“洪流”还供应配置好的显影、定影药水，价格比较低廉。但终因化学药水处理起来较麻烦，不久便无疾而终。

据记载，1857年上海有了第一家照相馆，20世纪50年代初的虹口、提篮桥两区有68家照相馆。四川北路作为沪上三大商业中心之一，在“洪流”照相馆前后，还有四川北路1265号的“蝶花”、1890号的“上游”、2083号的“天星”等照相馆。门面不大，员工数人，门外有玻璃橱窗陈列各式人像摄影照片是它们的共同特点。等改革开放大潮兴起，四川北路兴逢“看看逛逛南京路，买买请到四川路”的黄金期，个体经营的照片洗印商户日渐增多，彩照扩印、数码照相等新兴摄影方式深受年轻消费群体欢迎，正儿八经的人像摄影逐渐“边缘化”。

1996年下半年为筹建商业休闲广场，“求志里”开始拆迁，在四川北路上延续了近半个世纪的“万方”及“洪流”就此消失。

如今，“万方”或“洪流”照相馆的痕迹也已不复存在，当年的摄影师更难寻去向。而多年来在那里拍摄的每一张照片里，都有特定年代的情感、人生和家族故事，每一本尘封的照相簿都犹如一部穿越过去的“时光机”；面对一张张人们正襟危坐的大小照片，中老年人的感怀伴随着年轻人礼貌的浅笑，依然可以感受社会、家族、人生……潺潺不息的脉动。

天兴百货拆了如何

苏秉公

20世纪80年代末，上海改革开放步子还不大，经济发展较慢，教育经费比较拮据，教师工资水平较低，工作积极性不高（见下图）。

表五

上海市中小学、幼儿园教师基础工资、职务工资和地区工资补贴标准表

单位：元

类别 \ 职务 级别	中学教师 一	二	三	四	五	六	七	八	九	十	十一	十二	十三	十四
职务工资	130	120	110	100	91	82	73	65	57	49	42	36	30	24
基础工资、职务工资合计	170	160	150	140	131	122	113	105	97	89	82	76	70	64
八类地区工资补贴	9	8.5	8	7.5	7	6.5	6	5.5	5	4.5	4.5	4	3.5	3.5

类别 \ 职务 级别	小学、幼儿园教师 一	二	三	四	五	六	七	八	九	十	十一	十二
职务工资	91	82	73	65	57	49	42	36	30	24	18	12
基础工资、职务工资合计	131	122	113	105	97	89	82	76	70	64	58	52
八类地区工资补贴	7	6.5	6	5.5	5	4.5	4.5	4	3.5	3.5	3	2.5

注：1. 中、小学、幼儿园教师的基础工资均为40元。

2. 对有特殊贡献的中、小学教师，仍设"特级教师"荣誉称号，另给津贴。"特级教师"津贴，中学的为30元，小学的为20元。

3. 中、小学教师的职务名称系列确定后，再按此工资标准排列各职务的工资标准。

◎◎80年代末教师工资表

为了解决教育经费不足，推进教育改革，提高教师待遇，复兴中学利用学校沿街围墙的优势，在上海率先"破墙开店"，由香港公司投资建造了

12000平方米的商铺大楼进行经营，取名“天兴百货”。这样学校每年大约可以创收100多万元用于推动学校管理体制的改革，并根据考核适当增加教职工的收入。当时有一份报纸以“大墙轰然倒下，站起一个百万富翁”为题报道这个消息，引起社会广泛的关注。此举在当时实属不得已而为之，现在看来，天兴百货虽给这里的商业带来了繁荣，但是严重冲击了四川北路底的文化氛围。

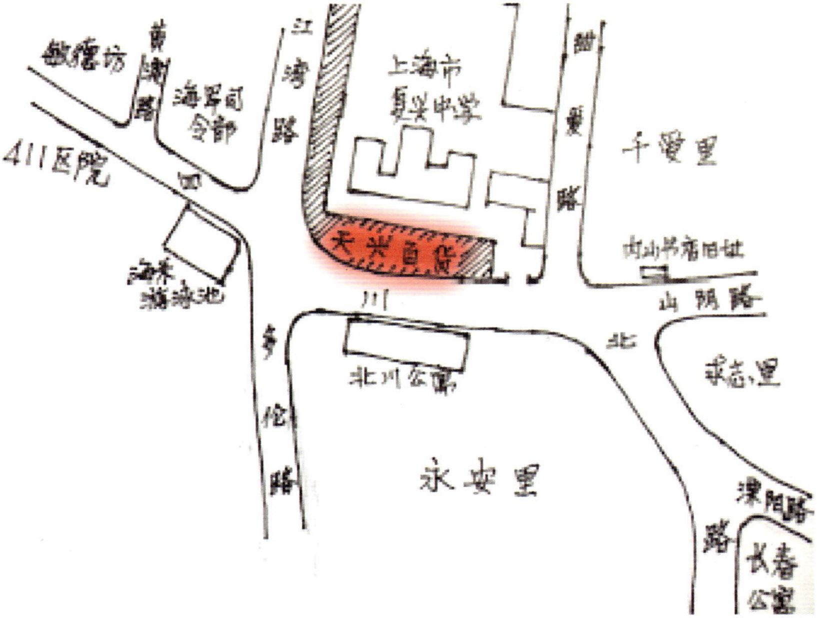

◎◎天兴百货大楼位置示意图

天兴百货大楼所在地区，是一个很有文化底蕴的区域。其周边有多伦路文化名人街、山阴路历史风貌街、典雅静谧的溧阳路、最浪漫的马路——甜爱路；有许多有特色的里弄和公寓；还有一批优秀历史建筑和历史人文旧址，等等。这些构建了这里特有的文化生态街区形态。特别是始建于1913年的具有法国文艺复兴风格的现复兴中学老教学楼，具有一百多年的历史文脉，它曾经可以通过镂空的围墙将其宏伟典雅的身姿展现给路人。可如今，与此处建筑风格截然不同的天兴百货突兀地矗立于此，不仅遮掩了复兴中学老大楼，也严重破坏了周边建筑风格的协调和美观。

随着上海经济的日益增长，学校教育经费不足的状况已得到根本改善。根据上海文化发展和美丽街区建设的要求，拆掉天兴百货大楼，还这里一个历史文化生态街区如何？

天兴百货拆了吧！

◎◎复兴中学老大楼建造初期为镂空围墙

◎◎20世纪60年代复兴中学校门

◎◎造型突兀的天兴百货大楼

◎◎被遮挡的老教学大楼

横浜通信楼，我在里面唱过“样板戏”

张渊

走到人流如织的四川北路横浜桥段，立在桥的中央，路人们的眼睛都会被矗立在四川北路、海伦西路口的一幢高楼所吸引，那蓝底白字的“中国电

◎横浜路电信局外景

信”配上牛头标识，亮眼极了，让人立马感受到五百强“央企”的范儿。每次经过此地，我都会记起这幢电信建筑的前世今生，想起与之相关的儿时往事。

时间倒退70多年，横浜桥周边地区曾是日本人掌控，今天横浜综合电信大楼的所在地，早先是日本的“华中通信株式会社”。抗战胜利后，这里被国民政府接收，改为交通部上海电信局。新中国成立后，由人民政府接管，改为邮电部上海电信局，1956年改为上海邮电管理局下属上海长途电信局。我母亲就是在60年代招进去，成为长途电话接线员的。沾了母亲在这儿上班的光，70年代中期，正值童年的我得以经常去里面玩。我们那个时代可玩的地方实在太少，规制浩大、内部结构繁复的长话局，几乎可以算是我那时最盼望着去的大型综合场所了，因为它集小公园、大食堂、玩伴等多重功能于一体，吃喝玩乐都有，够丰富的了。

当时的长话局大门就敞开在四川北路、海伦西路口，呈八字，大大咧咧的，非常醒目。不仅是大门开得醒目，里面的布局也很夺人眼球。从大门进去，迎接人们的首先是一个类似小花圃的绿化区，栽满了鲜花和小树。除了公园，一般的单位当时哪有这么大的绿化区啊？因此我很稀罕，每次一进去就先要看看最近有什么花开了，添了什么新绿。那个小花圃栽种最多的是鸡冠花，每年的夏秋当季，开得好生茂盛，密密麻麻的都是绛红色的花冠，看起来真像是一只只雄壮的公鸡趴在草丛里。有一次，我实在禁不住诱惑，让母亲的一位同事偷偷地连土带花撬了一大捧，塞在报纸里给我带回家，种在了花盆里天天看天天嗅。

进门后经过花圃，走过长长的一段走廊，转两个弯，便到了内部的中央区域，那是一片几百平方米的露天空间，四周围绕的是办公楼房，整个格局呈“回”字形，相当

◎◎横浜路电信局外景

开阔。这格局至今还在，并没有太大的改变。在这“回”字形的南端和西南端，是职工食堂和后厨。室外露天区域就安装着长排的水龙头，供职工们就餐前后洗涮饭碗锅筷。食堂很大，可以同时容纳上百人就餐，中午饭点时，百多人一齐排队、动筷、刺溜进食的景象颇为壮观。这家国企大食堂简直就像是一家中等规模的饭店了，不仅每天的出货量、供应量大，提供的饭菜、点心花样也多，除了丰富多样的冷盆热炒、荤素搭配外，还供应馄饨、菜包、肉包、花卷、锅贴、大饼油条等各种点心。这些点心，从发面粉到做黑洋酥馅儿，全都是在我和母亲等所有人的目睹下，由负责不同工序的职工阿姨叔叔“纯手工”、一条龙制作出来的，可谓新鲜看得见，卫生也看得见。在这么多的点心中，我最爱吃的是黑洋酥馒头，一口咬下去，就会有黑色浓稠的甜酱流出来，又热又香又甜，令口水伴着黑洋酥酱一齐直流，连嘴边沾上了黑色的酱都不知道。哪天母亲懒得在家里做饭了，就会在下班时去食堂捎点肉包菜包，奢侈点的，再用铝饭盒装两只猪脚爪或糖醋小排，就可以让一家人在晚上吃饱吃畅的了。

当年的国企犹如浓缩版的小社会，除了主体的生产功能外，还兼备有着其他一系列的社会职能。坐落在横浜桥畔的大型长话局就是这样的，在核心的通信机房、接线话房外，还有各种配套辅助设施，几乎包办了职工们的所有生活所需，食堂、职工宿舍、浴室、洗衣房、医务室等，一应齐全，只要你愿意，哪怕一个月待在这里，天天上班、下班、睡觉、吃饭、洗澡等，全都由单位提供、安排，根本不用你操心。

我童年时代，特别是集中在上小学前的那一段时间，我经常跟着母亲上班。上述这么多的地方，我都可以自由进出，除了机房、话房是禁区外，其他的诸如食堂、宿舍、医务室，我都常去，最爱去的，当然还是食堂了，不仅仅是因为那里有好吃

◎◎横浜路电信局外景

的，还因为那里的后勤组的母亲同事们最爽快。食堂的很多人都喜欢我，因为我长得浓眉大眼的，有点像那个时代的童年版杨子荣。一看到我，那些叔叔阿姨就会让我来一段《智取威虎山》。我随即挥手、扬眉，像模像样地摆好功架，稚声稚气地喊出当年样板戏里最红的几句词："今日痛饮庆功酒，壮志未酬誓不休，来日方长显身手，甘洒热血写春秋……"翻来覆去的，我只会这几句，但每次阿姨叔叔们都会听得乐不可支，一个劲地鼓掌叫好。

叔叔阿姨们的笑声、掌声似乎还在耳边呢，一晃时间就过去了40多年了。今朝的横浜通信综合大楼，与当年的格局相比有了很大变化。20世纪90年代末，原来的大门和走进去的那个花圃区域全都夷平了，原有的机房、话房随着业务的发展变迁也没了。在这片土地上造起了21层高的综合枢纽通信楼，底层是承接对外电信业务的营业大厅。这幢大楼，被内部职工称为"横浜新大楼"，在通往食堂去的地方，竖起了一堵墙，这墙把原先一体化的大单位一隔为二，另一半区域，得从隔壁海伦西路上的另一扇门进去才行，这一半，就被称为"老大楼"。老大楼里的格局基本没变，还是"回"字形。只是中央区域没了水龙头，代之以郁郁葱葱的绿化。原来规制浩大的食堂和后厨也严重缩编了，诸如浴室、宿舍、医务室等，全都改建成了办公室、业务室。

因为工作缘故，我现在有时也会到横浜通信大楼去开会、办公之类的。每次走在这"回"字形的曲折拐弯走廊里，我一时间都会陷入"不知今夕是何夕"的迷糊中，迷糊着自己该不该对着这说不清是老地方还是新地方的地方，对着没有了那些叔叔阿姨观众的空间来上几句"今日痛饮庆功酒，壮志未酬誓不休，来日方长显身手，甘洒热血写春秋……"

前尘往事，往事悠悠。

第五辑

海上拾贝

什么是“上海腔调”，也许您觉得较难定义。其实，只须用您善于发现的眼睛、乐于感受的心绪，骑上一辆共享单车，优哉游哉地到这片区域做几番游历，在兴业坊、敏德坊、余庆坊等坊间浏览一番，您会觉得这里有令您微醺的“上海腔调”；或者，到东照里、长春公寓、留青小筑等里弄兜上几圈，您会觉得这里有拨动您心弦的“上海腔调”；再者，到虹口足球场、海伦路儿童公园聊发一把“少年狂”，您会觉得这里有惊鸿一瞥的“上海腔调”。此时，您灵感忽至：原来，“上海腔调”只可意会难以言表啊……

浙兴街区的历史建筑

贝蓓芝

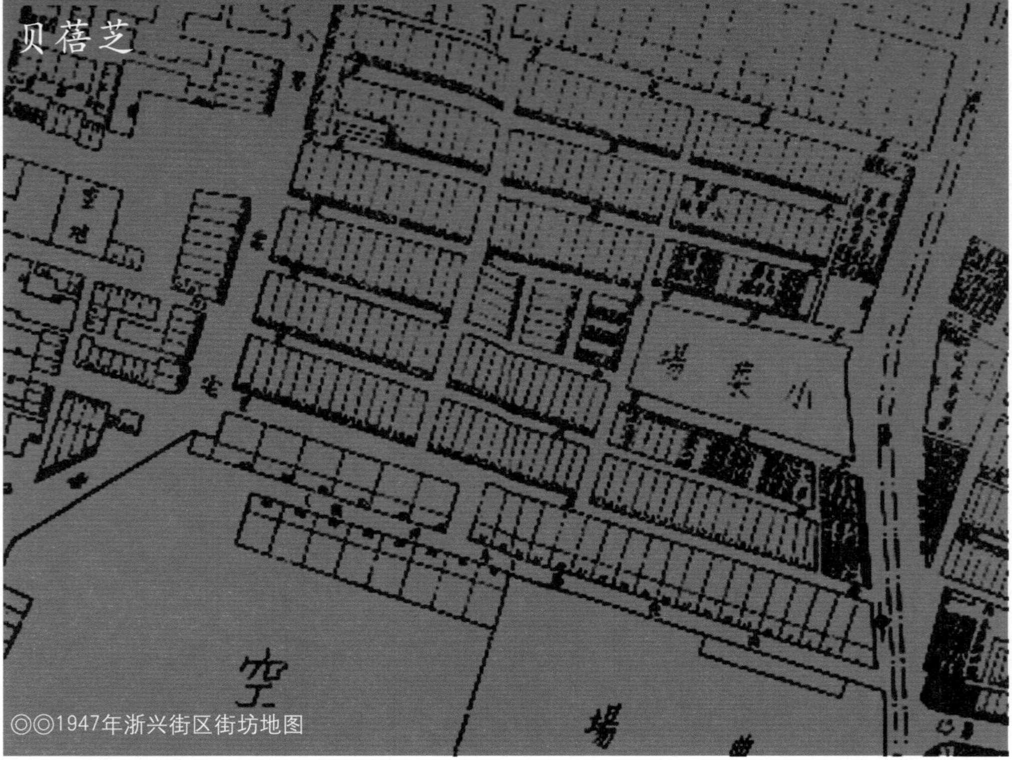

◎◎1947年浙兴街区街坊地图

浙兴街区位于今溧阳路、邢家桥北路和海伦路范围内。溧阳路旧称狄思威路（Dixwell Road），由公共租界工部局于1913年越界而筑，1943年改名为溧阳路。1995年配合四平路改造，今四平路溧阳路口至嘉兴路桥段改名四平路，溧阳路因此分隔成东西互不相连的两段。浙兴街区内现有近80年楼龄的近代民居300多幢，主要样式有：英国“殖民地式”，中西结合的石库门建筑，典型的日式楼房。另外有几十幢是楼下为店铺，楼上为住宅的近代街坊建筑。还有几处上海弄堂特有的骑楼。除此之外，还有少量历史遗留下来的简陋私房，近年来逐步被居民自行改造成三四层的楼房了。

◎◎兴业北里砖木结构的英国联排花园住宅现状

其中，上海浙江兴业银行的经理和高级职员宿舍，在1927年前建成，由英国建筑师设计，包括原狄思威路994弄和1014弄，旧名“兴业北里”。994弄是17幢砖木结构的英国联排式花园住宅构成的新式里弄，1014弄内有四幢双开间砖木结构的英国双联体外廊式花园住宅和一幢三开间的独立英式洋楼。由于这些住宅落成后即被日本人占据，故这处建筑曾称“东洋弄”，到抗战胜利后才改回“兴业北里”。

◎◎浙兴里的石库门建筑群

上海浙江兴业银行的行员宿舍，在1931年建造，这是中国本土的著名建筑师李英年的代表作品，也是上海近代最早建成的现代规划小区。范围包括原狄思威路930弄、954弄和964弄，即“浙兴里”。浙兴里共有9幢二间一厢房的石库门住宅，177幢单间石库门住宅，54幢店面街坊，1个钢骨水泥菜场和2座公共厕所。

20世纪30年代初期，日本人在浙兴街区南部建造了砖木结构的假三层典型日式楼房两排33幢。南面一排8幢，北面一排25幢，各幢院子以竹篱笆相隔，两排之间的街道两端各设小门进出，不准中国人入内，当时被称为“东洋街”，不少日本人在此居住，有些被用作日本公司的仓库。抗战胜利后，日本人纷纷离开或被遣送回国。1953年街道拓宽，竹篱笆被拆除，遂成为现在的海伦路西段，楼房外观仍如旧，成为民宅。

在浙兴街区的邢家桥北路有几处20年代建造的石库门住宅，还有日式花园洋房、钢窗混凝土结构的花园洋房、独立日式洋楼和几十幢其他样式的历史建筑。

这里紧邻公共租界，因此存在多种英国殖民主义的外廊式建筑，如：双联体的英国花园住宅，英式独立洋楼，英国联排式新式里弄住宅，日式楼房，日式洋楼，以及建有外廊的具有店铺和住宅双重功能的街坊。中国近代建筑的历史是始自外廊样式，这对于研究亚洲以及中国近代建筑的进程十分重要。目前这种外廊式建筑在上海已属罕见，尤其是民居，因此它们有很高的历史价值。

浙兴街区的多处石库门建筑，门框上的欧式花纹，欧式屋顶，联排式结构，是欧洲文化的延续，然而出于市场的考虑，又保留了天井、客堂等中国传统的风格，海派文化的烙印深深地刻在了石库门上。

八·一三淞沪战争后，浙兴里街区房屋全部被日本海军陆战队占领，交给日本居留民团管理。日本人还在浙兴里168、169、170、171号办起了日语小学。这种局面一直延续到1945年日本投降。

上述这些年代悠久、形式多样、风格迥异的历史建筑群，汇聚在浙兴街区内，集中地体现了中西文化交融的海派特征，这是上海近代最具代表性的早期住宅建筑群，也是上海近代民居建筑发展的历史见证。

从虹口公园到鲁迅公园

金鸿远

尽管鲁迅公园的名字1988年就正式变更了，但附近的居户还是习惯叫成虹口公园，不用猜，准是老虹口人，改口也难。对很多老虹口人来说，家门口的鲁迅公园太熟悉不过了，从小到大，公园里的每一条林荫道都丈量过，每一个角落都转悠过，每一处风景都可以如数家珍般娓娓道来，在这里，散落了生命中的许多记忆。

鲁迅公园，原称虹口公园。清光绪二十二年（1896年），上海公共租界工部局在界外的北四川路底，购得农田237.288亩，在此圈地筹建万国商团打靶场，由英国园艺设计师，根据英国格拉斯哥体育公园模式，建成“虹口娱乐场”。1905年改建为虹口体育游戏场和打靶场，1922年改名为“虹口公园”。

湖畔春色

◎◎鲁迅公园正门大道

很多游客可能还不知晓，虹口公园原是一个以体育活动为主的综合性公园，在1935年江湾体育场建成以前，是上海最主要的体育活动场所。公园局部开放时就设有网球场，以后又陆续增加了曲棍球、草地滚木球、高尔夫球、板球、足球、垒球等球场。1914年共有3.29万人次来园参加各类运动，几乎占年游人量的两成。公园甚至还举办过国际性比赛，比如美国与日本的职业棒球赛都曾在此举行。资深游客言之凿凿，虹口公园是中国第一个体育公园，在这里，曾经举办过两次全国性的大型运动会。看来并不是空穴来风。

早期的虹口公园是按欧式风格布局的自然风景园，1923年，草花园在音乐台附近落成，园内种植各种草花和温室盆栽花卉，园两边的花坛上，有75种大理花、矮牵牛花、金鱼草和菊花，端的是花团锦簇，姹紫嫣红。1933年，在公园北端建亭状紫藤棚，南部筑大假山，溪上建两座平桥，湖边砌了驳岸，在大门内筑圆形大花坛。直到解放初期，园内景观再没有重大的变化。

家居山阴路，距虹口公园咫尺之遥的鲁迅先生，自1927年10月从广州来到上海，在上海这条幽静的小马路整整生活了9年。写作之余，先生喜欢独自在公园里散步，园里的花径小道，曾留下他思考的足迹。1936年10月19日鲁迅逝世，当时人们就曾设想将虹口公园改为鲁迅公园，但因为种种原因没有如愿。

新中国成立后，将公园和体育场分开，命名为虹口公园和虹口体育场。

作为沪上最负盛名的文化历史公园，给笔者和成千上万来园的游客留下难以磨灭的美好记忆：蝉鸣声声的炎夏，游玩累了，就着公园东端沙滤水饮水器，美美地喝上一口甜津津的清水；秋阳里，波光粼粼的水面上，小船悠悠，荡开层层绿波；不会忘记，夏风吹拂的夜晚，公园里不定期在南门大草坪免费播映露天电影，吸引了结伴而来观赏的电影迷。

2013年8月28日，公园大门张贴告示，宣布进行为期一年的闭园改造。一年后，当虹口公园揭开美丽面纱，她的一个惊艳亮相，吸引了蜂拥而入者急切切的脚步。电子显示屏上，人流的数字几何式爆棚：1万、2万、3万、4万、5万……

◎◎约20世纪20年代的虹口公园

友善
百善孝为先
妈妈壹选

◎◎鲁迅公园里的市民合唱队

第一天开园创历史纪录10万！让你不得不信服，这座拥有118年历史的公园在游客心中“沉甸甸”的分量！

历经整整一年改造，公园改造除了秉持“修旧如旧”，重现老派的英式风格的宗旨外，此前年久失修，甚至近乎被人遗忘的一些景观，此次改造中也得以恢复。我赞赏湖心岛开发和改造，为更好地分流游客，在保留植物多样性的同时，在岛上新建了一幢房、一座亭，命名为“三味书屋”和“景云亭”，还开辟了“百草园”，“这是对鲁迅文化的一种呼应和传承”。我赞赏建于1929年的上海第一座沙滤水饮水器，被善解人意的植物遮蔽在围墙脚下，搬迁至公园中心位置，并恢复其沙滤水功能。我赞赏改建后的鲁迅纪念馆旁的“世界文豪广场”，十座栩栩如生的名人雕塑莎士比亚、歌德、狄更斯等，在充满文化气息的公园大聚会，也给他们的读者近距离同框提供了一个大大的惊喜。

园方在改造过程中坚持人性化操作，为市民提供舒适的游览、观光体验，精心布局的花卉设置更让爱花惜花的游客喜不自禁。在樱花盛开的季节里，鲁迅公园里总是人头攒动，一年一度的樱花展以开放、免费的形式为广大市民游客带来一场烂漫的视觉盛宴。秋高气爽的季节里，公园里一大片枫叶林也是如此醉人，那爱意浓浓的红掌，是自然与季节的馈赠。四季轮回中，梅花、茶花、紫荆花、二月兰百花争艳斗芳，那绽放的笑脸，让人不由自主地想起电视剧的片名“幸福像花儿一样”。

而对于喜欢音乐的游客来说，双休日中华歌曲大家唱，绝对是他们的最爱。无论是在湖畔还是休闲区域，那训练有素练就的演唱技术还真有相当的音乐水准，时不时会吸引入园游客的加盟，歌声把每个人的心拉得更近更亲。

从虹口公园到鲁迅公园，这里一直是我魂牵梦绕的地方，最欣慰的是，退休后我如愿以偿地重新回到她身旁。许多瑞康里的老邻居，看了我刊发在《新民晚报》描写鲁迅公园的小文章，还做了剪报在微信朋友圈广为传播，按照他们的口头禅：乖乖隆地咚，老阿哥啊，侬结棍哦，虹口公园的文章侬登了十多篇，厉害！我的老同事看了我拍摄的公园的照片，竟会在晚报的“新民摄友”接二连三亮相，有的照片还获得《解放日报》摄影比赛二等奖，大呼“看不懂！”因为在知根知底的老同事印象里，我从未摆弄过相机，好运怎么如此眷顾侬!

是的，从儿时到如今，我对虹口公园初心不改而一往情深，只能如实坦白，公园是我的福地，我沾光了！生活在虹口公园也就是鲁迅公园这样一座取之不尽、用之不竭的生活富矿旁边，我偷着乐啊。

朱亚夫

轻轻地走近鲁迅墓

鲁迅公园 二〇一九年

沐浴着和煦的阳光，我轻轻走近鲁迅公园西北隅的鲁迅墓，藤椅上的鲁迅塑像安详地看着我，我穿过碧绿的翠柏，走近了鲁迅墓——

坐落于公园中的上海名人墓不多，好像就是光启公园中的徐光启墓、闸北公园中的宋教仁墓、华泾公园中的邹容墓等几座，而鲁迅墓是其中最著名的。

鲁迅逝世于1936年10月19日，那是一个风雨如晦的年代，一代文豪鲁迅去世的消息一经传出，万民悲哀，长歌当哭。经宋庆龄、蔡元培、冯雪峰等商议，组成鲁迅治丧委员会，并发表了《鲁迅先生讣告》。中国共产党中央委员会和中华苏维埃中央政府致电许广平，表示沉痛哀悼；同时致电国民党中央委员会和国民政府，提出举行国葬等要求；还发表了《为追悼鲁迅先生告全国同胞和全世界人士书》，对鲁迅的一生做了崇高的评价。

出殡那天，社会各界近万人，浩浩荡荡，高举着“争取民族解放来遥祭死去了的鲁迅”的横幅，唱着挽歌，不顾反动军警的警戒，步行十余华里，为鲁迅送行。马路两旁，站满了肃立的人群，向鲁迅先生的遗体告别，不时地还有人加入到送行的队伍中。这是中国现代史上罕见的悲壮的一幕。

在万国公墓举行的丧仪隆重而庄严，民众代表献上爱国民主人士沈钧儒所书“民族魂”白底黑字旗一面，覆盖于鲁迅灵柩上。当时的鲁迅墓其实只是一个土堆，墓穴后面立了一块梯形的水泥墓碑，墓碑的上方，镶着高38厘米、宽25厘米的瓷质鲁迅先生之遗像，墓碑的下方，镌刻着时年七岁的鲁迅之子周海婴所书的“鲁迅先生之墓”。

20年后，中华大地换了人间，上海市人民政府决定筹建新的鲁迅墓。为此，上海成立由市长陈毅任主任委员的鲁迅先生坟墓迁建委员会，并拨工程费90万元，新的鲁迅墓由建筑大师陈植设计。1956年10月14日迁葬那天，先在万国公墓举行移柩仪式。然后鲁迅灵柩由茅盾、周扬、许广平、巴金等十人扶上灵车，灵柩缓缓到达虹口公园新墓地后，在墓前举行了隆重的迁葬仪式，有宋庆龄、柯庆施、茅盾、巴金、许广平等近两千人参加，巴金、茅盾和许广平先后致辞。

我轻轻地走近鲁迅墓，苍翠的松柏、香樟等常青树肃立，和风轻拂枝叶，显得安详而肃穆，庄严而朴实。鲁迅墓面积达1600平方米，全部用细密而坚实的苏州金山花岗石构筑，墓前广场上长方形的草地中间，屹立着来自鲁迅家乡、著名雕塑家萧传玖所塑的鲁迅铜座像。只见鲁迅安静地坐在藤椅上，左手执书，右手搁在扶手上，神色刚毅坚定，目光深邃有神。颇见匠心的是铜像基座用四块花岗石镶成，上部浮雕花饰图案，是采用鲁迅亲自设计《坟》的那本书扉页的云彩部分；图案下刻阴文鲁迅生卒年份“1881－1936”。

我轻轻地走近鲁迅墓，拾级而上，进入墓前平台，这里可容纳四百人谒墓。慢慢靠近墓栏，两棵高大挺拔的广玉兰散发着淡淡的清香，引人注目的是墓前一东一西两侧的桧柏，分别是当年周海婴和许广平亲手栽下的，时隔60多年，如今已是高大如盖，青翠欲滴。平台左右，为两排石栏花廊，植有紫藤，长得虬干苍劲，枝叶繁茂。

我轻轻地走近鲁迅墓，看到朴实的鲁迅墓穴，采用光洁的花岗石铺筑，墓穴后面是照壁式大墓碑，用斩光花岗石砌成，高5.38米，宽10.2米，上面镌刻着毛泽东手书的“鲁迅先生之墓”六个金字，金光闪闪，苍劲有力。毛泽东为英雄人物题词不少，但为人手书墓碑似唯见这一幅。墓后那座土山，微微隆起，高出墓碑，满目青翠，使鲁迅墓仿佛置身于永不凋谢的常青树中。

那天，我瞻仰好鲁迅墓以后，坐在墓侧石栏花廊下，看着墓前高高的广玉兰，看着浓郁的桧柏，看着飘动的紫藤枝叶，思绪起伏……

我想起了鲁迅从1927年10月间携许广平到上海，便定居于四川北路底的山阴路地区，直到1936年10月病逝，在上海整整生活了9年。他曾多次来到虹口公园，或在园中散步思考，或与友人漫游，在这里留有不少足迹。因此，鲁迅逝世时，人们就想将虹口公园改为鲁迅公园，但因种种原因没有成功。1988年，人民政府顺应民意，改名为鲁迅公园，并在园内构建一座江南民房风格的鲁迅纪念馆；1961年，鲁迅墓被国务院颁布为全国重点文物保护单位。

我想起了鲁迅在去世前一个月写的杂文《死》中，这样谈临终遗嘱："想到欧洲人临死时，往往有一种仪式，是请别人宽恕，自己也宽恕了别人。我的怨敌可谓多矣，倘有新式的人问起我来，怎么回答呢？我想了一想，决定的是：让他们怨恨去，我也一个都不宽恕。"体现了鲁迅先生坚贞不屈、永不低头的革命精神。

我想起了《死》中另一段类似遗嘱的话："忘记我，管自己生活——倘不，那就真是糊涂虫。"鲁迅是清醒的，他临终之前告诫亲友"忘记我"。但是真如著名诗人臧克家说的"有的人活着，他已经死了；有的人死了，他还活着！"浑浑噩噩地活着，其实像行尸走肉，与死人一样；倘若为人民的利益而死，那他的精神是永生的。鲁迅为中华民族的复兴战斗而死，将永远活在人们心中。

我正神思遐想，被一批少先队员的庄严宣誓声所打断，稚嫩的脸庞上透着庄重的神色，令人感动；少先队员的队伍未走远，那边又走来一群日本友人——

我画“海乐游泳池”

刘　沧

打小我家就住在四川北路底原日本侵华海军陆战队司令部后面的敏德坊里，与当年的海乐游泳池很近。中学时我曾经是虹口区青少年体校游泳队的成员，20世纪50年代末到60年代初经常在海乐游泳池参加游泳训练。因为家离得近，每逢训练日，来得早的同学都喜欢到我家楼下客堂集中，天南地北

◎◎原日本侵华海军陆战队司令部照片

闲聊，到时一起欢天喜地涌向游泳池。“海乐”在我们记忆中留下了不可磨灭的印象。

据薛理勇老师《旧上海的公共游泳池》一文记载：1906年，工部局购进租界外北四川路底(今四川北路2181号)地块建造上海第一个公开营业的公共游泳池。这是一个室内游泳池。建筑面积600余平方米，泳池长100英尺，宽33英尺，最深处6英尺，最浅处4英尺，还建有跳板和高跳台等辅助设施，总造价为18500两白银。公共游泳池于1907年5月25日正式开幕，到这里游泳的大多是西侨以及教会学校的中国学生。据该泳池1922年至1930年资料统计，其间共接待泳客约18万人次，平均每年2万人次。到了1931年许多日本士兵常在游泳池闹事，影响游泳池的安全和营业。于是1931年工部局以“公共游泳池设备不合现代卫生法则”为由关闭该池，并以56100两白银卖给了日本海军俱乐部，这个泳池就成为日本海军陆战队的专用泳池了，上海人称之为“海陆游泳池”。1945年日本战败后泳池被国民党海军接管，解放后由中国人民解放军海军接管，

◎◎刘沧先生绘制的钢笔画《海乐游泳池》

但游泳池仍对社会开放，上海人根据谐音后来一直称其为“海乐游泳池”。1991年重建411医院大楼时这个游泳池被拆除了。

最早泳池东头朝复兴中学那面，有一个台阶和大门，60年代已经封堵住了，不知哪年把台阶门柱彻底拆除了。我们男生都从东南角上一座平顶小屋子的北门出人，好像女同学也是北门进去，在玄关处右拐弯，走游泳池北面的木结构走廊兼看台到更衣室去的。女子更衣室在八角亭那一头。泳池属于非标准短池，不能用于正式比赛，后来在浅水区搭设了一道可反复使用的装卸式木结构长平台，把泳池隔成两个区，获得了一个25米标准短池，这样便可以举行一些小型比赛和游泳测验了。

老早我就想画一幅海乐游泳池的速写图画。一直在努力搜寻资料，苦于没有找到理想的照片资料，特别是带西北角上那座特别的八角亭的照片，所以迟迟未能如愿。前不久朋友得知我的心愿，提供了一张原日本侵华海军陆战队司令部的历史照片，其左下角有海乐游泳池的俯视，我如获至宝，加上我的记忆和想象以及本人设计投影剖面图的看家本事，基本有了一个轮廓。于是，画了这幅钢笔画《海乐游泳池》，了了自己的心愿，也借此与大家分享。

另外，1922年工部局又投资在附近建了一个露天的“工部局游泳池”。泳池呈椭圆形，可供初学者学游泳，也可以直接作为比赛泳池。解放后改称为“虹口游泳池”至今。长期以来，它一直是上海设备最好的露天游泳池。

“虹口游泳池”“海乐游泳池”是我少年的梦，也是虹口游泳运动发展的源点！

兴业坊，历史从深处走来

孙小琪

临近岁末，走在冬雨中的山阴路上，虽然路两侧多了些新装修的门面和标牌，但路还是原来的，记忆便有了稳妥的去处。

兴业坊在山阴路中段，原先是浙江兴业银行的产业，解放后兴业银行公私合营，兴业坊成了中国人民银行的资产。20世纪50年代，梁晓爸爸梁廷锦担任中国人民银行副行长，行里分给他家兴业坊一幢小楼。那房子底楼是会客室，连着一个厨房，外加一个小天井，二楼、三楼是住房，中间由一个

◎◎兴业坊弄堂内景

浴室兼盥洗室相连，分前后间。再上面是晒台和一个开着老虎窗的斜顶假四楼。那时人公而忘私，梁廷锦认为自己家人口不多，住一幢有5间居室的楼太浪费，于是邀来同事、亲属共享，直到实实在在住满十三人。那一幢楼，是装满了忠诚和热情的。

我从弄堂一侧进去。几年前，我来过，向着楼上喊一声，窗口会打开，王文怡老人用旧信封包了钥匙扔下来，就可以开门进去。王文怡是梁晓的生母，近百岁的老人，身体和思维都好。她指着墙上妹妹、妹夫还有她丈夫的遗像让我看，她和他们血脉相连。

兴业坊有梁晓的童年。每到国庆，全家人挤在能看见虹口体育场的二楼窗口，看五彩烟火升腾。那时，梁晓的父母都是共产党的厅级干部，梁晓作为父母的独子，难免有高干子弟的优越。

“文革”爆发，梁晓父母在被批斗关押前，告诉梁晓，他不是他们亲生的，他的生身父亲是国民党，关在牢里。而他的生母，就是和他们一起生活的姨妈。

梁立言（1912–2005）出生于广西临桂县两江乡梁村，与李宗仁是同乡。梁立言在桂林读中学时当过学生会主席，自认志大如海，“总觉得有个远大的前程在召唤我”。中学未毕业便约了几个同学，跳上艄公摇橹的木帆船，几经辗转，到上海考入复旦大学政治系，还很偶然地认识了后来成为他妻子的王文怡，是复旦大学对面私立东南女子体育专科学校的学生。两年后梁立言去了日本留学，1937年为“专事抗日工作”回国，在上海参加全国救国联合会，参与营救救国会“七君子”。抗战全面爆发后，梁立言回到桂林，在李宗仁任司令的国民革命军第五路军总司令部供职。第五路军是为了抗日而由广西军队改编组建的，在整个中国抗日战场上是一支极其重要的力量。

战火中颠沛流离，梁立言积极追随李宗仁抗日。1938年，26岁的梁立言著有《如何认识抗战》一书；任《阵中日报》主编两年，在每日不断的防空警报声中坚持自己撰写社论。晚年梁立言总结，那是他一生中真正做了点事的几年。抗战胜利后，梁立言是中南海勤政殿里的“梁秘书”。因为是同乡，梁立言始终选择了跟随李宗仁，直到1949年国共和平谈判破裂。

新中国成立时，梁立言已是3个男孩的父亲，他去见解放军首长，表示正式投诚。1952年，梁立言作为历史反革命被捕入狱，直到1970年刑满释放。58岁的老人回到老家梁村，仍被列为“被管制分子”，开始独自务农生活。1978年秋天，他与分离26年日夜思念的妻儿有了联系。

梁立言被彻底平反后，晚年被聘为上海市文史馆馆员。在他去世时，上海文史馆的悼词，对于他在抗战中的贡献和晚年的老有所为，给予高度评价。

1952年已怀孕的王文怡在丈夫被捕后，带着三个儿子到了上海，妹妹王文华一家经组织批准收留了他们，住进虹口区山阴路上的兴业坊。3岁的梁晓过继给了没有孩子的梁廷锦、王文华夫妇。担任虹口区副区长的王文华，因为收留姐姐一家，在几十年政治运动中屡遭责难，个人的职业前途无疑也受影响。

梁晓后来下乡插队、上学，1988年定居联邦德国，从事桥梁设计工作。自己和家人半个多世纪的跌宕人生，使他无法释然。

我和梁晓夫妇都曾是复兴中学学生，后来又一起去安徽蒙城插队务农，互相很熟悉。2014年春节假期，我和女儿去德国，当时，梁晓已确诊肺癌晚期有一段时间了，正在治疗中。在Neuss小镇他家里，墙上挂着一幅笔力遒劲的书法，“人有悲欢离合，月有阴晴圆缺，此事古难全”，梁立言的字，还有他最后为自己撰写的挽联中“笔书春秋著述未尽辞人间”，留下多少慨叹和遗憾。

梁立言恢复自由后开始零碎地记录往事，后来还做了录音，以此而为他的人生留下了真实而珍贵的记录。而梁晓自己，悲欢离合，大起大落，他也要说出自己的故事。他想写一本书，留给未来。

2014年春节过后，梁晓开始写作。出于对我多年编辑职业的信任，他每写完一个章节就发给我，让我帮着看看。我的看稿，除了文字叙述方面，对于历史真实的甄别、总体的谋篇布局、人物行为和内心思维的逻辑推理、标题的设立和章节的分配等等，会产生一些想法，自然也会及时反馈给他。书稿的前半部分，有梁立言留下的资料，梁晓的写作还是比较顺利的。到秋天，梁晓开始以自己为主的写作时，他的病情有了变化，稿子水准也出现了很大落差。

梁晓去国二十多年，在德国一直从事蓝领技术工，思维习惯和感觉方面，常常会停留在当年。他有很好的语文基础，很好的记忆。但显然，写书，只有这些是不够的。写什么，怎么写，这是关键。我不由自主地越陷越深，不仅为

◎◎兴业坊梁晓家前门

◎◎兴业坊弄口

◎◎兴业坊梁晓家后门

书稿写作每天与梁晓邮件往来，还开始为联系出版设法。这是因为我越来越感觉把这父子两代人的故事写完，以个体命运还原历史真实，无论对自己对后人，都是十分有价值的。我不得不想到，梁晓的时间大概不多了。

◎◎梁晓著《从梁村到山阴路》封面

2015年春天，书稿完成了，书名定为《从梁村到山阴路》，由复旦大学出版社出版。9月，梁晓在两次化疗的间隔中回上海，他想要一个新书发布会，也想为母亲庆祝百岁生日。他已5年没回上海了。

拿到新书，病重的王文怡老人即开始一页页阅读，她几乎先于家里其他人看完了全书。12月，王文怡去世。

2016年3月11日晚上，梁晓妻子葛小林发来消息：“3月11日德国时间16点梁晓安详地离开了我们。”

是夜难眠。虽不意外，终究还是痛。

台灯亮出一个光圈，看着不断被刷屏的微信页面，我脑子里总要出现另外的情景，仿佛在小小荧屏上动动手指，梁晓还会出现。就在一年前，为了他要写的书，我们经常这样通话，很长很长。在他Neuss的家里，在他和小林度假的比利时海滩边上的酒店大堂，只要需要，我们在微信上预先说好时间，到时总能联系上，这样的便捷常常让人忽略中间的千山万水。屏幕里的梁晓常常会不好意思地笑："我的脸是没法看了。"很抱歉似的，然后就把画面转到天花板，或干脆切换到语音频道。

梁晓是回到德国两周后出现了脑转移的，他写了遗嘱，要捧着他的书火化。按照他的遗愿，骨灰撒在莱茵河畔的森林里。

那一年半中，梁晓和我来往的邮件总数，有一千多个。还有那些长长的语音通话，为了讲好这个两代中国人的故事。这段难忘的经历，是在和生命赛跑。梁晓母子在《从梁村到山阴路》出版后的相继辞世，总让我感觉难以平静。

如今，梁晓的生父母和养父母，那两座一模一样的墓，静静地站立在福寿园，绿树环绕，边上有一条小河缓缓流淌。王文怡和王文华，梁立言和梁廷锦，一辈子的姐妹、连襟，现在，他们可以不被打扰地比邻而居了。

从梁村到山阴路，梁立言走了70年。我望着冬雨飘洒中的兴业坊，那幢静默的楼。几十年里，梁立言无处言说的刻骨思念和牵挂，在这里；梁晓和养父母、生母以及两个哥哥几十年的柴米油盐亲情相濡，在这里；梁晓3年前和母亲告别回德国，在这里。他要捧着《从梁村到山阴路》在异国他乡火化，心里装的，还是兴业坊。历史从深处走来，那人性的花，凄美而绚烂！

◎◎敏德坊弄口

敏德坊，抹不去的童年记忆

钱耀真

南北向的四川北路全长3.7公里，而敏德坊，这幢建于1936年，具有大小卫生设备和煤气的新式里弄，曾是最北端的一个符号，坐落在七十年前的四川北路“底”。那时候写信，必须在信封上注明发信地址：上海 四川北路底2208弄××号××寄。若是坐三轮车回家，也得清清楚楚地向车夫交代一下：四川北路底2208弄，海军医院对面。

20世纪90年代，四川北路底改成东江湾路，敏德坊的地址改成东江湾路70弄，原先通到虹口公园（今鲁迅公园）的那一段路叫江湾路，现在改成四川北路。路名就近交换，魂归故里的老人还不至于找不到老家。

当年我们敏德坊的小朋友们，大多数都在虹口公园对面的江湾路第一小学(原先复兴小学）读书。几度夕阳红，江湾路第一小学已经无影无踪，上百度也挖掘不出了，但在我们这些在江湾路小学读过书的老人记忆里还是活灵活现的：校门旁边上几级石阶的小门，由戴着罗宋帽的老校工把守，一排排平房教室里传出琅琅读书声，除了供课间游戏的小操场，还有和解放军部队分享的大操场，我们常常一边上体育课一边观看部队操练。

敏德坊朝东的支弄通向黄渡路，最后那条支弄的铁门，白天开一段时间，好让去虹口公园的人抄个近路。我们当初上学就从那里出去，在黄渡路排队出发，这一段路很安静。夏天，只听到树上一阵阵的“知了，知了”鸣叫声；晚上，常有委婉的二胡在讲那过去的故事。

横卧在黄渡路和江湾路中间的建筑，犹如一艘航空母舰，这幢建筑始建于1924年。日本侵华期间，作为日本海军陆战队司令部，是1935年在原址上重建的，简称“司令部”，许多日本随军家属居住在当时的敏德坊。抗战胜利后，司令部和敏德坊先由国民党部队接收，当时的信谊药厂购入部分敏德坊住宅供员工及家属居住。1949年后，司令部由解放军部队接管。记得拍《战上海》电影时，军队、军车和坦克在司令部出出进进……，一位敏德坊老太太经过时惊呼："哎呀，国民党又回来了！"

红瓦红砖的敏德坊以联排带天井的三层楼房为主，正门前排二层半(我们称假三层)，总共84幢，沿天通庵路(现东江湾路)的一排汽车库，后来也变成住宅，并加建了一层。20世纪50年代，沿街底层开着家庭经营的各种小店：大饼油条店、酱油店、煤球店、照相馆、棒冰和糖果店(华夏商店)、自行车修理铺等。业主基本上都住楼上，如果店里没人，喊一声就下来了。大饼油条店旁边有个移动的小书摊，书架上都是连环画，我们隔三岔五去借书看，有借有还。黄渡路转弯处带弧形的房子是王医生私人诊所，小毛小病去看看很方便。记得酱油店一家人皮肤特白，柜上地上也特干净，一点油腻也没有，去打酱油的人也不好意思提个脏兮兮的瓶来。华夏商店的大块头老板从厚被子里掏出来的赤豆棒冰和绿豆棒冰四分之三都是豆，会变戏法似的。其他几个店都是同班同学父母开的，店主和顾客就是街坊邻居。60年代后，小业主绝迹，就只有服务站和居委会了。80年

◎◎敏德坊建筑群俯瞰

代开始，店面又一个个开张了，大多数是居民把底层出租给个体户的，当起二房东，抛掉小业主身份，收入大幅提高。真乃此一时，彼一时也。

敏德坊现在的门卫用房，与我们小时候那个长方形的小木房大不相同，小木房分前后两间，前面是个烟纸店，后面住着林先生一家。烟纸店的架子上塞满了肥皂、草纸、香烟、火柴之类，前边柜台上的玻璃瓶架上有橄榄、盐金枣、泡泡糖等各式小朋友喜爱的零食，还有一个公用电话，不仅服务全弄堂，还包括黄渡路27弄，家喻户晓的号码是：660698。排队打电话是常事，来一个电话，起码半条支弄都知道，林家媳妇中气十足："××号×楼×××电话……"碰到谁家儿女轧朋友，也瞒不过她。林先生同时又是弄堂管理员，做事挺认真的，白天他扫弄堂，晚上将正门的大铁门关上，只留一扇小铁门给夜归的居民，每到晚11点，他一边摇铃一边关照："门窗关好，火烛小心……"铃声悠扬，伴随着"笃……笃……笃……卖糖粥"渐行渐远的叫卖声。

主弄堂笃底有口井，每逢星期四弄堂大扫除，居民们都会来打井水。夏天也有人打井水浸西瓜消暑，或者干脆把西瓜放在网兜里吊入井中，等吃西瓜时再提上来，那时风气很好，没人冒领。居民和睦相处，很多大人是同事，孩子也是同学，连

◎四川北路底，左边绿色屋顶是海乐游泳池，后面是海军411医院，左边是复兴中学操场一角，中间横卧的庞大建筑是原日本侵华陆战队司令部，后面的红色屋顶建筑群就是敏德坊

我们的班主任也住在同一条弄堂。各家的后门经常开着，方便邻里串门，弄堂就是我们放学后的儿童乐园，我们在水门汀地上跳高、跳绳、跳橡皮筋、踢毽子、捉迷藏，用粉笔在地上画几个方块造房子……敏德坊就是一个和谐的大家庭。

敏德坊雅俗并存。夏日的黄昏，走进昏昏欲睡的弄堂，常有叮叮咚咚的钢琴声从打开的窗户飘落，犹如凉快的雨点；炎热的夏夜，乘凉的人特别多，聊天的，路灯下下棋的；还有从吴伯伯家窗口透出的优雅的小提琴旋律，伴随着歌声“太阳下山啦，那安静的钟声阵阵地响……”歌声一停，另一家的黑管吹响，虽不熟练，却也爽耳。每逢国庆节放烟火，三楼的晒台就是最佳包厢；每逢井后面的大墙上挂上大银幕，大人小孩都拿了蒲扇，搬了小凳子一起来看露天电影。

敏德坊正门对面的海军411医院原是教会医院，日本侵华期间是日本医院，解放后由海军部队接管，我们那时都称它“海军医院”。每隔一段时间，海军医院里面会放电影，专门给病人和部队家属看的。敏德坊的男孩子们就激动起来，总有几个机智勇敢的会翻墙钻洞，拿出浑身功夫来混进去提高一下文艺修养。凡被抓住的就被关到电影结束才放出来，也丝毫没有影响他们屡败屡战的精神。

海军医院旁边曾经有个“海乐”游泳池，1906年由工部局建造，是上海首个公开营业的公共游泳池，也曾被日本海军陆战队占用，解放年后由海军部队接管。街角上凸出的蓝色圆形屋顶，像欧式古堡的一角，有那么一点点的迪士尼意韵。池内的喧闹声常常激起我们的好奇心，一跃而上，趴在窗口，一睹为快，围墙上留下了许多我们儿时的脚印。可惜，游泳池80年代被拆除建造商厦。

敏德坊朝西的支弄，通向东江湾路（原天通庵路），正对轻轨3号线，这里曾经是中国第一条铁路——淞沪铁路，还有一个小小的天通庵路火车站。青砖红瓦的火车站高出路面几格台阶，面积连起来有两个教室那么大，左边是售票处，右边是候车室，通过右边的门检票走到站台上车。下车的乘客从站台的另一扇木栅栏门出来，也有几格台阶。火车笃笃定定地跑，我们一听到由远而近“呜……呜……”的轰鸣声，立马冲出去，爬上铁门看火车，火车咔嚓咔嚓地喘着粗气进站，客上客下几分钟，穿着铁路制服的工作人员哨子一吹，小红旗一扬，火车听话地回一声“呜……”，又驰向远方。这竟成了我们沿街居民得天独厚的优势，小孩子哭闹，哄他“火车来了，看火车去”，他就会破涕为笑。

我们这群敏德坊的孩子已经老了，有几个“跑”得快的，一不小心“跑”到另一个世界去了。敏德坊也憔悴了，一砖一瓦都浸透了人生的甜酸苦辣，外墙上那牵肠挂肚的电线，有如许多割不断理还乱的情节。回忆敏德坊，纪念我们曾经的一段美好童年记忆。

◎◎江湾路一小1962届的学生与老师合影

蔡小鸥

◎◎第二工人俱乐部大门

虹口第二工人俱乐部

新中国成立后，工人当家做了主，生活水准日益提高，精神有了提升需求，各类学习文化、技术的文体活动场所应运而生，成为工人充电的学校和精神家园。虹口区于1955年5月28日在四川北路1717号建成北虹工人俱乐部，1959年12月，改称虹口区第二工人俱乐部（简称二俱）。

二俱初建面积为3163平方米，内设864座位的剧场、图书室、培训班等。开展文化艺术等各类讲座和文化、技能培训班。举办读书辅导、书评、文艺创作等各项活动。话剧队、越剧队、曲艺队等文体活动开展活跃，涌现出一批工人作家、演员等，创作了大量优秀的文艺作品和剧目。

越剧队：获得1959年6月全市文艺会演的一等奖并在电台录播；1977年，现代剧《寸草心》获市职工第二届“戏剧之春”一等奖。话剧队：1962年，由蓝翔和王金富创作的话剧《牛头刨床的秘密》先后全剧发表在《工人日报》《解放日报》《文娱》上，并参加了华东话剧会演；1963年的除夕夜，周恩来、邓颖超参加了市总工会六楼礼堂召开的“五卅”老工人和市劳模座谈会，此剧再次会演。

最令二俱引以为骄傲的，是一首响当当的“戴花要戴大红花，骑马要骑千里马，唱歌要唱跃进歌，听话要听党的话”歌曲，短短四句词加通俗的音拍，朗朗上口，男女老少全民通唱。从20世纪60年代初开唱几十年，唱会了几代人，唱遍神州，经久不衰。大会小会皆唱，连新郎官表演节目都会首选此歌。1981年，我班同学做游戏，两位同学被罚唱歌，先后都选唱被简称为“大红花”的歌。

◎◎第二工人俱乐部原址

歌词是上海玻璃厂技校教师王森在1959年上海市工人文化宫赛诗会的参赛作品。二俱创作组成员、大华仪表厂工人陈锡元为它谱上了旋律后，如虎添翼般翱翔歌坛。歌曲为上海工人艺术杰作的代表，先后获得上海市和全国创作歌曲一等奖，参与了首届“上海之春”的演出，被上海唱片厂灌制成唱片，电台连连播放。《人民日报》等多家报纸也竞相刊载。要问什么是流行曲,这才是真正的流行曲力作！

二俱的原址为民宅丁兴里，被日本人侵占做了慰安所，1932年毁于一·二八淞沪战争。俱乐部的东北角，曾留有一栋推移式门窗的日式三层楼房。百余人的慰安妇，年龄在13岁到40岁间不等，随日军而来的日本女人和朝鲜女人占少数，多为被日本人强掠来的上海、江苏等中国姑娘。怕中国姑娘逃走，不允许她们出门，而日本慰安妇就能出来买些点心、烟等东西，她们穿着和服，说着一口上海姑娘教会的上海话。附近永明路56弄福寿里和70弄源兴里、四川北路1702弄福德里的居民经常会听到里面传来打骂声、哭叫声。1959年，楼房边的枯井里挖出了慰安妇的骨灰坛和墓碑、日式军刀和手枪。

二俱剧场的座位是硬板木椅，当剧终起立时，留在身后的是噼里啪啦此起彼伏的翻椅声响。剧场以放些老影片、群众会演为主，也有外地团体来此会演。20世纪70年代初，以歌舞见长的南京文艺小分队风靡全国，1971年冬天巡回演出到了二俱，我就读的小学分得三张观摩票，班主任唐老师谋到了一张。她手举票子，一句“谁想要，请举手”刚罢，手臂的森林瞬间出现。在数秒后的一片羡慕声中，票落我手。

二俱是我人生初次独自一人进的剧场。我学着大人样，通过检票进场，与另外两张票子的得主并排坐在

◎◎1992年时俱乐部地下室的轨道小火车

◎◎1992年时俱乐部地下室的电动马

进门左边的最后几排。舞台上一队与我年龄相仿的小姑娘，身着蒙古袍子，脚蹬大红靴子，在“金色的太阳照边疆，挤奶场上歌声亮，五七指示记心上，学习牧民好思想……”的歌声中翩翩起舞。节目深得三人好评，唱着刚学来的歌，在初冬薄暮时分，手拉手一起回了家。

1985年，二俱增建了1500平方米的大楼，地下防空洞也做了设施处理，开辟了地下游乐场。设有乒乓室、电动马、射击室、轨道小火车等项目。至1993年，各种娱乐设施已颇具规模：304平方米的歌舞厅、220平方米的桌球房、185平方米的电子游戏城，另有录像放映室和KTV包房等，已发展为纯商业性的营业场所。

二俱面朝四川北路、北临俞泾浦，依偎在横浜桥南堍，与横浜桥谈了场半个世纪的恋爱，是市民心中一对密不可分的爱侣。现今不见了另一半，便会惊呼“咦，二俱呢？”

21世纪初，横浜桥一带做了改造，二俱被列入拆迁范围。它与胞兄“虹口第一工人俱乐部”和表兄“虹口工人体育场”在飞虹路528号合聚安了新家——上海虹口区工人文体活动中心（简称中心），于2004年1月正式对外开放，主要开展区域性文化服务活动和市、区政治、文艺活动。新家一期的建筑面积18230平方米，设施更加先进、齐全：影剧场、多媒体教室、地下停车场、茶座、健身俱乐部、银行服务等功能。

横浜桥的改造，飞走了二俱“小小鸟”，飞来了嘉杰国际商业广场“大大鸟”，成为四川北路1717号的新户主。怀旧的市民站在桥堍处目测比画：以招商银行的门面为界，以南的方圆7000平方米为二俱原址。沿河作为休闲景观走廊，漫步去轻轨3号线东宝兴路站。

小贴士 交通：地铁3号线东宝兴路站下，公交21、670等路；餐饮：嘉杰国际商业广场地下1层到5楼、西湖饭店；购物：东宝百货、春天巴黎百货等。

那些年，我们到虹口足球场看比赛

吴德胜

位于东江湾路444号的虹口足球场（原名虹口体育场）是上海的标志性建筑，它承载着这座城市的城市记忆，满载着人们的美好憧憬。对于体育爱好者来说，在这块近70000平方米可容纳35000名观众的“宝地”上，见证了上海的“高度”、上海的“速度”和上海的“热度”，也勾起了我对它的美好回忆。

虹口足球场发展到今天，已有一百多年的历史，1895年，租界工部局在

◎◎鸟瞰虹口足球场

北四川路租地200多亩建造射击场，不久，又扩地把现在的“鲁迅公园”一起规划建设体育公园。新中国成立后不久，人民政府决定从虹口公园西部规划出一块建造体育场，1951年9月20日，虹口体育场落成典礼暨上海铁路职工第一届运动会开幕式举行；1952年5月28日，上海市人民政府为庆祝上海解放三周年，在虹口体育场举行足球表演赛，陈毅市长发表讲话并为比赛开球。

◎◎1953年2月25日，陈毅市长在虹口体育场为全国青年足球锦标赛开球

虹口体育场给我留下许多美好的回忆。1974年五一节刚过完，我就读的沙泾中学被选中参加9月1日开幕的“上海市第六届运动会”开幕式大型团体操表演团队，作为文体委员的我，当然成了团体操领队和表演者，在排练的四个月中，又逢高温季节，虹口体育场的草坪上不知洒下了我多少汗水，我不仅自己做得“国标”，还要辅导同学们达标，再苦再累也挺住了。开幕那天凌晨四点多，我兴奋得怎么也睡不着，穿上崭新的、平生第一次拥有的粉红的T恤衫，早早地来到了虹口体育场，虽然电视实况播出的六千多名表演者中看不到我的镜头，但我为出色完成团体操表演感到由衷的自豪。

我还在虹口体育场创下过两项校纪录呢。那是1975年我读高二期间，学校在虹口体育场开运动会，我获得100米短跑和跳高第一名，并创下了两项校纪录。但我也与两次机会擦肩而过，区体校击剑队、跨栏队来校招我，由于是放暑假，没有电话，体育老师无法联系上我，都没去成。1977年1月5日，我应征入伍的出发场地也是在虹口体育场的广场上，当军用卡车启动的那一刻，我从此启程踏上了人生征途中最难忘、最有意义的第一步。

命运就是这么巧合，1981年我退伍后，在虹口团区委宣传部工作，所联系的单位主要是文化体育系统，虹口体育场又成为我常去的地方了。1983年9月，第五届全运会在上海举行，虹口体育场作为田径赛场，见证了著名跳高运动员朱建华以2米38的高度打破世界纪录的壮举。这一刻，我就在跳高架旁屏住呼吸目睹那“飞跃”的一幕。观众的欢呼声一浪高过一浪，只听广播里大声地在叫：“观众朋友们，请安静，这个世界纪录一定要经过田径专家的重新测量才能确认。”我和工作人员一起抬起梯子，扶一位姓夏的老先生爬上梯子用皮尺测量高度。当听到“是2米38！”时，欢呼声又响起来了。朱建华手捧鲜花绕场一周，我跟在记者队伍中也跑了起来。这感觉、这神气劲儿，仿佛是我得了世界冠军。

◎◎1983年9月23日，朱建华在虹口体育场跳过了2.38米高度，打破了男子跳高世界纪录

时光荏苒，1999年2月22日，虹口体育场又经过一轮新的改造后，成为国内第一座亚洲一流专业足球场，并正式更名为“虹口足球场”。1993年5月，中国国家主席江泽民、国际奥委会主席萨马兰奇在第一届东亚运动会开幕式主席台上就座，我就站在主席台后几排的过道里。

1997年，我从机关转到国有企业工作，应该说与体育场没多大关系了吧，可说“分手”也没这么容易的。2007年1月－7月，为达到

FIFA2007中国女足世界杯的赛事要求，虹口足球场又进行了一次全新改造。我所在的上海杰盛建设工程有限公司，作为上海建工集团总承包的分包单位，直接参与了足球场的改造。我作为分管安全的副总经理，几乎天天戴着安全帽在工地督促安全事项。这几个月真是紧张啊，工期一天也不能拖，质量一点也不能马虎，安全事故一点都不能出。当2007年9月10日国际足联主席布拉特宣布“FIFA2007中国女足世界杯开幕”时，我长长地舒了一口气。

◎◎2007年9月10日，FIFA2007中国女足世界杯开幕，女足世界杯形象大使孙雯接过圣球

1999年7月1日，以足球场的“场”和鲁迅公园的“园”为谐音的“上海长远集团”成立，尝试着足球场管理和社会化运作模式，成功地与申花俱乐部签下了申花足球队主场比赛定在虹口足球场的长期合同。近几年来，年年被上海市体育局授予“中超比赛最佳赛场”称号、全国足球联赛组委会颁发的“中国足协超级联赛（上海赛场申花主场）竞赛工作优秀奖”等。与此同时，足球场充分利用资源，拓展业务，打造企业品牌，成功地举办过蔡依林、孟庭苇、张学友、齐秦、任贤齐、张信哲、王菲、孙楠等著名歌星演唱会及美日爵士乐演出，特别是2018年底的“五月天”演唱会，吸引了全国各地少男少女们热情追捧，主办地虹口足球场创下了满座率100%的历史纪录。这样的“文”“体”融合确实取得了良好的社会效应。

从“海伦”到“爱思”的儿童公园

蔡小鸥

上海曾有四个儿童公园，存留至今的唯有海伦路499号的海伦儿童公园。它紧贴俞泾浦，原是俞泾浦畔堆放垃圾的荒场，于1953年建园，占地面积近2.5万平方米，为上海最大的儿童公园。1955年6月1日开放，这是党和政府送给少年儿童的六一大礼。园内设有秋千、踩木轮、拱形桥等游乐项目，还有假山、山洞、阅读室。3分钱一张门票，是上海票价最低、游乐设施最丰富的公园。据说开园那天，适龄、不适龄的都蜂拥而来，热闹非凡。邻区小朋友由家长陪同或由学校组织，辗转几辆公交车慕名而至。千米长的海伦路也因儿童公园而扬名。

记忆中，20世纪70年代，公园大门的西侧是二层公寓房，与对面沈尹默故居是同款物业；东侧是美德新村居民楼，黑色墙体上挂满了绿色的爬山虎。大门开在沿街进深10米处，与两侧民居墙体形成了一个倒凹字，给练摊者留有足够的施展空间。公园中心以一座组合旋转滑滑梯、跷跷板、转盘车、摇椅等设施为主题。西南角有低龄幼儿的木马、迷你转椅等设施。大龄少儿可以去“勇敢者之路”。

"勇敢者之路"设在东南角，算是园中之园了。门口设一张离地约30厘米高的铁丝网，带着尖刺，稍稍抬头便会被勾，必须埋头匍匐前行，通过它入了园门游乐便算开始。记得大型组合架梯，有着很陡很高的石质滑梯，也有四根粗铁杆组成的镂空滑梯（屁屁坐在两根并列的低位铁杆上，两根高位的铁杆作为左右的扶手）。爬梯有"目"字和"王"字形的，与地面成垂直状态；攀岩组合，是由高低两个平台隔空相对而立，从高台的外壁上攀爬到了平台，纵身一跃到了对面低台，抱住一根滑竿嗖的一下溜到地面；凹凸壁，是在半人高的石阶上竖立的一张大弧度墙壁，正面凹进去反面突出来的形态。踏上几格水泥台阶，以弯腰弓背状背贴凹壁慢慢走完正面转到反面，再以伸展四肢状紧趴凸壁移动脚步回到原点，这样兜一圈不掉下去才算成功；水池跨石，是跨越安在水池上的十几个石墩，从此岸到达彼岸；吊索滑轮，是身体腾空、双手吊在滑轮盘上，通过铁索绳，由一人多的高度渐渐滑向十多米远处的低处地面，是门考

◎◎公园壁画墙

◎◎公园外景

◎◎公园内一景

验手劲的活。整套设施参照苏联军事夏令营模式而建造，所有的陆地项目都有沙坑垫底做保护。园中树木葱茏，置身于此，深有野战军奋勇作战于密林深处之感。南边的假山，不高却有“仙”洞，偶有水滴下落，小囡们喜欢在此爬上爬下、钻进钻出地捉迷藏。山后有挂着青藤的长廊长椅做小憩之用。

园里随处植有“一串红”。摘一根放嘴里吸吮，花蕊蜜甜芳香。要是口袋里攒足了3分钱，就可约上小朋友一起去疯玩。为了3分钱巨资的投入取得最大值，不玩得臭汗挥舞淋漓尽致，决不收兵！要是家有客人远道来，邀上小囡去公园玩一把，是非常有面子的乐事。

园中的游乐设施在70年代初，部分就已损坏；80年代大都破损缺乏维修；90年代基本已废弃。1994年，爱思旅行用品有限公司赞助修缮后，改名为爱思儿童公园。2001年底因地铁4号线建设，地面箱涵以南向北穿越公园裸露于地面，公园被劈成东、西两半，关闭。经过再次改造，在闭园13年后，于2015年6月再次开园。

爱思儿童公园经数次改建，不再是综合性儿童公园，而是以童趣为特色，转型服务周边居民多种需求的公园绿地。西面已是四川北路街道社区活动中心，东面已是上海三至喜来登大酒店。俞泾浦边，原来是公园墙外的棚户房，现在已是亲水平台。为方便周围居民跑步锻炼，新建一条跑

◎◎公园长廊

道。山上铺了漂亮的鹅卵石梯道。邢家桥北路新开了一扇西门。

2015年秋，我相约四个儿时小伙伴，本着重启童心的意愿而去，不料才近门口心情即童化：“爱思儿童公园”招牌字体是胖乎乎的幼圆体，大门上还贴着两辆卡通造型的小汽车；入口处的圆形广场，五支红色“蒲公英”以下腰的舞姿迎接我们；儿童座椅是大猩猩的仰面造型，用的是活泼的大红色……最耀眼的要数那座橙色景观桥了，它在东西两端划了一道半圆的漂亮弧线，当空架在地铁箱涵上，桥身挂足了卡通画。原本“裸体”的地铁箱涵上披着绿草，侧身涂鸦了卡通画画。园中的卡通造型随处可见，童趣横生。

游乐区分设两个年龄区：适合年龄3～6岁的幼儿区，装有小型滑滑梯、能弹出八个音符的小钢琴等；适合年龄6～12岁的少儿区，安装了大型滑梯、跷跷板等。为防止儿童意外伤害，设施的轮廓多为弧度，没有锐角。据说不久将会引进儿童室内游玩项目。

儿童公园，儿童、“老儿童”齐聚。一群70岁左右的阿姨，人手一本歌谱认真练唱、切磋歌技；一对60开外的夫妇扶着2岁的小女孩在幼儿区玩耍。外公说，自己小时候常来，之后就带着女儿来，现在又带着外孙女来玩；一位70多岁的爷叔，独自坐在树下。他说，家住附近，每天来此坐坐，晒晒太阳、听听鸟语，看着小囡们玩耍，也蛮有趣……

时光荏苒，岁月匆匆。从“海伦”到“爱思”、从儿童到“老儿童”，“甲子”一晃而过 。流逝的是年月，留下的是几辈人的美好长忆。

小贴士 公交：乘坐100路、123路、123路区间、147路到四平路站。地铁：乘地铁4号线、10号线海伦路站。公园对面，海伦路504号沈尹默故居，西门临中共四大纪念馆。

回望余庆坊

陆林森

坐北朝南，砖木结构，饱经风霜的石库门，一式的海派建筑风格，依然是那般的“上海腔调”，散发着20世纪二三十年代的余韵，这便是久负盛名的余庆坊了。

上海被冠以余庆坊的弄堂有好多条，可我，每次走过四川北路1906弄，总是回望历史的深处——这里也叫余庆坊。我无意厚此薄彼，但确实，此刻，我面前的余庆坊，脱却脂粉，洗去尘埃，早已融进了现代生活的潮流。可是，读余庆坊的身世，如读历史的镜头，也许，因着一位中国影人的婉容芳踪，历史的帷幕这才变得分外厚重。

余庆坊，一只蝴蝶翩翩飞来落定，后来又翩翩飞走，离开余庆坊，多少前尘往事，随风而去，似乎已经了无痕迹，可余庆坊不会忘记她：胡瑞华，艺名胡蝶。

当1897年礼查饭店升起第一块银幕，上海成为中国第一座放映电影的城市。十年以后，“虹口活动影戏院”开门迎客，这是上海，乃至中国

◎◎胡蝶

内地的第一家电影院。此后十年，北四川路一带先后出现了“爱普庐”“幻梳”“爱伦”等8家影院，一块又一块硕大的影幕，反映了虹口影业的繁荣。到了20世纪上半叶，虹口影业更是兴盛，北四川路一带先后出现了32家电影院、46家电影公司，占据上海影业半壁江山，北四川路成为一条名副其实的“影院街”。过河（苏州河）看影戏，成为上海市民的时尚潮流。

1924年，当胡蝶随父辗转回到上海，已经出落得亭亭玉立，成为一位16岁的芳龄少女了。胡蝶，与虹口有缘，生于东大名路辅庆里，后来随时任京奉铁路总稽查的父亲先后在天津、营口和北京等地居住，1924年回到上海后，暂住东余杭路541弄，其后不久，便搬到四川北路1906弄(余庆坊)52号，一住就是8年。

一只美丽的蝴蝶，从余庆坊飞出，飞向北四川路一带的影业公司，飞向上海影幕。余庆坊8年，使胡蝶一举成名。凭借天生丽质和绝佳的表演才华，她从虹口起步，飞向上海、飞向全国，饮誉银幕内外。

胡蝶在余庆坊定居后不久，就成了上海中华电影学校第一期演员训练班的学员，师从洪深、郑正秋。结业后进入大中华影片公司，参演无声片《战功》。随后进入友联公司，在

◎◎2003年12月16日，虹口区人民政府公布胡蝶旧居为虹口区登记不可移动文物

影片《秋扇怨》中担任主角。在余庆坊居住期间，天一影片公司是她从影生涯的重要拐点。天一公司紧傍横浜桥，由邵氏兄弟创办于1925年，北四川路一代有很多影业公司，天一公司是最具市场影响力的一家。公司成立后，拍摄了第一部影片《立地成佛》，此后陆续拍摄的电影有《梁祝痛史》《义妖白蛇传》等古装片，在上海影坛极有影响。1931年，天一完成《歌场春色》

拍摄，这是中国最早的一部片上发声电影。从成立到1937年迁往香港，十多年间摄制了100多部影片。公司不仅对中国电影发展做出了重要贡献，而且培养了大批电影人才，胡蝶是其中之一。在天一影片公司，她主演的电影有《夫妻的秘密》《白蛇传》等古装片。20岁那年，她加入明星影片公司，与阮玲玉合作演出《白云塔》。其后5年，参与拍摄《火烧红莲寺》《啼笑因缘》《空谷兰》等，主演中国第一部蜡盘配音片《歌女红牡丹》。1933年，上海新闻界发起女明星竞选，她超越阮玲玉，当选为“电影皇后”，在中国电影史上留下了亮丽的一页，余庆坊也因此被后来众多影迷寻踪，追寻美丽的蝴蝶曾经落定的地方。

胡蝶，翩翩飞舞在洁白的银幕，拍摄了很多深受影迷喜爱的影片。但是，银幕上留下的不仅是她的多彩多姿，而且也还伴生了不少有关她的风雨情史。她的命运多舛，婚事多变，故居不一，颠沛流离。尽管如是，余庆坊8年，是她存放在人生之匣中最为珍贵的一枚时光之钻，也许，当她离开余庆坊、搬迁别处之际，她的心里也会有眷念，也会有一种难舍的情缘，以致频频回首，说不尽的是余庆坊8年生活的苦与乐，留下了为后世津津乐道的蝴蝶飞来又飞走的故事。

小贴士 余庆坊，优秀历史建筑，与著名的山阴路名人故居翘首相望，沿胡蝶生前留下的路径，感受三十年代虹口电影业的繁荣，可谓别有一番滋味在心头。离余庆坊一箭之地，即多伦路文化名人一条街，寻踪名人文物古迹，足可抒怀。周围交通便捷，有21路、47路等公交车，3号轻轨等。

又到东照里

李榕樟

上海有许多里弄，而虹口山阴路的仿日式新式里弄东照里，对我来说很特殊，几近家乡故里。春去秋来，在多年之后的一天，我又一次走进了它，回溯岁月，凝望这条里弄的一砖一瓦。

我家，确切地说，是我姑妈李莲君家曾在那里。姑妈1946年住在这条里弄2号整幢仿日式小楼，爷爷奶奶和我爸爸、小姑妈等带着保姆在这里一起住过。后来，因为1948年8月，财政连年出现巨额赤字的国民党政府实行“金圆券”政策，又实行所谓的“币制改革”，姑父的营生全部陷于瘫痪，遂以小楼抵债。搬出这幢楼以后，住到东照里弄底的甲50号。童年时的我，经常去东照里，东照里在我们家人的心里，镌刻着悲喜交集，非同寻常。

“东照里”原叫“日照里”，其所在的山阴路向来不通公交车，真正的闹中取静。我以前是坐21路公交车到四川北路，然后步行进入山阴路的。这次我骑了“小黄车”，到山阴路不多久，经过右手边的四达里、恒丰里和恒盛里，穿过吉祥路，便来到熟悉的东照里。东照里弄口有块木牌，标注是瞿秋白的寓所旧址。那是1933年，风雨如磐，黑云压城，国民党当局重金悬赏通缉瞿秋白。瞿秋白夫妇不得不常常搬家，更有数次极其危险时，到山阴路大陆新邨鲁迅先生家中避难。因鲁迅也常遭遇特务监视，处境很困难，故委托内山先生的夫人，在日照里12号租了一间亭子间给瞿秋白夫妇居住。

重见“东照里”，我明显地感到，建于1920年，即将迎来百年诞辰的它，比我曾经见到的其他新里来得大些，有120多栋联体三层楼房子。我姑妈后来住的弄底甲50号，有别于东照里大部分房子，是两层楼，格局也简单，据说按照设计，原来最初是该弄“物业中心”的所在地，除了管理和维修人员入住，还有保姆宿舍。时代变迁，阴差阳错，整个东照里和物业中心的居住人员结构才发生大变。

因为拥挤和年代久远，东照里宜居性较以前大大减弱，三楼阳台很多被搭建了房屋，弄堂的一半通常也被私家车停车占据，而弄堂外沿墙有一圈便利店、烟纸店，明显是违章搭

◎◎20世纪50年代姑父姑妈与我梅丽小姑妈合影

◎◎1946年，堂兄从广东来东照里2号探亲小住在此，与我表姐合影

建，非常突兀地破坏着建筑风貌，不知何故，历经数度大拆违建，依然如此。所幸的是东照里整个居住小区内部尚保存着它的一份精致、紧凑和优雅：多排建筑并列，主房朝南，强调通风和采光效果，外形参照日式建筑，取消石库门门楼，改为矮墙，小铁门，天井改为小花园，底层入口采用半圆雨篷，二层窗上口扁圆券线条，三层通长阳台，出挑，墙面水刷石划块勾缝，部分山墙为干粘鹅卵石粉刷，矮墙和门才1.6米左右，窗户

◎◎东照里2号

◎◎莲姑与我父亲姐弟情深

的下沿也很低。楼梯才85厘米宽，很有代表性地反映了东照里建筑惜土如金紧凑的特点。围墙和院门都是“小个子”，可能与当时的日人普遍身高有限，而文明素质高，入室盗窃极为罕见相关。而据我所知，这些房子中一般还都有地下室呢。

再来说说莲姑吧。莲姑是医院药剂师，她在东照里住了几十年，与这条里弄的缘分很深，人称“刘家姆妈”。姑父刘少谋，常州人，和我爷爷一样，都是干财务出身，早年跟

◎◎前右一戴雷锋帽者为作者当年与家人在鲁迅故居前的合影

国民党政府行政院善后救济总署执行长兼上海分署署长、经济部计划委员会委员、上海市政府咨议委员刘鸿生做事，上下班有专用轿车接送。抗战胜利后，他当上虹口一带的日产接收大员。接收的财产中，大多住着日侨的日照里也在其中，按照当时的情势，本可以没收更多房屋，但他不图私利，只在2号自住，而把东照里其他房产交给了别人来经营管理。几年后遭遇“金圆券”挫败时，那个二房东倒是知恩图报，让其免费住进了自己所在的弄底底楼的屋子。屋子外有一个公用的大客堂，大家吃饭或待客都可以在那里，而客堂外带着一个院子，种着不少花卉。院子里开了一个后门，直通宝安路，东照里的老居民都知道这条藏在屋子后的交通捷径。

莲姑一生人如其名，“濯清涟而不妖”，美丽善良、低调优雅、宠辱不惊。早年，因我爷爷公司倒闭，曾基本无业，家中经济拮据，她去工厂打工后来又嫁为人妻，只要有可能就尽力在经济上帮助父母和家人；抗战时期，她随姑父去重庆，读报闻知日本轰炸香港，在国华银行旁边丢了炸弹，马上发电报联系她的兄弟、在国华银行工作的我大伯，却又联系不上，她心急如焚，一怕大伯父遭不测，二怕我奶奶和大婶担惊受怕而生活无着，于是一方面通过关系继续打听香港消息，一方面立即写信对她们说和我大伯父联系上了，并直接向他们汇款算作是大伯汇给她们的，用作生活开支。直至大伯父从被日本占领的香港撤出，重新回到上海。再往后，历次运动，姑父因为早年历史原因受冲击，她坚韧隐忍，陪伴他经历了所有风风雨雨。晚年姑父得阿尔茨海默病，她又放弃自己所有爱好，整日悉心照料……善有善报，身体和身材一直很好的她很长寿，姑父离去后，80多岁的她，还辗转乘车去南京西路大都会舞厅“轻云般慢移,旋风般疾转”。她善于烹饪，生活上与左邻右舍们互相照顾，经常与人分享美食，亲如一家。其90岁寿辰，到衡山路某饭店庆祝，欢声笑语，好不热闹。莲姑做药剂工作多年，医药知识丰富，仍常年订着一份家庭健康小报，注意学习保健知识，鲐背之年仍精神焕发。未料，天有不测风云，唯一一手带大的外孙遭遇车祸离世，白发人送黑发人，令她悲伤不已，犹如一株老树受到暴风雨的猛烈袭击，几年后她驾鹤远行。而凝聚着她挚爱的东照里的住所，给失独的女儿家庭，泽被后人……

留青小筑的故事

陆林森

100多年前，山阴路及其周边，还是一片农田。上海公共租界越界筑路，四川北路向北再延伸，拓展到现在的鲁迅公园附近，路两旁衍生出了许多小马路，山阴路和甜爱路是其中的两条，为后来留青小筑的故事设下了伏笔。

山阴路26号，44弄−124弄，一共有200多幢新式里弄房子，一幢小型公寓，一排日式街面房子和四座花园住宅。112弄、124弄1号−43号，与近在咫尺的松云别墅同为1932年建造，都是面对面，背靠背，对称式新式里弄，属市级保护建筑。这种样式的建筑，如今在上海凤毛麟角，非常少见。112弄、124弄1号−43号，便是我们这个故事的源头：留青小筑，一个富有诗意的建筑物名称，它存世已80多年了。风雨沧桑，留青小筑不改其名，于默默的讲述中，抖落了一个尘封的传奇故事。

多年前，我应上海一家杂志所约，采写80多岁的摄影爱好者王凤青，他的家就在留青小筑。许多年前，他从老静安搬来此间居住，那时还年轻，背着一架照相机到处跑，拍摄了许多虹口新老照片。上海世博会开幕前一年，他在四川北路公园举办摄影展。有一位路经此地的日本友人停住脚步，看起了照片。

王凤青拍的照片，其中有不少是山阴路上的名人故居。他从中挑选了120多张，很想在鲁迅公园举办个人摄影展。他知道，那里的人流量大，观摩摄影展的人一定会很多。公园领导知道后，专门辟出十多只大橱窗，展览反映虹口变化的摄影作品。后来，在街道党委支持下，他将摄影展办到了四川北路公园。

王凤青在四川北路公园邂逅的这位日本友人，也是个摄影爱好者，两人一见如故，交谈起来。话题转到留青小筑，王凤青始料不及的是，几十年前，这位日本友人的家也在留青小筑，更让他大吃一惊的是，他家就是这位日本友人以前住过的屋子！

天下之大，人海茫茫，居然会有如此巧合、如此离奇的事情！

可是，戏剧性的故事还没有结束。此后的一天，又有一位日本旅客来到了四川北路公园。在翻译陪同下，他看了王凤青拍摄的照片。

翻译走了过来，问，这些照片是你拍的吗？翻译传达的是那位日本旅客的问话。一会儿，日本旅客在翻译的陪同下，一起来到了王凤青面前。听了翻译，王凤青明白了。原来，这位日本旅客叫洼田东海，是来上海“寻根”的。1928年，他出生在北四川路的一幢屋子里。可是，七十多年后，当他来到四川北路，深感迷茫：上海的变化实在太大了。看了王凤青拍的照片，想请他帮忙找一找他以前住过的地方。

王凤青为难了，时隔七十多年，洼田东海究竟住在四川北路什么地方呢？那时候，自己还是一个十二三岁的孩子啊，虽然随母亲多次去过北四川路山阴路附近的亲戚家，可现在，旧时的印象早就模糊，再说，四川北路山阴路，一排排经典建筑，一幢幢老房子，物是人非，谁也说不清换了多少“房客”啊！

王凤青指着一张照片问，这是你以前住过的屋子吗？洼田东海摇摇头。他指向另一张，是这儿吗？洼田东海仔细辨认，接着又摇头。王凤青指了好几张照片，洼田东海还是摇头。

正在王凤青也感到迷茫的时候，洼田东海指着一张照片叫了起来。顺着他的手指一看，王凤青顿时兴奋不已：洼田东海指的这幢建筑，就在甜爱路！难道，他以前就住在那里吗？

甜爱路离留青小筑不远，对于王凤青来说，那真是太熟悉了。但是，甜爱路尽管不长，那里的建筑也不少，洼田东海一家，以前住在甜爱路几号呢？

洼田东海想了好长一会儿，对王凤青说，他家以前住的是花园洋房，但是周围都是农田，一到晚上，只听见青蛙“呱呱”叫。他的父亲，那时担任日本正经银行董事长，1920年就是在这幢洋房里和他母亲结的婚。婚后15年，一家人离开上海，迁居汉口，从此就没有回来过。

三人开始在甜爱路寻找起来。当来到甜爱路59号的时候，洼田东海两眼放光，突然喊了起来！印象中，这里就是他们一家几十年前住过的地方！

故事，终于有了一个圆满的结尾。但是不是画上句号了？不，还没有。事后，王凤青去了外滩。在有关银行支持下，他在银行资料库找到了洼田东海父亲的一张照片。

洼田东海激动得说不出一句话，带着一个久已尘封的故事回到了日本。几年后，他又一次来到上海。老朋友相见，分外高兴。分别时，他

◎◎留青小筑弄口

对王凤青说，上海给他留下了很深印象，还要来上海。孰料，分手不久，从日本传来消息，洼田突发脑出血，与世长辞了。

王凤青为失去了一位好朋友而难过，他想，自己居住的留青小筑，实在是太传奇了。也许，这个传奇故事结束了。可是，它会不会还被人挖掘出新的故事来呢？

小贴士 留青小筑，优秀历史建筑，与同为优秀历史建筑的千爱里、松云别墅、文华别墅、大陆新村、新恒丰里、东照里、花园里等同处山阴路。这里有许多名人故居，以及历史遗址，散发着文化气息，足可“发思古之幽情”。周边高楼耸立，商业网点密布，交通便捷，有公交21路、47路等公交车，3号轻轨等。出山阴路，对面即多伦路文化名人一条街，有左联纪念馆和茅盾、瞿秋白、鲁迅、郭沫若、叶圣陶、内山完造、冯雪峰、丁玲、夏衍、沈尹默等十大文化名人展馆。

我居住过的长春公寓

葛　健

◎◎长春公寓楼梯

在四川北路这条从南往北的商业街北端，有一条宽窄适中的马路与之交叉向东延伸，这就是我非常熟悉的长春路。长春路上，有一排英式建筑，因长春路得名为长春公寓。从20世纪50年代开始，我在长春公寓居住了近20年。

长春公寓始建于1921年，1928年重建，开发商是著名的犹太富豪沙逊。因近四川北路北端，又称“北端公寓(North End Court）”。长春公寓由八幢钢筋混凝土结构的四层（现六层）楼房组成，除建于四川北路长春路口的一幢外，其余七幢平面呈三边合围状，中间凹进，凹进处是种有树木花卉的小花园。长春公寓的楼房巍峨挺立，外立面由黄、褐两色面砖饰面、水平带相间，格子铁窗，四楼以上有突出的长阳台。记得小时候，长春路上没有机动车辆，晚上更是连自行车也没有，我和一群孩子就经常在长春公寓外的马路上跳橡皮筋，玩捉迷藏，偶尔也在围绕公寓小花园窄窄的过道上奔跑嬉戏。

我住在长春公寓最西面那幢独立的楼房里，这幢楼房有两个楼厅，因建于四川北路街面上，街牌号分别为四川北路1960号和1972号。这幢楼房与其他几幢楼房不同，因在四川北路上，它的一楼得天独厚是商业用房。早在20世纪30年代初，这里是一家上海日商的产销合作社，经营形态类似今天的超市与便利商店。50年代后，这里一直是零

◎◎在长春公寓住房内透过玻璃窗看街景

◎◎图为作者母亲摄于长春公寓楼顶

售商首选的门店位置，因为当时在四川北路上，来往的有轨电车横穿上海市区，这里是整个虹口最繁华的路段。直到60年代，在四川北路1960号到1972号之间的长春公寓一楼，建起了一家综合型百货商店——文美百货商店，成为当时商品品种较多、面积较大的百货商店，每天熙熙攘攘，热闹非凡。我居住的1972号公寓一楼右边，则是远近闻名的“重庆堂”中药店。这里的取药区与配药区之间，有一排高高的柜台，柜台上面有一根粗粗的烫金圆柱围绕。在小时候的记忆中，这是一个令人畏惧的店堂，来这里配药的大人都一脸严肃，所以我们很少到此玩耍。这个中药堂延续到今天，牌子已换成了“雷允上”。

1972号的门厅，是个20来平方米的大厅，浅黄色的大理石砖墙上，有一个黑色长方形的六格信箱。地面也由浅黄色大理石铺就，边上镶嵌着一条黑色的带子，很大气。记得那时，有一个补丝袜的妇人和一个帮人写信的老

◎◎长春公寓门牌

人常年在门厅里坐着，虽然生意不怎么好，但几乎每天都能看到他们。我妹妹那时尚小，看到那个老人拿着一个大茶缸吃饭津津有味，竟然馋得跟着咀嚼，成为笑谈。

大厅正面便是楼梯。每级楼梯虽然很宽但不高，老人小孩上下楼都比较轻松。楼梯栏杆是花式铁艺铸造，上面有宽宽的木质扶手。值得一提的是，上下楼栏杆之间空隙很小，即便失手，东西也难掉落。正因为安全，我们小时候下楼时很喜欢趴在楼梯扶手上一滑到底。

长春公寓的房型，初建时分为三间套和四间套两种。楼道厅挺大，右面是单号四间套，左面是双号三间套。我家住在3楼的4室，对面的3室是四间套，里面住着3家人家，因此大门经常敞开着，我们小孩有时会进去玩玩，但除厨房外，四间房门都紧闭着。一到夏天就不同了，楼道里坐满了3号里乘凉的邻居。

值得一提的是，四间套里有一间别致的扇形房间。我小学同学刘文忻就住在1960号四间套的扇形房内，那时我经常去她家等她一起上学。这是一间独特的房间，弯形的房间外围，有四扇独立窗。磨砂对开房门，25平方米左右。之所以是扇形房，是因为长春公寓的这幢楼房两侧是圆形的。

我家住的是三间套，大门是褐色的木质门，上面有一个盔甲形状的铁艺玻璃小窗。门边的墙上，有一个黑色长方形上镶着白色圆点的电铃。门上配有铜质链条。记得那时电铃响有人来，如要我们小孩开门，因人矮够不着铁艺玻璃小窗，就需要把链子拉上，看看是谁才开门。

长春公寓的内部结构很完善，很宜居。走进我家，进门是一个10来平方米的过道厅，正面是会客厅，门是磨砂玻璃宽格门，上面有一个铜质的圆形把手，面积在25～30平方米，有两扇独立的铁窗。连着会客厅的，是一间可用拉门分隔的房间，18平方米左右，有着一个由四扇单窗组成的大窗，有一个侧门连着厨房，估计这间房曾被设计为餐厅。卧室在过道的右面，有一个方形门廊，木质门，也有两扇独立铁窗，还有一个宽敞的储藏室。记得我们小时候玩躲猫猫游戏时，经常躲在这里。

厨房和卫生间在门厅的左侧，厨房有10多平方米面积，有一个四眼煤气灶，一个水斗。有一个侧门通向一个长长的水门汀走廊，走廊左面有一间保姆房，3平方米左右，有台阶，可防止下大雨时雨水漫进来。其层高也与其他房间一样。记得上中学时，需要记忆的内容很多，妈妈就在这间房里放上一张圆桌，供我和姐姐考试前使用。只要厨房的侧门一关，这里绝对安静，没有一点噪音。

走廊右侧是敞开的阳台铁窗，走廊的尽头有一座铁门，铁门外面是与3号共用的垃圾桶，垃圾直接通向楼下后门的垃圾房。卫生间配有大浴缸、抽水马桶、洗脸水斗，还有一扇窗通向厨房外的走廊。这些配置在现在看来很普遍，但在20世纪五六十年代却很稀缺，而仆人房和垃圾桶的人性化配套设置，至今也是较为前卫的。

长春公寓是平顶，上面铺设了细细的砂粒，周围有近半人高的围墙。从我家所在的三楼拾级而上，到四楼再往上，便可看到一扇木门，从木门进去，便是有两个篮球场大小的屋顶公用晒台。我们经常在晒台上玩耍，夏天屋顶风大凉快，便在这里乘凉，甚至铺张席子在这里过夜。每年换季时，这

◎◎长春公寓街景

里便是晾晒衣被的最好场所。因为阳光明媚，有客人来时我们还会搬上椅子，扶奶奶到楼上拍照。

那些年，我家有奶奶、父母亲和兄弟姐妹五人。除大姐在北京外，常年住在这间公寓的有七人，所以三间房包括会客厅都放了床。尽管如此，长春公寓留给我们的是无与伦比的快乐和幸福的回忆。

孙小琪

19个灿烂的期待

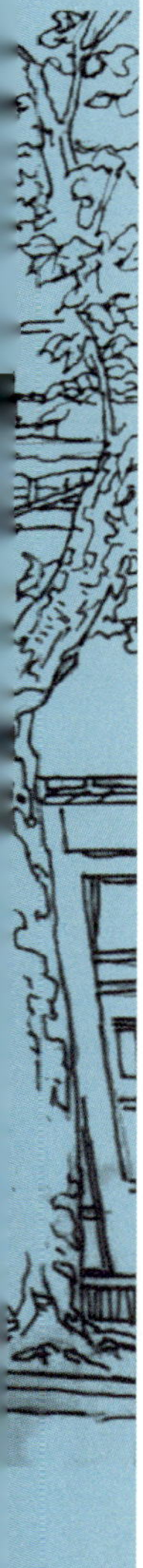

巫老伯住在兴业坊，从1948年开始。他熟悉自家住房楼上楼下的一切，也熟悉弄堂里家家户户每天进进出出忙碌的身影。兴业坊于他，有故乡的意义。

巫老伯解放前从家乡常熟考上上海医科大学，学制药。新中国成立后在上海的制药厂做技术工作，还当过厂里的工会主席。巫老伯喜欢自己的专业也喜欢自己的工作，自然，对生活也就有一份始终的热情。尽管他这一代人都经历过新中国成立后那些“运动”的风风雨雨，出身“资本家”的老伯原本是可以抱怨的。

巫老伯的晚年生活平淡而充实，样样事情喜欢自己动手，这个年纪了，出门还是骑脚踏车或是电动车，拥有4部“坐骑”。每天清早起床，先坚持洗个冷水澡，做些简单的家务，然后出门，到公园去跳舞。老伯舞跳得极好，甚至还能跳“快三”，是老人堆里炙手可热的“舞伴”。下午在家里底楼房间，置一张电动麻将台，邀几位朋友打麻将。巫老伯要强，总不想麻烦子女，他的“舞搭子”“牌搭子”大都和他有相仿经历，能谈得来，所以并不寂寞。不要说别人常常忘了他的年龄，就是他自己，似乎也不觉得90岁已是高龄。

2010年，吴老伯92岁了。5月，上海世博会开幕，上海马路上弄堂里大家都在谈论世博会。巫老伯说百年世博，又是在上海，我是一定要去的。照例，他一再声明自己可以一个人去，坚持不要子女们陪。

5月14日，巫老伯果真独自去了世博会。虽说92岁参观世博会未必是最年长的纪录，但是像巫老伯这样，无须别人陪伴，身着时尚的运动装，手拄美国原装的折叠式不锈钢“司迪克”，自己一个人畅游世博会的恐怕真是绝无仅有。

他有老人卡，坐公交车不花钱，在园区参观不用排队，尤其当他出示身份证，工作人员发现他已是92岁高龄，总是在一声惊呼后就有更热情周到的服务。巫老伯沉浸在快乐和感动中。

给他印象最深的是法国馆。那里，无论是馆体纯白色的外形，大厅里哗哗的水幕，高墙上碧绿森森的大型植物造型，还是那7件从巴黎奥赛博物馆好不容易运来的“镇馆之宝”，那些浸润了时光和向往的艺术品，还有LV的标志图案，那些闪烁的十字星，都让他兴奋不已。就是馆里工作人员穿着的似乎是用法兰西红白蓝三色国旗制作的背带裤，也让他呼吸到了巴黎浓浓的浪漫风情。

出来，带着意犹未尽的兴奋，巫老伯去了楼上那个法国餐厅。法国大厨在可以看得见的厨房里忙碌，戴着白色的熨烫过的圆筒帽子，一招一式都像是在伺候工艺品。侍者很客气，热情地招呼他，给他看精致的菜单。巫老伯坐在餐桌旁，翻着那个菜单，好像到了很远的地方。他感觉到了体面和尊严，能在有生之年赶上这样一个世博会，他为自己庆幸。

他想起十多年前，有一次和老同学们聚会，那些当年一起读书学医，一起向往日后为医学奉献的美好理想重被提起，身为医学院学生，如今走到人生的苍茫时刻，还能为国家为自己做些什么？他们想到了当年立下的救死扶伤悬壶济世的人生志向，想到了要捐献遗体。

1997年3月，巫老伯和一辈子夫唱妇随的老伴一起，说服了百般不舍的儿女，填写了“上海市公民生前志愿捐献自身遗体申请登记表”，将夫妇两人的遗体捐献给了自己的母校——上海第一医科大学。两张表格的编号是挨着的，2512，2513。

登记表上写着：我志愿将自己的遗体无条件地奉献给医学科学事业，医学教育和提高疾病防治工作水平，贡献自己最后一份力量。

那两张表格上的字迹清晰遒劲，一丝不苟，就像两老安定尊严的人生姿态。几年前老伴病逝，儿子作为遗体捐献的执行人，按母亲的意愿办了后事。巫老伯想到了和老伴这一生的相知默契，假如她还活着，能一起来游览这个世博园……岁月终究不饶人啊，但巫老伯不惧怕那样的归宿。

从世博园区回家后巫老伯仍很兴奋，逢人便说他看过的世博会。他为自己买了20张世博会门票，只用了一张，还要去好多次呢！

两天以后，巫老伯原单位的老同事聚会，他带着自己已去过世博会的美好感觉去了。那天老同事见面高兴，中午喝了酒，下午老伯又是不要子女开车接他，坚持独自上了公交车，坐到座位上还对车窗外同事挥了挥手告别。然后，他原本只要坐三站就该下车，就到兴业坊的家了，却在车到终点时被司售人员发现，端坐在座位上的巫老伯，已经微笑着去了另外的世界。

巫老伯的儿子是我中学时的学长。学长说着他父亲的故事，有亲情也有崇敬。巫老伯是回到自己母校的怀抱了。老伯临走前和自己的老同事相聚，就是和大家告别过了，就像事先安排好的一样。所谓“天遂人愿”“潇洒人生”，大概这就是最好的归宿。

巫老伯一生，在柴米油盐后面坚持着的，有不甘流俗的心愿。

学长也下过乡，退休前一直做党务工作。他说父亲一辈真比我们更想得开呢。我们这个年纪到什么时候，是不是也应该考虑一下遗体捐献的事呢？还有，那19张世博会门票，那是19个灿烂的期待，伴着巫老伯的最后时光，给亲属朋友莫大安慰。

第八辑

日人往事

曾经，这里被营造成庞大的日本化街区：日本人的店铺、日本人的学校、日本人的医院、日本式的建筑比比皆是，甚至连日本的神社也“不甘寂寞”地占据一席之地，日军的司令部在这“国中之国”肆无忌惮。这里，被日本人自诩为“小东京”而乐不思蜀，映射的却是中国自主权的沦丧，任人欺凌的羞辱；但是，这片区域里，亦不乏有正义良知，支持投身中国抗日斗争的日本仁人志士，值得中国人民缅怀纪念。这片区域的前世今生，抑或是对“正视历史，展望未来”的恰当诠释……

虹口、闸北一带的中日战事

李　红

在四川北路、东江湾路转角（今四川北路2121号），毗邻多伦路文化名人街，有一座钢骨水泥、坚同堡垒的建筑，这是曾经臭名昭著的日本海军特别陆战队司令部。20世纪三四十年代，这里常驻日本海军陆战队官兵四千余名，是日军侵略上海的前沿基地。1932年、1937年两次淞沪战争率先在虹口、闸北一带打响。

◎◎坚守上海北站的中国士兵

1932年1月28日夜，一个并不安宁的夜晚。日军向闸北的中国驻军发起攻击，战争爆发。日军迅速占领了闸北、虹口、杨树浦一带，并将公共租界北区和越界筑路地段据为已有。

◎◎1938年，日军的铁甲车队开出海军陆战队司令部门口

虹口、闸北一带高楼林立，战斗变成短兵相接的巷战。日军悍然把大炮架在大马路上，向上百万人口的闸北区平行射击，造成了难以计数的平民伤亡。29日，日军多架飞机向闸北宝山路的商务印书馆总厂投下六枚炸弹。中国最大的文化出版机关被炸，顿时浓烟蔽日，机器尽毁，大火一度殃及东方图书馆，致使“古籍孤本，尽付一炬”，千古之殇！

上海北火车站是重要的交通要地，成为日军攻击的重点。敌人为了占领它，不断向宝山路和虬江路进攻，敌我双方展开了拉锯战。而国民党军也持强大的兵力，主动对虹口、杨树浦敌据点展开猛烈攻击。

经过昼夜激战，国民党第19路军突破日军阵地，攻入虹口的汇山码头。日军利用钢骨水泥的楼房做据点，放射密集小炮弹，火力异常猛烈，国民党步兵虽极勇猛地跟上，但挡不住黄浦江面敌舰炽烈的炮火，也不容易冲破敌方在街市上的坚固据点，进攻维艰。36师第215团第2营300余名官兵攻入虹口区的华德路（今长阳路）十字街口，突入巷内与敌展开白刃格斗，不料被日军以坦克阻塞路口，遭到火力袭击，全部壮烈牺牲。

一·二八事变中，虹口闸北一带的激战持续了两个多月，往日繁华的商业区笼罩在烟火弥漫之中，大部分变成废墟。

1937年的八·一三事变亦称第二次淞沪战争。这次战争从1937年8月13日开始，至12月2日结束，历时三个多月，是抗战中历时最长的战役之一。

战斗首先在虹口的八字桥打响，八

◎◎轻型装甲车助中国军队守卫阵地

◎◎四行仓库旧貌

◎◎十九路军士兵

字桥位于今天的虹口区水电路、柳营路交接处，这里有两条河浜交汇，河浜建有两座小桥，平面呈八字，故称“八字桥”。一·二八事变中，东桥被毁，仅剩西桥。1933年西桥改建为钢筋水泥结构，是闸北通往虹口的重要通道，也是日军最重要的前哨阵地。如今，从八字桥沿着同心路走十多分钟，即可抵达日本海军特别陆战队司令部旧址。但在当时，中国军队攻克这1.4公里的路程却是艰苦异常。

◎◎八字桥

八·一三淞沪战争揭开战幕后，在最初十天里，中国第九集团军主力对上海虹口和杨树浦的日本驻军发动围攻战。中国军队连连发起攻势作战，逐次攻占敌外围各要点，如八字桥、持志大学、沪江大学、日海军俱乐部等处，战局呈现出于我有利的形势。张治中以第87师置重点于右翼，向虹口之敌进攻。第36师稍后控置于江湾及新市区。14日中国空军首次出动，袭击日本海军陆战队司令部、汇山码头、公大纱厂和黄浦江中的日军战舰。中国军队连日进攻，略有进展。至19日，第36师在88师和87师的结合部投入战斗，突破日军在虹口的一部分阵地，21日前出击至汇山码头，因攻坚力量不足，火力未能集中，部队缺乏城市巷战的训练，被迫停止进攻。次日，中国军队据守北站、狄家浜、沙泾港、唐山路、引翔港镇一线。

在会战过程中，日本先后七次增兵，从日本本土和华北战场抽调九个师团又两个旅团进入淞沪战场，最高兵力达25万余人，坦克和装甲车260余辆，作战舰只130余艘，飞机400余架。

中国军队却未能攻下虹口和杨

树浦敌之核心阵地，没有实现摧毁日军陆上根据地的目的。到1937年10月26日，国民革命军在上海闸北区的抵抗日渐艰难。蒋介石命令该区所有军队撤出，以防卫上海西部郊区，同时命令精锐的第88师单独留守。

八·一三淞沪会战，李宗仁在回忆录里写道：“淞沪之战，简直是以我们的血肉之躯来填入敌人的火海。每小时的死伤辄以千计，牺牲的壮烈，在中华民族抵御外侮的历史上，鲜有前例。”

四行仓库位于闸北区苏州河北岸，建于1931年，在新垃圾桥（今西藏北路桥）西北沿，是四个银行——金城、中南、大陆、盐业共同出资建设的仓库，故称“四行”。在四行仓库的东面、南面，便是英美租界。当时，第88师第524团的团副谢晋元率领仅四百余人驻守四行仓库，为壮声势，他对外号称有八百人，史称“八百壮士”。日军在战车、炮火的配合下，轮番进攻四行仓库，谢晋元率部搏命抵抗，四天寸土未失。中国军人完成了最后的荣誉之战。直到11月1日，谢晋元带领队伍撤入公共租界。第二次淞沪会战落下帷幕。

八字桥—同心路—四川北路，蜿蜒的小马路无声地诉说那一段战火纷飞的叱咤历史。如今，汇山码头的北外滩一带，新型的国际邮轮码头建设日臻完善，四行仓库抗战纪念馆屹立在苏州河北岸。漫步其中，战火硝烟远去，繁华的街景目不暇接。

和平岁月弥足珍贵。

◎◎淞沪铁路天通庵站遗址

鲁迅的至交

王坚忍

1931年1月，鲁迅赠邬其山一首五律，诗云："廿年居上海，每日见中华。有病不求药，无聊才读书。一阔脸就变，所砍头渐多。忽而又下野，南无阿弥陀。"邬其山是谁？他就是与鲁迅结交10年的至交内山完造先生（1885—1959），日本冈山县人。日语"内"字的译音为"邬其"，故邬其山就是内山。诗中以诙谐的口气说，你到上海已经20年，看到了军阀政客的种种丑态，装病，读书，杀人，混战，下野，"乱哄哄，你方唱罢我登场"。内山极珍爱这首诗，将其裱糊为诗轴，现留存于上海鲁迅纪念馆。

内山28岁到上海，推销"大学眼药"。31岁结婚后，由他的夫人内山美喜子，在他们居住的北四川路魏盛里开了一家书店，因夫妇俩都是虔诚的基督教徒，所以起初卖《圣经》等，后来改为卖日、中文的文史哲等书籍。1927年10月，鲁迅从广州到上海几天后，便一个人来到内山书店购书，选好书后，用漂亮的日语"老板"招呼内山，内山问他"尊姓"，他说他叫周树人。一听这个名字，内山肃然起敬，你就是鲁迅先生么？自此两人结识了。凑巧的是，日语"老板"的读音与"内山公"相同。

读书人欢喜逛书店，鲁迅在虹口的10年，由多伦路景云里而迁居四川北路拉摩斯公寓，再到山阴路大陆新邨，隔三岔五地去内山书店。1929年内山书店迁至施高塔路（今山阴路）11号后，离鲁迅居所更近了，他将去书店当作伏案写作后的休憩，并请内山书店代售他的《伪自由书》《准风月谈》《毁灭》（译作）等书。10年间，鲁迅在内山书店共买了1000本书。鲁迅的书当然不止这些，但也占了他藏书量的若干。

1933年3月27日，鲁迅在日记中写道："下午移书籍至狄思威路（今溧阳路）”，这房子也是内山替鲁迅租的，移书6000本,其中一部分购自内山书店。原因有两点，一是书太多，家里堆满了；二是他在内山书店所购的书中，有一部分马克思主义著作以及“科学底文艺论”的“禁书”——因为有“治外法权”的关系，国民党文化特务不能随便进店搜查——鲁迅为安全起见转移了。

不仅是鲁迅，内山书店也是上海有留学日本背景的左翼青年作家爱去的地方。据近藤春雄《现代中国的作家和作品》记载，现代日本文学中译本830种，大部分在内山书店开办之后出版的。译者有鲁迅、田汉、夏衍、郑伯奇、谢六逸、欧阳予倩等。译毕出书，上内山书店书架出售，总计上架330多种左翼作家的翻译作品。译成中文的西方书籍，也多数通过日文书籍转译。可以说，内山书店不仅是中日文化交流的津梁，亦是中西文化交流的津梁。

内山书店的茶座是很有名的。早在魏盛里，尽管地方逼仄，已有了看茶的沙发。到了山阴路后，地方大了些，书店南面朝着北四川路，东西北三面书柜，书籍摞到天花板顶，中间新书展台，站台后有一张圆台，几把藤椅，唤作“茶座”。鲁迅坐在背对店面的藤椅上抽烟，对面坐着穿绒线衣，稍稍谢顶，面相憨厚的内山完造，台上两杯绿茶热气氤氲，两人愉快地叙谈。要是在冬天，内山就会生起日式火钵取暖，红通通的炭火映红了两人的面孔。故内山尊称鲁迅是他的“家庭教师”。

当时曾流行过“想找鲁迅先生，请到内山书店”的说法，乃至地下党员与上级失去联系，如成仿吾等，便是通过内山书店找到鲁迅后，找到了党组织。此类事不少，好些文章都说过，也不一一列举了。

内山书店又是中日文化人见面的“文艺漫谈会”的场所，鲁迅多次在这里与把他的作品译成日文的日本友人增田涉、尾崎秀实等畅谈。在鲁迅的谆谆熏陶下，1935年，内山出版了《活中国的姿态》，鲁迅作序。这时内山正值50岁，他高兴地说：“这（序言）才是天下最好的馈赠。”此书跟此前以丑化中国人为能事的日本书籍大相径庭，真实地为中国人画像写照，在日本出版后重版了60多次，中译本从20世纪30年代至今，仍有新译本面世，有读者评介说：“了解鲁迅的人一定不会漏过内山完造先生。”诚者斯言！

其时，鲁迅与内山的至情至性的友情，引起了国民党豢养的文人的嫉恨和诬蔑，匿名撰文说内山是“日本人的侦探”，鲁迅当即予以驳斥，说内山完造“他买书，是要赚钱的，却不卖血”，即不会出卖朋友。

内山之所以能成为鲁迅绝对信任的至交，取决于他性格中对朋友的侠骨义胆，一诺千金，善良热心，乐

◎◎鲁迅与内山完造摄于山阴路千爱里

于助人。危难时刻，他四次接纳被国民党政府通缉和迫害的鲁迅，让鲁迅到内山书店楼上或朋友开的日本花园庄旅馆隐身，最长的一次住了一个月（1930年3月至4月）。鲁迅逝世后，上海“孤岛”时期，鲁迅夫人许广平被日本宪兵秘密逮捕后，也是由内山出面营救，保释出狱。他还营救夏丏尊和周建人等。鲁迅接待朋友（包括日本友人），几乎都在内山书店，有什么事也委托他。1936年10月18日晨，鲁迅病重时写的请医生的信，也是由许广平交给内山的：“意外地，从半夜起又哮喘起来，因此明天的约会去不成了，致歉。拜托你打个电话给须藤医师，请他快些来看我。”翌日，鲁迅逝世，这封信便成了他的绝笔。

鲁迅的治丧委员会，由蔡元培、宋庆龄、内山完造、沈雁冰（茅盾）、胡愈之、周建人等人组成，内山是唯一的外国友人。追悼会上，内山面对5000余人发表演说，他深情地缅怀说：“在漫长的十年岁月里，我们几乎每天喝着苦茶促膝交谈，所以谁都以为我是十分了解鲁迅的，尽管人们有这种想法是在理的，可悲的是我的海绵实在丝毫没有吸收鲁迅先生的尊严教诲。每想到此，我不禁感到冷汗浃背，和那些没有机会与鲁迅亲切接触的人相比，我深感惭愧。”

1947年12月，内山回日本。

1950年，内山任日中友好协会理事长。曾六次访华，会晤郭沫若、田汉、夏衍、欧阳予倩等老朋友。1959年访华期间，内山病逝于北京。他的骨灰与1945年在上海病殁的第一任夫人美喜子，同葬于上海万国公墓，魂归中华。正如夏丏尊为他们夫妇墓碑上的题词所云：“生为中华友，殁为华中土。”而内山的拐杖和遗照，则由他的第二任夫人真野带回日本。

（参考资料：小泽正元：《内山完造传》，上海鲁迅纪念馆编：《内山完造纪念集》，虹口文化志编纂委员会：《虹口文化志》）

小贴士 内山书店是鲁迅晚年在上海的重要活动场所。现四川北路2050号，日本友人内山完造开设，1929年迁此。现为中国工商银行上海分行山阴路支行。1998年9月25日，中国工商银行虹口支行、虹口区文化局、鲁迅纪念馆在此隆重举行“内山书店纪念式揭幕仪式”。1998年勒石纪念，1999年公布为上海市优秀建筑。内山书店旧址建筑面积200平方米，坐北朝南，砖木结构假三层，一层为米白色花岗石贴面，二层为淡黄色水泥拉毛墙面，扁圆拱窗。（摘自《虹口区第三次全国文物普查图录》）

交通：21路公交车四川北路山阴路站；18路公交车虹口公园站；地铁8号线虹口足球场。

山阴路上的“谍云”

陈茂生

从四川北路拐进山阴路，多走几步就能感觉到所有的喧闹仿佛都被阻隔在那片绿荫之外。路两边多是七十以上“高龄”的建筑，青砖绿瓦风貌依存；只有依靠往来行人衣着时尚，身边有滑板车轻轻掠过，才没有时光穿越的错觉。

行走不远便到了山阴路145弄“花园里”。这条建于1927年的弄堂在“上海优秀历史建筑”之列，早期的新式里弄如今显得有些狭窄，一字排开的三层建筑外形有着日式建筑的简洁特点：主房朝南，底层有矮墙，铁门合

◎◎尾崎秀实

◎◎尾崎秀实曾经居住过的山阴路145弄

围的小花园，二层以上有外挑阳台，楼顶为小青瓦斜屋面。原本红色清水砖墙、红瓦、红漆木窗、木门显得都很陈旧了，宛若一个经多年风雨朱颜虽老、风韵犹在的八旬丽人。

从弄口的过街楼走过不远，有个晾着衣物的门口，隔着低矮院墙看到弧形门楣上有块蓝底白字门牌号“2”。这幢外貌普通的建筑，近九十年前一个叫尾崎秀实的日本记者曾在此租住。以后，他因成为二战期间著名“红色间谍”佐尔格网络重要成员而被蒙上神秘色彩。但对来来往往的居民而言，这只是弄内28幢建筑之一罢了。

1928年11月，《朝日新闻》派驻上海的记者尾崎秀实携妻抵沪，起先居住在昆山路义丰里的一家服装店楼上，1930年搬到山阴路145弄花园里2号。这两处住所都离四川北路上《朝日新闻》上海支局不远，也与会集左翼文人的“创造社”为邻。作为一个尽职的记者和作家，尾崎秀实每天花数小时阅读各类中、英、日文报刊，从政治、经济和文化等各方面了解当时中国社会状况，在上海三年时间里撰写了《现代中国论》《中国社会经济论》《暴风雨中的中国》等大量深度解析中国社会的新闻报道；同时广交社会贤达，先后结识鲁迅、夏衍、冯乃超、郁达夫、田汉等人并成为挚友。1931年尾崎秀实将新近出版的日文版《阿Q正传》赠予鲁迅，1934年又向鲁迅赠予他翻译的史沫特莱自传体长篇小说《大地的女儿》。鲁迅对他印象甚佳，称其“不但知识面广，而且为人诚实可靠”；夏衍在回忆录中称，尾崎秀实曾用自身便利条件为左联提供聚会会场，还做了许多工作，称他为“上海的日本共产党和日本左翼人士的核心人物”。

要说明的是，1933年鲁迅先生搬到大陆新邨，其时尾崎秀实已经回到日本。所以可以推测，赠书地点应是位于四川北路上的拉摩斯公寓而不会是大陆新邨。

◎◎中西功

◎◎中西功出版的书籍

离花园里不远的山阴路124弄28号（当年的留青小筑28号），则是日籍红色特工中西功在上海时的住所。1929年，19岁的中西功到上海“东亚同文书院”读书，1931年初加入中国共青团并担任团支部组织委员，以后又成为中共党员。一·二八事变后在归国船上结识了年长9岁的尾崎秀实，通过学做情报工作而成为知名的中国问题专家。

卢沟桥事变后，中西功到上海“中派遣军司令部”特务部工作。在四年时间里，中西功根据自身有利条件传送很多极具战略价值的情报，并准确判断日本军事战略动向和发动太平洋战争的时间。时至今日，再读那些材料，依然令人感觉仿佛亲临日本最高层决策会议的全过程。

1996年1月的《上海滩》杂志，刊登《“中共谍报案”的日本战友》一文，其中有中西功住所的描述。当时中共党组织接受了中西功的建议，并由潘汉年批准地下党员钱明到北平开展情报工作。1941年5月某日，钱明应约到四川北路邮局后面与中西功碰头，随后又和他一起到住所商谈工作。中西功和妻子中西方子、两个女儿住在留青小筑28号，二楼卧室摆放着“榻榻米”和日式家具，并不显得拥挤。其时虹口一带多有日军岗哨，盘查过往行人。身为日本特务机关高层人员的中西功，经常开车接送前来联系工作的地下党员至虹口域外，沿途可免受盘问和检查。

若认真考察这两人在上海的时间顺序，就会发现尾崎秀实居住在“花园里”时还是个新闻记者、以深入观察和勤奋写作而知名的“中国问题专家”，所以将花园里2号称作“‘日本红色记者’尾崎秀实住所”更合适一些；而中西功入住山阴路“留青小筑28号”是在1938年后，在那里从事与情报有关的工作。由于年代久远，尾崎秀实、中西功在那里的生活细节已无从考据。

应该说这两位日籍红色战士的精神在山阴路上有过会聚，但在情报工作上并未出现过“交集”。

1933年，尾崎秀实回到日本以后，凭借诸多同学、朋友身居日本政界高层的人脉，并以“中国问题专家”身份可随时进出首相官邸的有利条件开始“红色间谍”生涯。1941年因“佐尔格事件”被捕，三年后被日本政府以“红色间谍”罪判处死刑。而他提供的重要战略情报，帮助苏联下决心从中苏边境调动战略军力到西部战场抵御德国入侵。由此在战后被美国军方认为是“二战中最有战略价值的工作”之一，其时他已牺牲了十多个月。

中西功1942年在上海被捕，以后被引渡到东京警视厅，1943年被以“外患罪”“违反治安维持罪”起诉，两次判处死刑。而他不仅在狱中写成长篇巨著，并且用教授式论述，把审讯室当成讲堂。每次进入审讯室，他一坐下就会说：“今天，讲一下世界共产主义运动对日本的影响及未来……”在被羁押的几年时间里，审问他的人像学生一样写下几大厚本的审问记录，这种情况一直延续到“二战”结束。1945年根据释放政治犯命令，中西功出狱并活跃在日本政坛。曾有某电视剧中的一个角色“日军宪兵司令部特别行动处主任、日本共产党员”，就是以中西功为原型而塑造的。1973年中西功因病去世，弥留之际的遗言就是“希望再到上海去看看”。如果他真能战胜旅途颠簸到黄浦江边，山阴路应是必到之处。

正午，阳光难得地洒满“花园里”各个角落，老人准备午休，这是一天中最悠然的时光。眼前蓦然浮现：很多年前，有位日本记者与现在的人们一样，有时到四川路上的拉摩斯公寓鲁迅家中做客，有时到四川路上《朝日新闻》上海支局工作，那时迎面缓缓驶过的一辆轿车里，坐着两个年轻或并不怎么年轻的男子，来得很不易也来得很久远……

小贴士 地铁3号线虹口体育场站1号口出站，公交21路、939路鲁迅公园下。沿四川北路步行500米，经过甜爱支路后右拐在山阴路上步行250米，山阴路145弄（花园里）就在左面。

附近旅游景点：鲁迅故居、甜爱路、多伦路文化名人街、鲁迅公园、鲁迅纪念馆及停车场、虹口足球场、李白烈士故居。

购物、餐饮：凯德龙之梦购物中心、象山海鲜（山阴路店）、锦江大厨（虹口店）。

宾馆酒店：锦江之星酒店（上海虹口公园店）、虹口嘉廷酒店、天鹅宾馆、如家快捷酒店（上海虹口足球场四平路店）。

祥德路上的历史血案

陈茂生

如果说：山阴路与祥德路犹如一对“双胞胎”，似乎也不为过。两路相通，路边建筑风格浑然一体，在欧阳路口，南望是历经沧桑的民居，北眺是簇新的新式楼房，历史就这样无言地横亘面前。所以，游客在梧桐婆娑的山阴路上漫步，不经意中发现“怎么到祥德路了？”

史志记载：20世纪初租界工部局擅自“越界筑路”开辟了“施高塔路”，风雨飘摇的清政府面对违约行为无力管辖；十多年后工部局故技重施又建造了“施高塔路底”，当年周围一派田园风光。1943年“施高塔路”变为山阴路，与其“无缝对接”的“施高塔路底”成了祥德路。如今看来纯属多此一举的莫名，实在是因中间亘着一条看不见的“界”。

跨过那条“界”不远，就能看到“上海市优秀历史建筑”——祥德路26弄。走进一个并不宽敞的总门，短短的弄堂便一览无遗：小青瓦的复式人字形屋顶掩映在绿荫之中，四幢和式风格三层小楼和院落里晾晒的衣物，正享受着阳光的慷慨赐予；微风轻轻摇曳，透出安详与平和。奇怪的是仅四个门洞的一排弄堂独缺2号门牌号，取而代之的是个白色的卷帘门。恰恰就在这个门洞后面，近八十年前曾发生一起震惊上海、影响全国的血案。

1940年10月13日的《申报》上，有一条醒目标题：“虹口昨晨血案，傅筱庵被刺身死；祸生肘腋老仆持刀暗杀，日方大事搜查并无所获。”其中所说的傅筱庵，生于1872年，浙江省镇海县人，出身贫寒，早年在浦东从经营房产开始投身商场，拜清末显贵盛宣怀为“干爹”，继而晋升为盛氏总账房帮办，广泛涉足于商界、政界。1926年在上海总商会改选中，傅筱庵运用各方力量挤走虞洽卿，当选为上海总商会第六届会长。1938年10月，应日军方要求就任伪上海市市长，成为臭名昭著的汉奸。

抗战期间，祥德路被划定为“日本海备地区保甲第六区和新市街区”，与四川北路上“日本海军陆战队总部”相距不远；所以日本军方特意在此为傅筱庵安排这个住宅，周围多是社会经济地位层次较高的“会社派”日企高管人员。弄内有一字排开的四幢小楼，只须扼住弄口一般人员就难以进入；且傅筱庵雇有23名白俄保镖层层设防，家里所有侍从均为亲信心腹，其中厨师朱升源跟随其数十年之久，因穷途潦倒时得到傅家救护，又烧得一手地道鲁菜而深得傅氏家族信任和赏识，因每日上街买菜能自由出入傅宅。

1940年10月11日，傅筱庵参加应酬至深夜才归，在卧室独自睡下，12日凌晨三时，持利刃结果他性命的“肘腋老仆”就是他的厨师朱升源。重重护卫下，堂堂市长竟在家中床上被斩得身首各异，而下手的“两代义仆”朱升源又消失得无影无踪，就构成了传奇“血案”演绎的全部要素。尽管汪伪政府和日本军方严密封锁消息，当日早上申城各家日报未有相关报道，到中午市区的主要马路“要冲”处，就有报纸贴出“傅筱庵被杀身亡”的“号外”，引得路人争相引项而观，当日的晚报则将事情的经过渲染得沸沸扬扬。消息很快传至全国，成为当时敌后抗战的一个标志性胜利。

现已休刊的《东方早报》，在2015年11月15日刊登题为“‘杀傅案’真相”的文章，通过对各式人等、各种资料的梳理，详细回顾了整个事件的起源、发生及后续情况。当时为抗日战争最艰苦的时期，远在重庆的国民政府下决心锄奸提振士气。便在祥德路26弄周围开了家小酒店埋伏眼线寻找时机。酒店老板凑巧也是山东籍，生性好酒的朱升源常来此处沽酒小酌，一来二去就熟稔起来。至此，这个汉奸的宿命已基本锁定。而事情进行得如此果

断、顺利并隐秘，则有不少偶然因素组合在一起。譬如有妻妾的傅筱庵，那晚偏偏独自在一僻静房间熟睡，才让身手并不利落的朱升源刀起头落，没有伤及他人也没有引来任何声响；譬如这个平日只会围着锅台转的厨师办了这么件大事后，竟“拿了几个菜篮走出大门，与门前的几个守卫人员还含笑招呼，然后踏上脚踏车若无其事地扬长而去”成功利用时间差脱身，先到浦东藏匿，随后又在重重包围中顺利到达重庆，因此成为一个特殊战场上教科书

般的经典案例，并在当时就演绎成各种版本的话剧、戏剧并搬上舞台。至于出手的傅府厨师朱升源，是基于爱国热忱慨然锄奸，还是被逼无奈手刃恩家，似乎并不那么重要。时至今日，闲暇时想想也觉得有点奇怪：那些凭空想象的抗日“神剧”备受诟病，怎么没将这番“于万军中取汉奸首级如囊中探物”的传奇拍成影视剧呢？

抗战胜利后，祥德路上的日本侨民全部撤离，住进了一批新住户。1949年5月上海解放以后的几十年过去，这里的住户有了很大变化，即便住在周围的中年人也不甚清楚这段史实。直至近年里常见有人在此拍照并指指点点，上前攀谈才大吃一惊。如今的祥德路26弄的院子里停放着两部电动自行车、晾晒着一些衣物，花坛里的花草茂盛，一如许许多多大上海人家那样。何以没有门牌号，或怕被过多干扰而特意为之？

小贴士 地铁10号线到“邮电新村站”一号口出站；公交55路、14路、103路、123路、307路、576路、61路、962路四平路新港路站下；沿曲阳路步行380米，左拐沿祥德路步行约800米，右侧就是26弄。从近二十年里新辟的祥德路，走过横跨沙泾港的祥德路桥，过欧阳路就是八十多年前的老祥德路；沿途不同建筑风格、风土人情、绿化茂密……在细微处感受城市发展的变迁。

附近旅游景点有鲁迅故居、“爱情风情街“甜爱路”、多伦路文化名人街、鲁迅公园、鲁迅纪念馆及停车场、虹口足球场、凯德龙之梦购物中心。

附近宾馆酒店有上上谦（凯德龙之梦购物中心）、锦江大厨（虹口店）、MAKI HOUSE（凯德龙之梦购物中心）、象山海鲜（山阴路店）。锦江之星酒店（上海虹口公园店）、虹口嘉廷酒店、天鹅宾馆、如家快捷酒店（上海虹口足球场四平路店）。

上海军事法庭所在地的往事碎影

◎◎原江湾路1号上海军事法庭所在地，也是原日本海军陆战队所在地，最近的建筑照片中，一楼原来租借出去的店铺已封闭

徐家俊

抗日战争胜利后，国民政府先后制定了《战争罪犯处理办法》《战争罪犯审判办法》《战争罪犯审判办法施行细则》等法规。自1946年开始在南京、北平、沈阳等10个城市组建军事法庭审判日本战犯，其中1946年3月在上海设立的审判日本战犯军事法庭，其正规名称为“第一绥靖区军事法庭”，又称“第一绥靖区司令部军事法庭”，由于法庭设在上海，一般民众俗称“上海军事法庭”。该法庭位于虹口江湾路1号（今四川北路2121号）四楼，于1946年3月15日成立，3月20日正式办公。

1947年8月16日，第一绥靖区军事法庭奉国防部令正式撤销，归并于国防部军事法庭（即原南京军事法庭），第一绥靖区军事法庭原有人员大部分遣散，原在南京的国防部军事法庭移址上海，石美瑜任军事法庭庭长。第一绥靖区军事法庭和国防部军事法庭，这两个法庭工作是前后衔接，审判数字是合在一起统计的，统称上海军事法庭。据统计，上海军事法庭从1946年3月至1949年1月，共计审判日本战犯183人，其中判处死刑13人、判处无期徒刑21人、判处有期徒刑88人、判处无罪释放61人。上海军事法庭是北平（北京）、南京、沈阳、广州、武汉等10个军事法庭中存在时间最长，审判日本战犯最多的法庭。许多日本战犯曾关押在提篮桥监狱和位于江湾高境庙的国防部战犯监狱；多名日本战犯在江湾刑场、提篮桥监狱刑场被处决。

上海军事法庭位于原东江湾路1号（今四川北路口）四楼西部。该幢

◎◎江湾路1号内景

大楼面积大，呈“口”字形的4层钢筋混凝土框架结构。建筑外形是近似椭圆形的堡垒式，外圆角，内方形。它的四至方位：东为江湾路，南临四川北路，西靠黄渡路，北连民房，占地6130平方米。大楼四周为办公楼、兵营、仓库等，中间是一个有2200平方米大的操场，整个建筑远观如航行在海上的军舰。表现了日本侵略者企图吞并中国、征服亚洲的野心。

此处在历史上是日本侵略军在上海的大本营，是一座屠杀过无数中国人的令人毛骨悚然的魔窟。曾是日本海军特别陆战队司令部，震惊中外的两次淞沪战争，都在此策划挑起。这幢大楼最初建于1924年，原不是该样式，是日本帝国主义为加强在上海军事力量而重建的。

一·二八淞沪战争爆发后，日本帝国主义为进一步强化在上海的军事力量，于1932年11月，将位于江湾路四川北路原有房屋拆除，改建成当时“最新式坚固永久等大兵营”。兵营图样由日本海军协会制，并派专员及技师来沪监工建造。这座所谓“最新式坚固永久等大兵营”，是一幢四层钢筋混凝土框架结构，“口”字形，可容五六千人，其四面环绕，中间是一广场，可容兵数百做纵横操练，并可放置铁甲车、坦克车、轻炮车、机枪、军用运输车等。登楼的楼梯可容五六人并行，水泥梯阶，非常平坦，落差很小，钢梗扶手；内部形式为环绕式走廊，亦颇宽广，四面为内屋。按当时的布局，司令官以下、参谋处等重要人员的办公室，都在第一层；第二、三层逐渐为中下级官员和士兵等宿舍。沿马路四周，所开窗户比较小，可装机关枪三面施放，该大楼的墙体特别厚实，非一般的炮弹所能击毁。有多扇大门形如闸门，并有巨大的门锁锁住。在大楼的楼顶的东南角上，即靠近北四川路窦乐安路（今多伦路）路口处，建有一个瞭望台，可作为军队的指挥部。20世纪30年代刚建成的时候，在瞭望台的边上设有一个神社，供士兵膜拜。上面立了一个纪念碑，碑文为“上海陆战队招魂社”，下署“七月七日元帅伯爵东乡平八郎书立”，以纪念所谓一·二八战争中，被我19路军歼灭的日本陆战队士兵。设立该纪念碑的目的是对日本士兵进行武士道精神的灌输。楼顶还架设了电线杆，布有许多电线，日军就通过这些通信网络发布或接收来自日本及各地的信息，因此可作为指挥全军作战之用，对中华大地行使罪恶的勾当。

八·一三淞沪战争，此处就成为日本军队重要据点和指挥部，1937年10月，上海沦陷后，此处成为日本海军统治中国的中心。日本投降后，这里由国民党政府接管。有许多军事机关设立在这里，如第一绥靖区军事法庭（上海军事法庭）、上海港口运输司令部等。上海港口运输司令部的任务是督导遣送日本战俘、日本侨民，负责对日本战俘、日本侨民施以检查、登记、押运、监视及警戒。

1949年3月南京解放前夕，京沪杭警备总司令部迁至江湾路1号。京沪杭警备总司令部下辖淞沪警备司令部、淞沪防卫司令部、上海防空司令部、通信兵指挥部。

这座所谓“最新式坚固永久等大兵营”还有一座附属医院，位于江湾路1号的对面。该医院解放后曾加层建为海军411医院的一部分。

1949年5月，上海解放后，江湾路1号的大楼为人民解放军接管并使用，曾为南京军区某部后勤部的仓库。

小贴士 2017年—2018年前后，该大楼全部收回并关闭所出借使用的房屋，收归部队使用。目前该大楼南面原江湾路1号，现各进出大门分别编为东江湾路6、8、10号；大楼东面各进出大门分别编为四川北路2119、2121、2129、2131、2133、2135号。

虹口重光堂

徐家俊

1937年“八·一三”后的虹口，被纳入日本侵略者的势力范围，在当时虹口公园边上，被日本人称为“东陆战队路”的东体育会路7号，有一座半新不旧的洋楼，该楼是日本人少仓商事的私宅，后来被日本陆军修缮一新，改名为“重光堂”。“重光堂”在虹口、在上海乃至中国现代史上是一处重要的地方，因为自1938年到1945年8月日本投降为止，该地方掌握着日本人对中国沦陷区人民的生杀大权。

“重光堂”是“对华特别委员会”的特务机关

1937年日本侵略者发动侵华战争以后，由于中国地大人多，它的战线拉得很长，陷入泥潭不能自拔。为摆脱困境，日本制定了“以华治华”的政策，企图寻找代理人，扶植汉奸政府，搞垮中国的抗日力量。执行这一政策的就是“对华特别委员会”。日本军部派出曾经在东北制造伪“满洲国”的大特务土肥原贤二中将担当此项重任，其是日本陆军特务系统的“中国通”。土肥原贤二的工作目标人物有三名：唐绍仪、吴佩孚、汪精卫。唐绍仪被国民党军统特工暗杀；吴佩孚因拒绝日本的拉拢，被日本军医谋害去世；因此，“对华特别委员会”的工作，实际上就成了主要对付汪精卫的特务机关。该任务还有一个代号，叫“渡边工作”。

“对华特别委员会”的另一任务，是统一及平衡侵华日本军队在华各自为政的局面。抗战期间，日本军队在华派系林立，宗派斗争厉害。为改变这种情况，统一协调，日本内阁将此任务交给“对华特别委员会”。

由于冰冻三尺非一日之寒，所以该协调工作起不到什么作用，于1939年3月撤销，土肥原贤二奉命灰溜溜地回东北去了。

“重光堂”是“汪伪七十六号魔窟”的筹划处

在“对华特别委员会”成立之前，国民党中统特务李士群和丁默村已经来到上海，投靠日本驻沪领事清水董三从事情报工作。1939年初，清水董三把李士群和丁默村介绍给土肥原贤二，商量用“以毒攻毒”的方法来对付重庆的国民党特工活动，受到土肥原的重视。为此日本大本营参谋总长下达了援助丁默村、李士群一伙特务的训令，并立即成立以丁默村、李士群为首的特工机构，结束土肥原机关，随即建立以影佐祯昭为机关长的“梅”机关。所有这一切，都是在“重光堂”进行的。

抗战时期，日本军部的特务机构在中国分别设有“松”“竹”“梅”机关，其中以“梅”机关影响最大，权力最大。其主要任务是监护汪精卫集团，扶植汪伪中央政权。

所谓“七十六号”，是在沪西极司菲尔路76号（今万航渡路435号）的一处花园洋房，此处原是国民党将领陈调元的私人宅院，抗战时被日方没收，作为“渡边工作”的重要组成部分。“七十六号”居然消灭了庞大的军统上海站，俘获了大批人员和枪支弹药。所以，“七十六号”并不是一个普通的流氓组织，而是经过日本军部批准成立的政治团体。在旧上海，许多民众都知道汪伪“七十六号魔窟”的所在地，谈之色变，而大都不清楚汪伪“七十六号魔窟”的筹划处却在虹口东体育会路的重光堂。

“重光堂”是汪伪政权与日本人“重光堂密约”的签订

1938年11月12日起，汪精卫派国民党立法委员梅思平与外交部亚洲司司长高宗武潜赴上海，他们在重光堂与日方代表华中派遣军副总参谋长今井武夫，“梅”机关机关长影佐祯昭、近卫内阁递信省参事官犬养健、伊藤芳男等人举行了八天的会谈。此次会议被称作“重光堂会谈”，或“重光堂密谈”。

1938年11月30日，根据“重光堂密约”原则，日本召开御前会议，公开发表《调整日华新关系方针》，内容主要有三点：（一）日、满、华三国经济合作，共同防共，建设东亚新秩序；（二）确立日本在内蒙古的特殊地位；（三）在长江下游地带划定日中经济合作区。御前会议宣布，这是日本对华不变的国策。由此可见，重光堂会谈为汪精卫集团叛国投敌做好了准备，“重光堂密约”奠定了日本与汪伪关系的基础。汪精卫离开重庆后发表《致国民党中常会和最高国务会议的公开信》；又在香港《南华日报》上发表臭名昭著的《艳电》，即响应日本第三近卫内阁声明的电文。《艳电》是汪精卫集团公开投敌的宣言书，背叛祖国、背叛人民，其一出笼就遭到举国上下的愤怒谴责。

纵观历史，与重光堂有关的人物，在抗战胜利后，除少数人外都落得可悲的下场。如土肥原贤二于1948年11月12日被远东军事法庭判处绞刑；影佐祯昭1945年12月被中国政府提名为战犯，因肺结核暂缓审判，1948年9月病死；李士群于1943年被日本特工在上海下毒，毙命于苏州；丁默村于1947年2月8日以汉奸罪被判处死刑；梅思平于1946年9月14日在南京被枪决。

上海法庭审判
日本战犯第一案

徐家俊

抗战胜利后，国民政府在虹口境内的江湾路1号四楼设立军事法庭审判日本战犯。1946年4月29日，法庭首次审讯日本战犯，受审人为上海沪南俘虏收容所管理员汤浅寅吉。法庭布置庄严肃穆，正中悬挂国旗，走廊及法庭外围警卫森严，旁听席上座无虚席。记者凭预发的特别通行证入场采访摄影，市民凭普通旁听证入席。各法警均警装整齐，中央摄影场并特派人员摄制电影。

下午二时整，军事法庭灯火通明，镁光灯闪烁不停。审判长刘世芳、审判官瞿曾泽、陆起、蒋保鳌，军事检察官林我朋，书记官冯俊岳，翻译官罗涤等人鱼贯入场，依次入座，他们都身着戎装，精神焕发。汤浅寅吉的辩护律师姜屏藩也事先出庭。法庭上，首先由书记官冯俊岳起立，宣布开审汤浅寅吉一案，命法警提押汤浅到庭。汤浅寅吉，身材矮小，光头，身穿中式白土布短衫裤，足蹬黑跑鞋及灰色线袜。他在被告席上坐下，虽然故作镇静，但仍流露出惊慌的神情。汤浅寅吉，时年37岁，日本千叶县人，小学文化，1941年来华，在徐州及上海虹口等地日本人开设的糖果店内任伙计。1943年8月，入南上海俘虏收容所（又称龙华集中营，位于今百色路的上海中学）

◎◎上海法庭审判日本战俘

任管理员，迄1945年8月止。

法庭正式开审后，由审判长刘世芳讯问汤浅寅吉的姓名、年龄、籍贯及服务处所。尔后，检察官林我朋起立宣读起诉书。起诉书称：国军第27军在太阳山一役，被日本军队俘虏官兵数百人，1943年4月间，被日军运送至南上海战俘收容所内拘留。该战俘收容所其范围很大，包括七个水泥建筑、三个大型的木制营房和附属建筑物，有房屋500多间，占地面积480亩。从1943年1月到1945年8月，共关押过英国、美国、加拿大、荷兰、比利时、澳大利亚、新西兰、南非、苏联、挪威等国6000多人。被关押者年龄最大的88岁、最小的系刚满六个月的婴儿。汤浅寅吉负责管辖的是数百名被俘官兵。汤浅为人凶恶暴戾，经常克扣战俘的食粮，殴打俘虏，并曾参与杀害国军川籍士兵苏台魁、上尉钱寿夫、少尉李志忠等军官七人。1945年8月，日寇投降后该收容所解散，汤浅脱去军装换上便服，混入上海的日本侨民群体内居住；同年11月7日，为前被俘士兵蒋扳仁等撞见，把汤浅扭交宪兵，由淞沪卫戍总司令部解送提篮桥监狱关押，现受审于上海军事法庭。汤浅寅吉在日军沪南俘虏收容所任管理员期间，主要犯有三个罪行：一、克扣食粮；二、虐待俘虏、使用酷刑；三、参与杀害被俘人员。

审判长根据检察官的公诉词，对汤浅寅吉予以审讯。汤浅对起诉书提起的各要点，一一抵赖，并希望法庭再予调查。他辩解称，本人在收容所任职，是一般工作人员。平时接受战俘收容所所长西田的命令，指挥这些战俘搬运煤炭和其他物品。战俘的工作时间长短不固定，须按货物的多少而定，每日六小时左右，他们的伙食均有具体规定，伙食不归他管，所以与他无关。汤浅寅吉供述自己的工作是监督俘虏服役。劳役多系自轮船与码头间搬运各种物品，如煤炭、木材等。唯有时俘虏偷窃搬运物品时曾以拳轻击，但不过七八次之多。如果我不打，监视的日军官兵也将加以殴击。对于虐杀战俘，他也推诿给收容所警备队。

最后审判长讯问他参与杀害川籍士兵苏台魁的事情，汤浅则矢口否认。法庭传证人欧阳臣、蒋振仁、陈明德、余世兴四人到庭。欧阳臣等均为前国军第27军官兵，于1943年4月太阳山一役被俘，送入沪南俘虏收容所。他们到庭申述自己在俘虏收容所内受灌辣椒水、上电刑、木枪劈刺、驱军犬狂噬等酷刑，并揭露汤浅参与杀害国军少校姚寿卿、上尉钱寿夫、少尉高光铭、四川籍上士苏台魁等七人的罪行及埋葬尸体的地点。当证人陈述以上事实后，法庭再一次讯问汤浅，汤浅仍称“我本人并无此种野蛮行动”，并佯称龙华俘虏收容所地下所掘出苏台魁等人的尸体实属俘虏中患肺病死亡人员，而不是日本官兵所殴打致死的。法庭要汤浅提供证据说明，汤浅在法庭上提出的关系人犹崎要治郎、西田茂太郎、森山正之、佐藤仁平、木原静夫，还有南上海驿长安藤米吉、1629部队南上海派遣分队长石田邦夫等人。至此，对汤浅的第一次庭审结束。

5月4日下午，军事法庭续审讯汤浅寅吉。在上次受审时，汤浅寅吉在法庭上提出的关系人犹崎要治郎、西田茂太郎等，法庭虽经传讯，但没有一人到庭做证。在此情况下，汤浅寅吉对法庭上所讯问的他克减军粮，滥用职权，凌虐行为及杀人等罪，仍然矢口否认。并撰自辩状一件，交给辩护律师。经军事法庭于5月下旬和6月上旬的开庭审理和法庭调查后，6月17日，上海军事法庭确认汤浅寅吉犯有克扣囚粮、连续伤害虐待俘虏的罪行，参与杀害四川籍上士苏台魁证据不足，故判处有期徒刑四年半。其后，上海军事法庭至1949年1月，在江湾路共计审判日本战犯183人，其中被判处死刑13人、无期徒刑21人、有期徒刑88人，无罪释放61人；它是国民政府北平、南京、广州、沈阳等10个军事法庭中存在时间最长、审判日本战犯人数最多的一个军事法庭。

虹口曾有过的“日本神社”

黎　鸣

日本自古就有“八百万神明”的说法，神社遍布于日本的大街小巷，神社作为神道教祭神的场所，深受日本国民的喜爱。日本神社最初只有“神篱”和“磐境”两种独特的设施。所谓“神篱”就是神降临所依附的树木；所谓“磐境”就是用岩石围成的方形或圆形的祭坛。神社门口有个“开”字型形大架子的重要标志，它类似中国的牌坊，叫鸟居。按神社的规矩，进了鸟居，就如同进入神的领域了。1868年后，以明治天皇为核心的新政府，将神道国教化，以构建天皇为神话的理论体系，将日本神社打造成国家的意志和祭拜神灵的象征。

◎◎当今日本街边上的神社

客观地说，国家神道的建立对于当初的新政权和恢复天皇权威，促进日本国民的整合与和睦，唤起民族认同感，健全民族主义，对日本在近代变革的浪潮中脱颖而出有着积极的作用。但近代以来，特别是在二战期间，日本神社成为实行控制国民和宣扬军国主义的场所，作为一种麻痹人们精神的工具，日本神社扮演了一个特殊的极不光彩的角色。

在整个抗日战争期间，“国家神道”为侵华战争服务，日本先后在华建立神社多达500至600座。可以说，这个庞大的神社体系一定意义上既是日本国内神社网络和国家神道在中国境内的扩大与延伸，也起到了为侵华日军、在华日人以及伪满势力、民众百姓奴役安抚、思想引导和控制的目的，日本神社为日本军国主义入侵中国起到了推波助澜的作用。

上海神社的建立，是近代日本海外扩张和日本军国主义在华入侵吞并同化战略的重要组成部分之一，也是日本在我国大陆国土上建造神社的肇始之地。早在1875年，住在上海的日本人就借用了一块当时浦东海军用地建造神殿（1892年烧毁）。到《马关条约》后，随着日本银行、航运、商社等财团和大量日侨涌入虹口开设店铺工厂与谋生，虹口迅速成为日本在沪的势力范围，到宣统二年(1910年)日本人在虹口的人数已跃居到各国侨民之首。

虹口旧时的吴淞路、海宁路、乍浦路、溧阳路、昆山路、闵行路、横浜桥、三角地、北四川路以及山阴路一带，每逢日本节日，大街小巷挂满了太阳旗，走到这些街弄，犹如身处异国一般。因而，加快与加强对虹口区域的日本神社建立，对控制国民思想、宣扬皇道乐土、同化“支那”的目的有着极其重要的战略意义。

为此，侵华日军在1933年复建借用浦东海军用地的神殿，命名为“上海神社”，1935年2月，又在位于当时上海的法华区二十八保处，建造了“靖亚神社”；供奉祭神有为侵华培养大批间谍而难逃“侵华帮凶”之责的近卫笃麿、有为“甲午战争”提供重要情报的日本间谍根津一；建造了“上海护国神社”（时间、地点不详）；1938年，建造规模达50亩大的用于供奉淞沪会战中死者亡灵的“上海神社”等；为配合“怀柔土人、沐浴皇化、彻底同化”的入侵目的，侵华日军还在虹口境内集中营造了规模颇大的日本神社，

◎◎虹口旧时原东江湾路50号的上海神社

◎◎虹口区新光路296号原日本神社旧址

据记载：

1933年11月1日在虹口江湾路118号，也就是当今虹口足球场附近的“空间118创意园”边上建立起“上海神社”，祭神天照大神、神武天皇、明治天皇；建造了位于当今四川北路上的海军411医院附近的原东江湾路50号的“上海神社”，1933年11月重建改名“上海神社及境内招魂社”，现为武警东江湾路门诊部。

1937年上海沦陷，虹口公园被日本人随意改为“新公园”后，侵华日军又将公园东南部分的当今甜爱路一侧，改建为“日本上海神社”，以纪念“八·一三”入侵上海死去的日军亡灵。

此外，新广路296号也是日本神社旧址，抗战后变成市立第十六区实一国民学校的校园，1949年后又改名为星光中学，如今演变为虹口区四川北路街道社区事务受理服务中心所在。

与此同时，侵华日军在神社的选址上还煞费苦心、极为讲究：或是制高点，或是能彰显胜利的区域，或是具有俯瞰全城作用的地方，以突出神社的国家意志，为神社营造出神圣不可侵犯的氛围。如，1938年竖立在旧上海市政厅门前的“上海神社建设地”的立碑，它的竖立就充分体现了日寇那种炫耀、狂妄和蔑视的心态，真是司马昭之心，路人皆知。

同时，侵华日军还大肆配合1942年成立的“大日本忠灵彰显会”的要求，在北四川路竖起了英灵合祀之碑、上海大场竖起了大场镇表忠碑等。这些神社和彰显碑的建立，其目的如同1940年12月日本兴亚院一份《“支那”神社之考察》中所归纳的那样：

第一控制在华日本人的思想，提醒他们在侵华战争中发挥自己的作用。

第二使中国人在神社里崇敬神灵威德，敬仰皇祖皇宗的圣德，从而顺从日本推行的东亚新秩序。

第三宣扬“唯神之大道”，使在华日本人和中国人“同心同德”，为东亚新秩序尽忠，以达到巩固东亚新秩序的目的。

第四用以皇道精神为中心的新文化取代中国文化，使中国人丧失自己的文化。

诚然，大浪东去，浪淘尽。现代日本神道以其原始教义得到了回归，恢复了原有崇尚自然的精神，向着善良的人性与和平的现实生活迈进，它让传统伦理与民俗的意义突显出来，成为现代日本精神生活的主要支柱之一。日本神社也成为日本国民祈祷国泰民安，祈祷天下风调雨顺的极其重要的场所。而当今臭名昭著的区区靖国神社，绝不可能阻挡中日人民的世代友好！

在虹口的日式建筑

康　晨

1907年，大量日本人涌入上海虹口地区，并组成了在华第一个日侨自治团体——上海日本居留团，标志着上海日侨社会的形成。

须指出的是，曾经在一些文学作品甚至学术文章中都习惯称上海虹口地区为“日租界”，而历史上，上海在法律意义上并没有产生过“日租界”，只因为有大量日本人居住，而形成了日本人居住区。

20世纪初，在上海租界越界筑路的风潮中，日本人乘机大量买地，又在现今的多伦路（窦乐安路）、山阴路（施高塔路），溧阳路（狄思威路）一带建造了大量日式房屋，形成了日式化的现代建筑群。皆是砖木结构，双开间的假三层。清水砖墙，坡顶为红瓦（当时中国人建筑保留着传统的黑瓦），每幢房前皆有小庭院，庭院之间用矮竹篱笆相隔，两头各留小门进出，是典型的日式楼房。在中国积贫积弱的年代，日本人明目张胆地要求，普通中国人不得进入日本居民建筑。

◎◎当年的六三花园

当时的西江湾路240号，是著名

◎◎当年的六三花园

的“六三花园”，为日本人白石六三郎的私家花园。建筑风格简洁明朗，体现出日式园林布局匀称、淡雅的特色。花园内有一块面积六亩的草坪，供春秋季节的集会和赏花活动使用，设有茶屋、凉亭、葡萄园、荷花池、煤油路灯等，并种植很多松、梅、竹等日本人视为吉祥的植物，有红、绿、白三色樱花，有

◎◎日侨经营的蔬菜店

◎◎在虹口生活的日本人

猴、鹿、鹤、雉、鸳鸯等动物。园内建有可供会议宴会用的日式和西式高楼各一幢，六三花园以其独有的日本式园景，成为日本文化在上海的标志性场所，曾接待过孙中山、鲁迅、吴昌硕等中国名人。六三花园还向日本居民免费开放，成为他们寄托乡思的地方。上海沦陷期间，六三花园内曾有日军高级妓院，现已拆除。

1911年，由金比罗神社、惠比寿神社和诹访神社三体合成，最初设在六三花园的日式神社，后迁址如今的四川北路2188号（原东江湾路71号），“上海神社及境内招魂社”，早期的侵华日军上海占领军总司令白川义则在虹口公园被韩国义士尹奉吉炸死后，日军就在这里为他举行超度仪式。一幢用方木架起的飞檐屋顶及日式浮雕的房屋至今仍存。

1920年，日商在施高塔路的一块荒地上建起了仿日本式建筑日照里（今山阴路133弄的东照里），占地约9000平方米，建筑面积1.7万平方米。这122幢新式里弄住宅，墙面用水刷石勾缝处理，宅前的小庭院用低矮小围墙与单扇乌漆小铁门相连。宽畅的弄内行道两边是梧桐等树木，给人一种静谧的感觉。1945年后，日侨

◎◎日侨在沪经营的各种商店

陆续撤退。1984年5月，该建筑公布为上海市文物保护单位。2005年，公布为上海市优秀历史建筑。

位于今四川北路与甜爱路拐角处的千爱里，是1928年由日商东亚兴业株式会社兴建的，包括沿四川北路的2044至2058号八幢街面房屋及弄内五排45幢楼房。建筑总面积12100平方米，居住者以日侨为主。这些假三层仿欧式小洋房，墙面用水泥拉毛，每单位均有小庭院，以矮围墙铸铁栅门相隔。弄堂口则以大门取代住宅围墙，阳台栏杆和近总弄堂的窗口，都重点装饰。整体结构令人感觉舒适安逸，1999年千爱里被公布为上海市优秀历史建筑。

多伦路上也有几幢出自日本建筑师之手的建筑，至今仍保存完好。建于20世纪30年代初的多伦路85号，是二层砖木结构，建筑形态处理简单，是日本洋风时期的住宅建筑，并带有东西方建筑相结合的特征，同时也反映了日本从近代建筑向现代建筑演进过程的简化趋势。北立面门廊是古罗马式的拱券及古典主义柱式，前檐下设平台，歇山式山墙，小青瓦复式人字形屋顶。外墙采用水泥拉毛，室内的门窗大多是推拉式，糊纸的木棂方格让人感觉很轻，内部隔断也是轻质的。室内高度2.5米左右，木地板架得比较高，适用地席（榻榻米）。屋外前檐下设平台，很适合做家务使用。整幢建筑既显古朴苍劲，又显典雅洒脱之韵味。

多伦路208号建于20世纪20年代。外观为文艺复兴样式，面朝西北，砖木结构假三层。沿街的西立面（主入口）和北立面都做对称式构图，追求立面形式的对称和完整。入口均设于一层正中，并以门廊或砖券来突出入口部分，形成构图中心。西立面主入口门廊由四柱简化的小尺度爱奥尼柱式支撑，门廊上为二层露台，露台围栏处理亦呈几何化特征。北立面入口上冠以出挑的叠涩砖券，尺度略显夸张，特征明显。开窗形式统一，均为方形，围以古典样式的窗饰，但都进行了简化。平缓的四坡屋顶盖红瓦，四面设老虎窗出檐较深。外墙立面采用水泥块贴面，横线勾缝比较显著，强调水平线，使建筑显出简洁、稳重的效果。室内均是木装修，石膏平顶，线脚较繁复。建筑形式为欧洲样式，但尺度比较小，不同于欧洲建筑，而与同时期日本的洋风建筑风格类似。

2005年，包括多伦路在内的山阴路地区，被列为上海市历史文化风貌保护区。

转眼，已是百年沧桑，日本在上海虹口的建筑，可以让人们从侧面了解当年日本人在上海的生活风貌。20世纪初到中叶前，由于当时的中国政府腐败与媚外，使这些建筑群落中发生了不少欺凌中国人的不堪往事。

2019年是新中国成立70周年，建筑便是历史的见证，将重要建筑物作为上海进程的见证，作为虹口凝固的历史，妥善保护意义非凡。这些建筑，将在“5G”时代，在虹口历史文化中翻开新的篇章。

“四院”追踪溯源

陆林森

“四院”是上海市第四人民医院的简称，它的存在，有80多个年头了。

1908年，上海诞生第一条有轨电车，始发站就在现鲁迅公园附近，经北四川路、中山东路、北京东路，南京东（西）路到达静安寺。上海解放后，北四川路上行驶的，仍然是有轨电车，但已经改为“1路”了，行驶的路径与当年相差无几。后来，随着城建和商业街升级，“1路”路轨拆除，改行21路无轨电车。

我听闻上海市第四人民医院“其名”，还是在几十年前。那时，我家住虹口，父亲在多伦路上的虹口税务局（后搬迁到新乡路）工作。放学去父亲单位，要经过“四院”。离开父亲单位，出多伦路，沿北四川路往南，斜对面就是“四院”了。每逢伤风感冒，我也总是得父亲享有大劳保之便，在“四院”挂号看内科。出于这样的缘故，我对“四院”并不陌生。及至在虹口读完高中，走上社会，后来碰到一位对文哲史颇有研究的高中老师，听他说起“四院”“身世”，当时就有了追寻历史文脉的冲动。直到若干年后接触了一点史料，“四院”的“原貌”也就渐渐浮现在眼前了。

20世纪初的北四川路，住有很多日本侨民，横浜桥一带是日侨最为集聚的地段。出身世袭医学之家的日本侨民顿宫宽先生，毕业于日本东京帝国大学医学部。1918年，顿宫宽来到中国，两年后侨居上海。早于顿宫宽来到上海的日侨佐佐木，在北四川路143号开设了一家私人医院。顿宫宽来上海不久，佐佐木病逝，医院由顿宫宽接手，改称顿宫宽医寓。由于病人渐多，医寓面积不敷使用，顿宫宽想要扩展门面，建造新院。虽然，这些年来他的口

◎◎当年福民医院的日本籍医务人员

◎◎当年的福民医院

袋渐丰，恰好医寓旁有地块出售，可是，光凭一些积蓄是不够的。顿宫宽到处求贷，四处碰壁，最后总算辗转筹得40万款项。1934年底，大楼竣工，结构为钢筋混凝土，地上七层，地下一层。新起的大楼，有两个不同于沪上其他建筑物的地方：楼顶为方塔型、重檐结构；楼内，楼梯扶手并非采用铸铁，而是磨光水泥石子，梯半腰高，一虎口宽，可谓别具一格。

顿宫宽有个朋友，名叫王震，是上海的一位书画家。大楼造好后，顿宫宽希望王震起个名字。王震说，中国人喜欢讨口彩，何不取一个既通俗易懂，又具“本土”特色的名字呢？他想了想说，医院治病救人，造福于民，福民福民，干脆就起个“福民”的名字，叫作福民医院吧。顿宫宽一听，十分高兴。横浜桥北首的北四川路，从此就出现了一家由日本人开设的综合性医院——福民医院。

福民福民，福泽于民，顿宫宽的理念赢得了病家青睐。当时的上海滩，西医不多，有名气的西医更少。

顿宫宽通晓医学，擅长外科手术，更兼从美国、德国、日本引进的先进医疗设备，一时间，福民医院声名大噪，成为远东地区拔尖的一家医疗中心。到福民医院来寻医看病的人，除了平民，还有社会名流，达官贵人，上海滩三大闻人杜月笙、黄金荣、张啸林，都来看过病。国民党要人熊式辉，摔坏了腿，顿宫宽为他做手术。国民党副总统陈诚，也来过医院看病。

不只是军政要人，大亨名流，上海滩文化名人也与福民医院结有“病缘”。鲁迅先生寓居虹口，几易居所，先后寓居的地方有景云里、施高塔路（山阴路）、狄思威路（溧阳路），每逢肺病复发，首先想到的，就是福民医院。先生早年留学日本，攻读医学，和顿宫宽为“同道”，肺病复发时，内山完造介绍其前往福民医院，顿宫宽亲自为其诊疗。此后，两人时有来往，结下朋友情谊。许广平十月怀胎，儿子周海婴就是在福民医院生下的。此外，中华人民共和国开国上将张爱萍、茅盾妻子、一代影后阮玲玉等也曾就诊于福民医院。

1945年9月2日上午9时，停泊在东京湾的密苏里号的甲板上，日本投降签字仪式举行。历史的心跳在加快，半个多月后，上海市特别市政府接管福民医院，改名上海市市立第四医院。1949年5月，上海解放，人民政权接管“四院”。次月，上海市市立第四医院改名上海市第四人民医院，直属上海市卫生局领导。这段历史，已经封存在岁月的档案库，成为虹口文史的永恒“记忆”。

拂去尘埃，数十年前的景象如影像般出现在面前。1934年，医院新造一幢四层楼，它就是如今的“门诊楼”。1951年，原北四川路1859号育才学校校舍划入“四院”，改建为小儿科门诊部，原闸北水电公司两幢大楼改建为门诊大楼。1966年，原虹口区儿童医院并入“四院”。1968年，“四院增设中医门诊”。1980年前后，病房大楼加建两层，南大楼扩建为三层，增设眼

◎◎现在的第四人民医院外景

◎◎顿宫宽

科病房、实验室。当年的福民医院，房屋总面积还不到9000平方米。经多次改扩建，“四院”的房屋面积扩大到1.2万多平方米，成为上海的一所综合性大型医院。

历史在写就“四院”故事的时候，也留下了一个几被遗忘的“悬念”：“四院”的创始人顿宫宽哪里去了？

原来，日本宣布无条件投降后，顿宫宽即被关押，后移送集中营。1946年4月，顿宫宽被遣送回国。对于医学专业，顿宫宽不离不弃，第二年出任内海医院院长，直到1973年去世，没有中断过“行医”生涯。这位医者，在人世间活了90年，也算是长寿了。

历史的车轮，一路向前，似乎在诉说难以忘怀的往事。

1981年5月6日，松井昭来到中国，参加医学学术交流会议。松井昭是一位医学博士，日本知名胸外科主任医师，其父松井胜曾应顿宫宽之邀，在福民医院行医。会议期间，松井昭专程来上海参观“四院”。当他踏着先父遗踪，站在“四院”前，回想父亲生前为拯救患者生命而到处奔走的情景，不由感从中来，泪湿衣襟了。

附录

三至喜来登酒店

酒店位于历史悠久的四川北路商业街，外滩及北外滩近在咫尺，能轻松前往南京东路步行街、新天地、豫园（城隍庙）等休闲娱乐中心，毗邻地铁4号线（环线）和10号线（直达虹桥机场和虹桥火车站）以及酒店自新建路隧道至陆家嘴CBD商务区、东方明珠、海洋馆等浦东新区地标仅10分钟车程。

酒店屹立于外滩北部，周围有古老的石库门建筑，可眺望黄浦江美景。店内陈列着超过1,000件原创艺术品。酒店开业时期，著名艺术家丁乙创作的长达8米的作品“跨越2010-9”陈列在大堂，艺术家陆新建创作的“上海3号”等作品都令酒店颇具丰富的文化底蕴。

舒适的客房可环视全城并配备“喜来登甜梦之床”。行政楼层客人将享有“喜来登俱乐部酒廊”特权，供应丰盛早餐、下午茶、晚间“欢乐时光”，并可免费使用俱乐部会议室2小时，享受复印、订票、熨烫及擦鞋等贴心服务。

酒店设有3个不同风格的餐厅，2楼“盛宴”全日制西餐厅，4楼“采悦轩”中

餐厅提供粤菜、上海本帮菜及川菜，以及位于37楼的“雅”日餐厅，您可在此观赏整个外滩妖娆的城市美景，开放式的铁板烧及寿司吧为您营造温馨轻松的氛围。

会议及宴会面积逾1800平方米，包括650平方米大宴会厅和250平方米的水晶宴会厅以及11间多功能会议室，可用于大中型宴会、会议、婚宴及各种庆典、小型展会，多方满足您的需求。大堂设有Link@Sheraton——喜来登特有的公共社交空间和网络中心。

觅糖记，起初是由两个可爱的姑娘创立，她们和许多平凡人一样梦想着开一家温暖人心的甜品小店，于是勇敢而努力的她们毅然决然辞去各自理想的岗位工作，2012年8月，是梦想开花的季节，觅糖记第一家店，诞生于被誉为上海“最浪漫的马路”的甜爱

觅糖記

路。从此觅糖记，让甜爱路神秘的爱，多了一份亲近，人们来到店里邂逅甜蜜——求婚、相聚、回忆……发展至今，她已承载着所有平凡人追寻幸福的梦想，在团队的精心经营下，深受大家的喜爱，甚至迎来明星专程光顾。

觅糖记坚持精选品质食材，确保甜品优质的口感；用心制作与搭配，呈现精美动人的视觉感受；特色创新的产品线，更满足不寻常口味的您；温馨而富有情调的店面设计，带给您一个舒适惬意、清新愉悦的体验氛围。在觅糖记，每一处角落、每一处细节，都洋溢着爱意，都让人觉得生活这般美好而甜蜜！

糖是甜品，也是点滴的幸福，经营着属于自己的甜蜜事业，平凡而努力地给人们带来一份温暖人心的力量。觅糖记，不仅是甜品，更是一种生活态度——平凡而感动着！

觅糖记与您，寻觅生活中的点滴幸福！

2018年10月7日，薛之谦演唱会的一番话，带火了虹口的一家小笼店，就是虹口鼎鼎有名的万寿斋，排队盛况差点引发交通管制。

事情是这样的，老薛在演唱会上说：他对虹口感情很深，小时候就是在虹口长大的！还特别推荐了山阴路万寿斋的小笼包，说是住家搬到普陀之后也会特地开车去吃。老薛言语中透露出对万寿斋小笼包的一往情深。结果，老薛的粉丝一听，按捺不住了，第二天立马一股脑儿地往山阴路123号的万寿斋冲，这一眼看不到头的队伍，比当年鲍师傅、喜茶的排队劲头还要足！

虽然万寿斋平时就座无虚席，但自从老薛在演唱会上一说，这队伍排得足足有五六个门面那么长，实在是太夸张啦，甚至还有不少外地粉丝直接拖着行李箱来吃。据说还有粉丝早上四点就开始排队了，团子我深深佩服你们，比不过你们对美食的执着，怕是我以后连门都迈不进去了！

万寿斋

薛之谦这个让人又爱又恨的带货王，包小笼包子的老师傅忙到怕是一辈子都要记住他了，就连老板娘都直接问："是薛之谦的粉丝吧？"那么万寿斋究竟是何方神圣，有那么大的魅力，迷得老薛七荤八素的呢？就跟着团子接着看吧。

说到万寿斋，其实在薛之谦没带火之前，一直就是虹口人心中的小笼第一。60年的老字号，粉丝从30后到00后，几代人从小吃到大，电视、报纸、杂志都报道过他家。虽然几十年来只有山阴路一个小小的店面，但每天人气都是旺旺的，堪称山阴路上的一块金字招牌，想到山阴路的美食必定会想到它，不少住虹桥、青浦的粉丝都慕名而来。不少网友说，这是全上海最好吃的小笼包，7块钱8只的小笼，实属良心价格，怪不得一天要卖出九十多斤，一万多只小笼呢。讲真，他家小笼包皮子不算太薄，卖相也不精致，但肉馅和汁水绝对一流，"鲜掉眉毛"的同时又带点甜，很符合上海人的胃口！总结说来，肉质新鲜，皮子又是纯手工擀制，师傅都是干了30年的老员工，几十年不变的上海经典味道和品质，就是其经久爆火的必然原因吧！

不该若无其事的 却还是一如既往
应当形同陌路的 却奈不过来日方长

多伦路90号酒吧

11月初的上海，在经历了几天“冷冷的冰雨在脸上胡乱地拍”的日子之后，终于晴空万里、阳光明媚、微风和煦。

在虹口区有这样一处完美的地方，方块石子路点缀着光滑的鹅卵石，道路两侧成荫的树木在阳光下闪着点点金光，四周的花园洋房古旧却优雅，有着悠远历史留下的十足韵味和痕迹。鲁迅、郭沫若、茅盾、丁宁等大家都曾经住在这条路上，对面就是约会圣地甜爱路，光听名字就会心里甜到冒出粉红色的泡泡。随处可见手拉手的情侣或者拍婚纱照的新婚夫妻，我想你大概已经猜到了，是的，这里就是闹中取静的多伦路，也叫作窦乐安（Darroch）路。多伦路90号这栋古董级独楼洋房一楼有小花园，二楼有大露台，当然也有香格里拉的顶级大厨和外滩专业调酒师。

Darroch Restaurant&Bar，白天主营牛排西餐，入夜时分，便是酒。负责人陈仲是一枚优质大(gɑo)暖(fu)男(shuɑi)。身上是笔挺干练的西装，脸上却有着温柔的笑容“就像今天温暖的阳光一样”，我在心里默默想。

陈仲说起Darroch餐厅有着无限爱意，从整体设计的每一个装饰细节到每一道菜色材料的进口，都反复斟酌严格把关，主打“M7战斧牛排”等正餐，全部由进口澳洲和牛煎烤，正因为Darroch直接从澳洲牧场选购原材料，所以大家才能享受到最实惠的价格，至于其他的，看着图片你们自行体会，让我和小伙伴惊呆的是做菜用的迷迭香和装饰薄荷都是从门前种植的小院子里新鲜采摘的，这食材真的是有够纯天然。有肉必然缺不了好酒，一楼的吧台明亮通透，宽敞大气，高矮胖瘦不一的酒瓶整齐地摆在架子上，穿着统一小西装的服务生在落地窗前仔细地擦拭玻璃杯，二三楼的独立包间被樱花树遮挡成一个隐秘的小天地，家人的温暖团圆、朋友的欢聚一堂和情侣的甜言蜜语，会在四月漫天飞舞的樱花雨中定格在彼此永恒的记忆里。

Darroch是一个社交型餐吧，无论是活动包场还是其他每个来到这里的客人，都有着自己独一无二的过去和经历。这里有酒，你有故事吗？带上你最重要的人来Darroch留下难忘的回忆吧。

4357210

YDC

见微知著的上海“区片”

苏秉公

此书看到这里，要告诉大家：这是一本由一批在该地区生活或工作过的老居民、作家和美术爱好者参与编写而成的书。出自他们手笔的文章和画作都是带有一种特殊地域情感的。生活在上海这座城市不同地区（我们称其为区片）的人，对上海的认知视角会有些许不同。不同区片造就的地区文化特征、城区风貌，甚至人的整体个性都会有所差异。这些差异有其可追溯的社会经济演绎的逻辑，是这一区片与生俱来的文化基因，它是不会轻易地被当下的行政区划改变的。

城市发展不同历史条件下形成的城市区片并无明显的边界限定，大多是以一个特定的地方地理特征为名，包含周边相关地区形成的自然、合理的区域范围。上海曾经有过的八仙桥、董家渡、打浦桥、徐家汇、泥城桥、江湾五角场、三角地、八埭头、叉袋角等为人熟知的区片名称。这些区片都有其特有的文化渊源，也从某一个角度展现出上海独特的海派文化精髓。有些区片随着城市更新而湮灭，有些却依然延续至今。而虹口有一些区片名却早早地被忽略了。比如：由于虹口区延用了虹口港“虹口”两个字命名，所以早期虹口港两岸的老虹口区片（里虹口、外虹口）随着虹口区的扩展均被忽略了，许多人都不知道有过一条“虹口老街”。另外，本书描述的四川北路底区域，

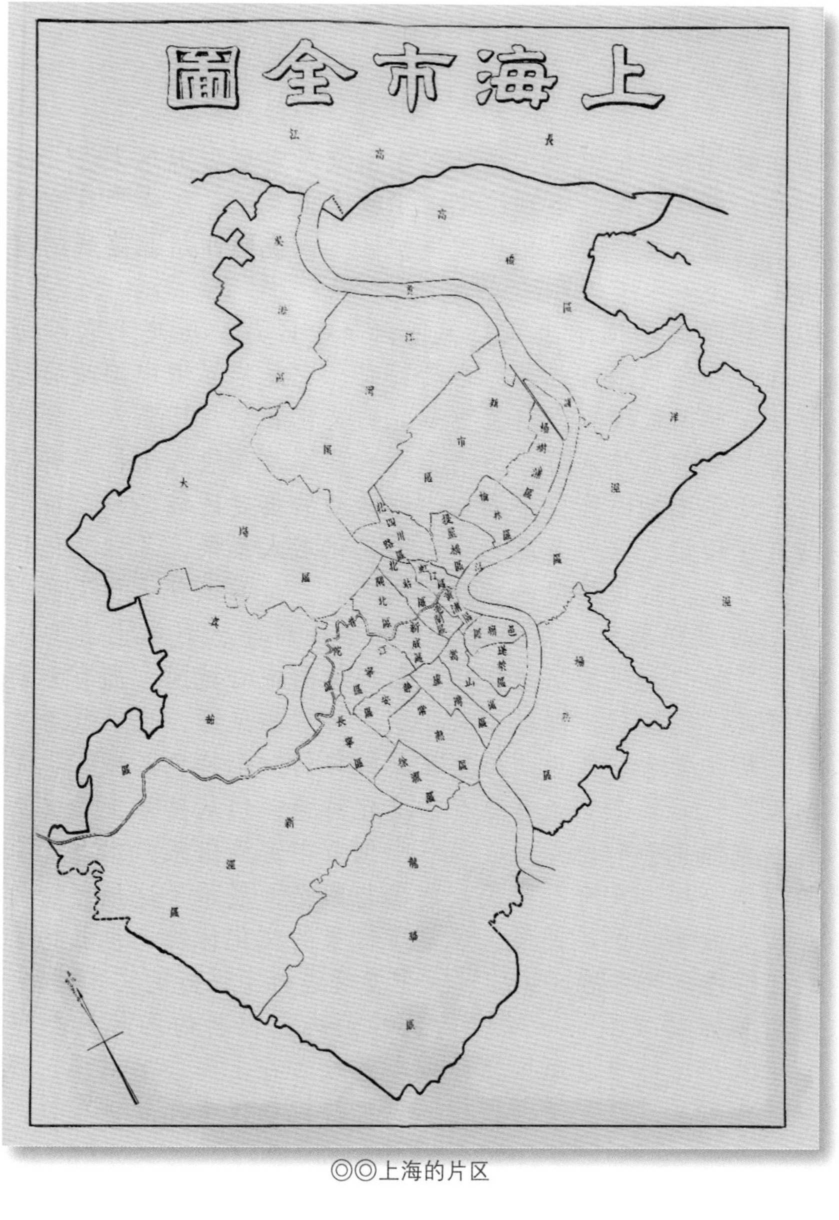

◎◎上海的片区

在一些作者儿时的记忆中，坐三轮车回家一定要告诉车夫去“四川北路底”的，但这个区片名现在也很少被人提及了，所幸现在这个范围内划设了“山阴路历史文化风貌保护区”，说明四川北路底的文化特色依然被社会各界所认可。

四川北路底不同于上海其他任何一个区片，历史上它不是租界但许多地区管理权限却被租界当局霸有，它是华界但中国政府却无法在此行使完整的管理权。这里有多元的文化脉络，广东人、日本人曾经是这里主要的居住人群，历来上海一些军政高层人士也多有聚居于此；这里还是中国共产党早期在上海活动的重要区域之一，留下不少红色的文化印记；它更是历史上中国文化名人集聚，各种文化思潮十分活跃的地方。这里环境幽雅，校园林立，是知识分子和工商业者的集中地，有着深厚的文化教育渊源和崇尚科学、好学上进的民风传统。眼下的虹口是上海历史文化底蕴深厚的中心城区，拥有丰富的历史文化资源，是近代上海城市文化演进历程的见证，也承载着文化创新发展的历史使命。四川北路底正是虹口的一个特色区域，也是虹口文化的重要代表地，它虽有自身的文化特色，但从整体上看其海派文化的天然秉性也会时时处处在每一个细节中流淌出来。本书既有专家学者的考证论述，又有社区民众的参与回忆，展示了这里曾经的城区风貌、人文故事和民风民俗，彰显了这里的文化传统，也弘扬了新时期的文化特色，为今后区域的进一步发展进行了很好的文化铺垫。

随着城市的发展，一些老的区片消失，但新的区片又会逐渐形成。位于长宁区的古北新区便是改革开放后在上海最早出现，规模最大的台湾人聚居地，它交通便捷，离虹桥机场仅十几分钟车程，又毗邻虹桥经济技术开发区，尽显独特的地理优势。台湾人自己创建和经营的各色餐饮企业不断汇聚，满街的台湾生活气息。人们口口相传，入住于此的台湾人越来越多，有人便把这里称为“小台北”，这就是如今的古北区片。它与当年虹口的“广东街”“小东京”的形成如出一辙。

上海就是由这样一些不同的区片组成的。这些区片虽然各有一些不同的文化特性，但也有许多的共性。这些不同的、共同的特性融合在一起便构成了整个上海的文化品性，这正是海派文化的精髓所在。近些年来我们尝试着以上海的区片板块为基础来挖掘探讨上海的历史文化渊源，先后组织编写了《柔美的细节》《梦天地》《摩都水乡》和《故境纵横》等描述不同区片历史文化特征的休闲读本，所描写的区片涵盖了黄浦区、虹口区的特定历史区域，受到有关方面的关注，更为当地的新老居民所喜爱。

这本《海派虹韵——漫步四川北路底》是我们推出的又一本区片文化发掘的休闲读本。期待这样的发掘研讨能坚持下去，有更多的人来讲述上海区片的故事，恢复区片的历史记忆，见微知著，从而提升海派文化理论研究的深度。让共同的乡愁增强我们的文化自信；让共同的乡愁凝聚人心，为上海加快建成国际文化大都市出一份力。

编后记

智能化时代，信息的时空穿透力无与伦比，渐行渐远口耳相传的弄堂故事，沉寂尘封多年的人文轶事，风格各异见证时光的建筑群落，还会聚焦人们的视线吗？以纸质书籍的形式再现这些，会令读者怦然心动、欣然阅读吗？答案是肯定的，之前的尝试，获得良好的社会效应。因为这里是海派文化的发祥地、进步文化的策源地、文化名人的集聚地，多元的文脉，丰郁的文华，注定这片区域不会被消沉被寂寞。

本书受到虹口区宣传文化事业专项资金支助；得到虹口区档案局、四川北路街道、上海华夏文化创意研究中心的鼎力相助；何青、庞啸、郑荣发、姚宗强、陆健、杨松涛、张培琳、刘同芳等热心人士为本书的策划、组稿，做出了积极的贡献，在此，向他们表示衷心的感谢！

《海派虹韵——踏访四川北路底》，是继“老虹口记忆”系列之《摩都水乡——徜徉上海音乐谷》《故境纵横——探秘人文老虹口》两本书后的第三本。本书的宗旨秉承了上两部的基本立意和文图风格，即可读性与观赏性映衬，便携性与引导性兼容。这是一年多来，经过作者们的辛勤发掘、积极踏访而获得的不菲成就，在此，向作者致以衷心的感谢！

海派文华今犹在，虹韵律动更添彩。本书反映了四川北路底区域从雏形到成形、到现代繁华的形态，亦是一次回望、展望的历程，在今年欢庆新中国成立70周年的日子里，谨以此书奉献给读者，亦作为自勉，继续倾情“虹口记忆”的系列书籍出版。

编者

2019年10月

图书在版编目（CIP）数据
海派虹韵：踏访四川北路底 / 苏秉公主编. -- 上海：文汇出版社, 2019.10
ISBN 978-7-5496-3022-6
Ⅰ. ①海… Ⅱ. ①苏… Ⅲ. ①地方文化－文化史－虹口区 Ⅳ. ①K295.13
中国版本图书馆CIP数据核字(2019)第207287号

海派虹韵

——踏访四川北路底

主　　编 / 苏秉公
副 主 编 / 张林凤
责任编辑 / 乐渭琦
书名题字 / 白　鹤
装帧设计 / 六　如
正文绘图 / 何　青 王贵良 刘　沧 顾惠敏

出版发行 / 文匯出版社
上海市威海路755号（邮政编码200041）
经销 / 全国新华书店
印刷装订 / 上海锦佳印刷有限公司
版次 / 2019年10月第1版
印次 / 2019年10月第1次印刷
开 本 / 787×1092　1/24
字 数 / 150千
印张 / 16

ISBN 978-7-5496-3022-6
定　　价 / 88.00元